女子のたしなみと日本近代

音楽文化にみる「趣味」の受容

歌川光一

勁草書房

はしがき

日本では、着物姿で茶の湯、生花といった伝統芸術の稽古に励む女性はよく、「お淑やか」「凛々しい」「所作が美しい」等と形容される。日本画に登場しそうな「着物美人」、伝統芸術それ自体の高級感、「稽古によって精進を重ねる」という鍛錬主義のイメージが綯い交ぜとなり、伝統芸術に携わる女性にあてがう畏敬の言葉も社交辞令のようにパターン化してくる。そして、日本におけるこのような女性美・伝統性・鍛錬主義の結びつきの起源を問われれば、「平安貴族の女性は和歌や箏で気持ちを表現した」「武家の娘は薙刀の達人だった」「遊女は三味線で客をもてなした」といったように、漠然と中世、近世の女性のたしなみ像と紐づけて説明したくなる。

日露戦争を終えた日本は、西洋文化の流入も進み、「趣味」をキーワードに女性のたしなみの再編に迫られ始めた。女子教育家の下田歌子も、過去の時代の女性を引き合いに出しながら、近代初期の趣味運動を牽引したとされる文芸雑誌『趣味』に、以下のような記事を書いている。

私はこれまでの歴史で二つの教訓を得ました、即ち王朝時代は趣味の為に（浮華文弱によって）腐敗し、中世以下は（武士道教育等による）無趣味の為に殺風景に陥つた事で、何れも極端に走り過ぎたのでありますから、維新の事業も最早立派に出来上がり、国家の位置も確固になつた今日以後の日本婦人は、よくこの両極端を折衷して、充分高尚なる趣味を養成して、日本の社会をして、美はしき趣味を以つて溢るるようにし、「婦人は社会の花」と云ふ諺に背かぬ様にすると同時に、又何処までも国民の元気を失はぬ様にして頂きたいのであります。（下田歌子「女性と趣味」『趣味』二巻一一号、一九〇七年一一月、括弧は引用者による）

下田の主張は、中世と近世の女性のたしなみを「折衷」して、「現代」に相応しい女性の趣味とし、女性はその趣味の発揮によって「社会の花」たらんとせよということである。

『趣味』において女性の趣味の重要性は、家庭生活や結婚の観点からも論じられている。鳩山春子は、姑は高等女学校出の嫁には過大な要求をせず、「趣味」の時間を与えて交際社会に出すべきだと主張している（鳩山春子「嫁と姑」同上誌三巻一号、一九〇八年一月）。また幸田露伴は、円満な家庭を作るためには、趣味は一致までせずとも調和していることが大切で、それが相容れないときには夫婦間の愛情を保たれ得ないと述べている（幸田露伴「趣味と結婚」同上誌二巻九号、一九〇七年九月)。

家庭生活や結婚に「趣味」が必要ということは、婚姻前の女子のたしなみのあり方もまた一つの課題になってくる。そもそも文芸雑誌において下田歌子や鳩山春子など女子教育家が、女性の「趣味」の持ち方一般について語っていること自体も、「趣味」が、単に余暇・娯楽の問題というよりは、女子教育と無縁ではない能力観だったということを意味している。

本書は、素朴な印象論で語られることが多く、研究分野の関心のすれ違い(教育史は近代公教育の成立に、芸能史は前近代の展開に、芸術史はプロの手による西洋文化の受容に、その関心を寄せがちである)が生み出す死角に入っている「女子のたしなみ」の近代化のプロセスについて、教育史に引き付けて明らかにしようとするものである。具体的には、「趣味」を受容していったとされる明治後期から大正期を中心に、女子の稽古文化にまつわる「花嫁修業」というイメージの成立過程について、音楽のたしなみを素材に論じていく。

実は、先の三者の「趣味」論は、大正期末頃までにはどれもが矛盾することなく女子を包囲することとなり、「花嫁修業」というイメージの原型が成立していく。本書を通じて、日本における「趣味」の受容の問題が、都市新中間層が百貨店などで「良い趣味」を購入した、というモノとヒトをめぐる消費文化論(神野 2015)の課題であるばかりでなく、ヒトの能力観に直接関わる近代教育史の課題でもあることが改めて浮かび上がってくる。

女子のたしなみと日本近代——音楽文化にみる「趣味」の受容／目次

目次

目次

付記

一　史料からの引用にあたっては、旧漢字は新漢字に改めたが、かな遣いはそのままとした。
一　引用文中の……は、特に断わらない限り、引用者による省略を意味する。
一　引用文中の傍線はすべて筆者による。
一　引用文の中には不適切な表現も含まれているが、歴史史料の特性を考慮し、そのまま引用した。

序論　女子の稽古文化をめぐる連続・非連続

一　近代日本における「趣味」の受容とジェンダー化

「趣味」という言葉には複雑なニュアンスがつきまとっている。すなわち、それを生業とはしておらず、「文化（活動）」と自称するほどには高尚ではないが、そうかといって他人に「娯楽」扱いされるほどには低俗ではないというニュアンスである。履歴書の「趣味・特技」欄を記入する際に、個人的な嗜好・嗜癖よりも、多くの「同好の士」が居そうな「趣味」のジャンルを思い浮かべようと努力するのも、「娯楽」との差別化を図らなければいけないという計算が働くからだろう。(1) 反対に、自身では職業や「文化」として携わっているつもりの活動を他人から「趣味」呼ばわりされると、一方的に「娯楽」の方向に引きずり降ろされるようで、よい気がしないかもしれない。

今日の「趣味」には、「①感興をさそう状態。おもむき。あじわい。②ものごとのあじわいを感じとる力。美的な感覚のもち方。このみ。③専門としてでなく、楽しみとしてする事柄。」（『広辞苑　第七版』、二〇一八年、岩波書店、傍線―引用者）の三つの意味がある。近代日本の「趣味」の受容に関する研究は、「趣味」には、ちょうど①→②→③の順で意味が付け加わってきたことを明らかにしている。神野由紀の整理によれば、「趣味」は一八七三（明治六）年刊行のH. Winslow著・箕作麟祥訳述『泰西勧善訓蒙後編』第八巻（中外堂）に項目として登場しており、明治二〇年代になると雑誌その他でも使用され、明治四〇年頃には、座談、平話など、一般の人々の間で流行した（神野 1994: 8-9）。対象物に備わる「おもむき」を意味する①に②が加わったのは、雑誌『趣味』創刊（一九〇六年）の前後である（同上：10-13）。明治四十年頃は日本において自然主義文学の運動が顕著になり、元来イギリスのロマン派詩人たちを中心に「自然の美を感じ取ることのできる能力」という意味で用いられていた"Taste"が日本で「趣味」と訳されることで、②の用法が広まり始めた（同上：10-11）。また、次第に都市で近代的な消費型の生活が確立されていくにつれ、『〇〇趣味』と題された雑誌が数多く創刊されるようになり、「楽しむべき娯楽」として"Hobby"に該当する③の用法が加わることとなった（同上：12-13）。以下、本書では①の用法[2]を「オモムキ」、②の用法を「テイスト」、③の用法を「ホビー」と表記する）。戦前期の代表的な国語辞典を確認してみると、『言海』（一八八九年、秀英社、改版一九二五年、六合館）、『大言海』（一九三二年、冨山房）には「趣味」

の項目自体ない。また、『大日本国語辞典』（一九一五年、修訂版一九二九年、冨山房）にはオモムキの意味のみ掲載されている。『言泉』（一九二一年および一九二七年改修版、大倉書店）、『辞苑』（一九三五年、博文館）には、オモムキ、テイストの他に、それぞれ、「ある物に対して、興味を感ずること。」、「或物に対して興味を感ずること。面白味。」という意味が記載されているが、先の傍線ほどにはホビーの輪郭が明確ではない。『辞苑』を継ぐ『広辞苑』において傍線の意味のホビーが掲載されたのは、戦後に改訂された『広辞苑　第二版』（一九六九年）からである(3)。総じて、戦前期の「趣味」の正式な用法はオモムキとテイストであり、昭和期に入ってホビーの意味が生成されてきたと言える(4)。

戦前期のテイストの受容は同時に、「趣味」のジェンダー化ももたらすこととなった。

祐成保志によれば、日露戦争後の『趣味』創刊の頃、「趣味」は、「生活の再編成を促進する一つの合言葉として流通しつつあった」（祐成 2008: 60）。開国以来の社会変動が法整備や外交通商のレベルから一人一人の日常生活へとその局面を大きく変えたという認識や、西洋からの文物の流入と旧来の規範の解体によって身分や地域に応じて定まっていた様式が崩れるという危機感をもった知識人たちによって、身体に内在する感覚も啓蒙すべき領域と認識されるようになり、独立した人格をもった個人によって習得されるべき規範としての「趣味」（テイスト）の開発が唱えられた（同上: 60-61）。「趣味」は、大衆文化と高級文化の区分が形をなしはじめた明治末期から大正期に、その中間に設定されたものであり（同上：278-279）、娯楽よりも「高い」、「上品」なものとして一般の家庭に入り、家庭の全員が「楽しめる」性質のものでなければならなかった（南 1965：51）。中間的な家庭文化の理念としての「趣味」やその後に登場した「文化生活」は、戦後の中間文化論（加藤秀俊）に連続する性質があるとされている（祐成 2008：278-279）。

ここでいう「家庭（Home）」は、日本においては、明治二〇年頃に「公共領域と家内領域との分離を前提として、私的領域・女性領域と観念されていること、人間の再生産を担っていること、家族成員の情緒的絆が重視されていること、この三点の特徴をもった家族」を意味する概念として登場し、雑誌、新聞、博覧会等を媒介として普及し、日露戦争後の産業化の進展、第一次世界大戦後の新中間層の拡大に伴い実態化していったとされている（小山 1999：ii-65）。「家庭」は、『家』には求めることのできない家族員相互の結びつきをもたらすものとしての期待を人びとに抱かせるものであった」と同時に、女性を教育する母親へ、子どもをその中へ新たに囲い込むものとなった（沢山2013：44）。「家庭」は主に女性が担う領域とみなさたため、『趣味』創刊の頃、「男性の教養（主義）／女性の趣味」というようなジェンダー化を伴いながらテイストが受容されたとも目されている（井村 2004）。

二　花嫁修業というイメージ

一方、女性の稽古文化（本書では、「私教育として特定の技芸を稽古して身につけようとする生活文化」を便宜的にこのように呼んでおきたい）については、戦後、研究上の、また市井においても、近世と近代の連続性を強調するある素朴な歴史観が存在し続けた。いわゆる「花嫁修業」(7)である。「花嫁修業」について、鶴見俊輔が一九五三年に示した見解を紹介しておきたい。鶴見は、舞踊、茶の湯、生花等を「木と紙の家の中で作法の体系をあたえるもの」「無言の芸」（鶴見 1953→1999：112）と評しながら以下のように述べる。

一つには木と紙の小さな家の中に住むという貧困のために、またもう一つには、家族のメンバーのあいだに身分的区分があり共通の言葉がないという封建性のために、日本の家は、今もなお、日本舞踊や茶の湯や生花への郷愁をもっている。今ある形での日本の家に入るためには若い女の人たちは、ちょうど同年輩の男の学生たちが会社の就職試験で思想検査をうけるとおなじように、適格検査をうける。「この社をうけるまでに赤い思想に染っていなかったかね。学生運動をやって、あばれていたのじゃないかね。」これに似た質問を、傾きかかりながらなお倒れずにいる日本の家の番人、全国のしゅうと、しゅうとめさんたちは、日本の若い女の人たちに向けている。家に入るための条件を候補者が満たしているかどうかについてしたしらべがなされる。この時、日本舞踊―茶の湯―生花など「日本趣味」をもつことがきめてになる。茶の湯、生花など習う志のある娘さんは、家の中に入ってもこの家を破壊したりすることはないだろうし、また、家庭生活の退屈に十分たえてくれるだろう（同上：112-113）。

鶴見は、欧米の家族と対比させながら、戦後においてもなお「徳川時代以前の古風な家庭での行動形式へのあこがれをすてていない」（同上：112）状況として、この花嫁修業の問題を取り上げている。

このような「花嫁修業」の理解は鶴見に限られたものでもない。「日本においては、近代公教育の成立や『趣味』という用語の定着以前から、芸能に道の思想（一意専心して道の厳しさに徹しようとする強い宗教的精神性）が付加された『芸道論』(8)や、それを促す『家元制度』(9)に支えられた稽古文化の伝統がある。そのため、茶の湯、生花、箏等の遊芸は単なる娯楽ではなく修養の対象ともされてきた。その例証として、武家奉公のために町人の女子が稽古に励んだ箏、三味線等の遊芸は近代以降も女性の花嫁修業という形でたしなまれてきた。」とでもまとめられるような、花嫁修業をめぐる超時代的なイメージ(10)は、その成立過程について特に検証されることがなく定着している感がある（歌川 2009）。

このうち、芸道論や家元制度については、近代学校教育の教育方法や制度との比較によって、現代の私たちに「伝統」的なものとして認識されやすいことは理解しやすい。一方、女子に関わる「武家奉公」のための稽古、とは何のことで、またそれと「花嫁修業」はどう関係あるとされるのか。

池上英子によれば、江戸期、全大名が将軍府に公式の住居を持つ必要性から増加した侍女たちへの需要と、娘の武家屋敷での行儀見習と箔つけのためという町人の意識が合致し、江戸特有の御殿女中としての武家奉公が慣習化した（池上 2005: 206–207）。そのために町人の親は娘の「奉公前教育のために重い出費を覚悟した」（同上：207）。式亭三馬が『浮世風呂』（1809 ~ 1813）において、箏や三味線の稽古に追われる町娘の様子を風刺していることはよく知られている[11]。

そもそも武家奉公に向けて箏、三味線等の稽古が必要な理由に関しては、大和郡山藩主柳沢信鴻の、一七七三（安永二）年一月から一七八五（天明五）年一二月にかけた日記である『宴遊日記』等の分析からも明らかにされている。前原恵美によれば、芝居・音楽好きであった信鴻の芸能への関わり方には、①芝居の「頑要」（観劇）、②芝居好きが高じ、「屋敷の敷地内に舞台を誂え、芝居の脚本を書き、節付（作曲）をし、振り付けをし、立ち廻りを考え、自ら番附けも作って、自作の芝居を、自宅の女中達を役者に仕立てて、演じさせる」、③②の実現のためにも、「目見」（面接試験）

に町娘に芸を披露させ、容姿と同時にそれを評価する、という三種類があり、信鴻は目見の際、町娘の住所や親の名前だけでなく、披露された演目、出来具合、師匠、容姿を書き留めているという（前原 2003: 20–21）。図序－1は実際に行われた目見を受験した女性の年齢及びその芸能の種類を示したものである。図を見ると、その大半は三味線音楽か舞踊で、前原はその要因を、受験者が信鴻の趣向を察知していたためとしている（前原 2003: 26–27）。受験者の年齢は一五歳から一八歳までが最も多く、十代前半が踊、後半は長唄、常磐津、豊後節、三味線によって、場合によっては複数の芸の披露によって受験した（氏家 1989、2015）。[12]

一八世紀の中頃以降、武家奉公の条件として三味線等の芸事を課したのは信鴻だけではなかった。恋川春町は『参幅対紫曾我』（安永七年）において、雲州松江藩松平宗衍（南海）、筑後久留米藩有馬頼僮、越後新発田藩溝口直温といった実在の大名をモデルに、当時の富本節の大流行と、大名の町人的な遊行への耽溺を表している（畑 2001: 29–30）。また関口すみ子によれば、武家奉公の受験者は、江戸市中のみでなく、関東近郊、広くは全国から集まり、特に関東近郊の庄屋や大店の未婚女性が結婚前の数年間、大奥を含む江戸の屋敷に奉公した例が庄屋日記・書簡等に多く残されているという（関口 2005: 152–154）。[13]

このような十八世紀の町人の武家奉公は、武士・大名が、それまで武家には相応しくないとされてきた踊や三味線、浄瑠璃節といった町人の遊芸を愛好するようになり、文化面において封建制身分境界の意味が薄れる中で、町人の娘にとっては遊芸の稽古が成り上がりの手段となったことを意味している（氏家 1989: 162–165、池上 2005: 208–210）。この点において武家奉公は、女子やその親が、婚姻前に戦略的に文化資本を高めるという意味での花嫁修業というイメージに寄与している側面が

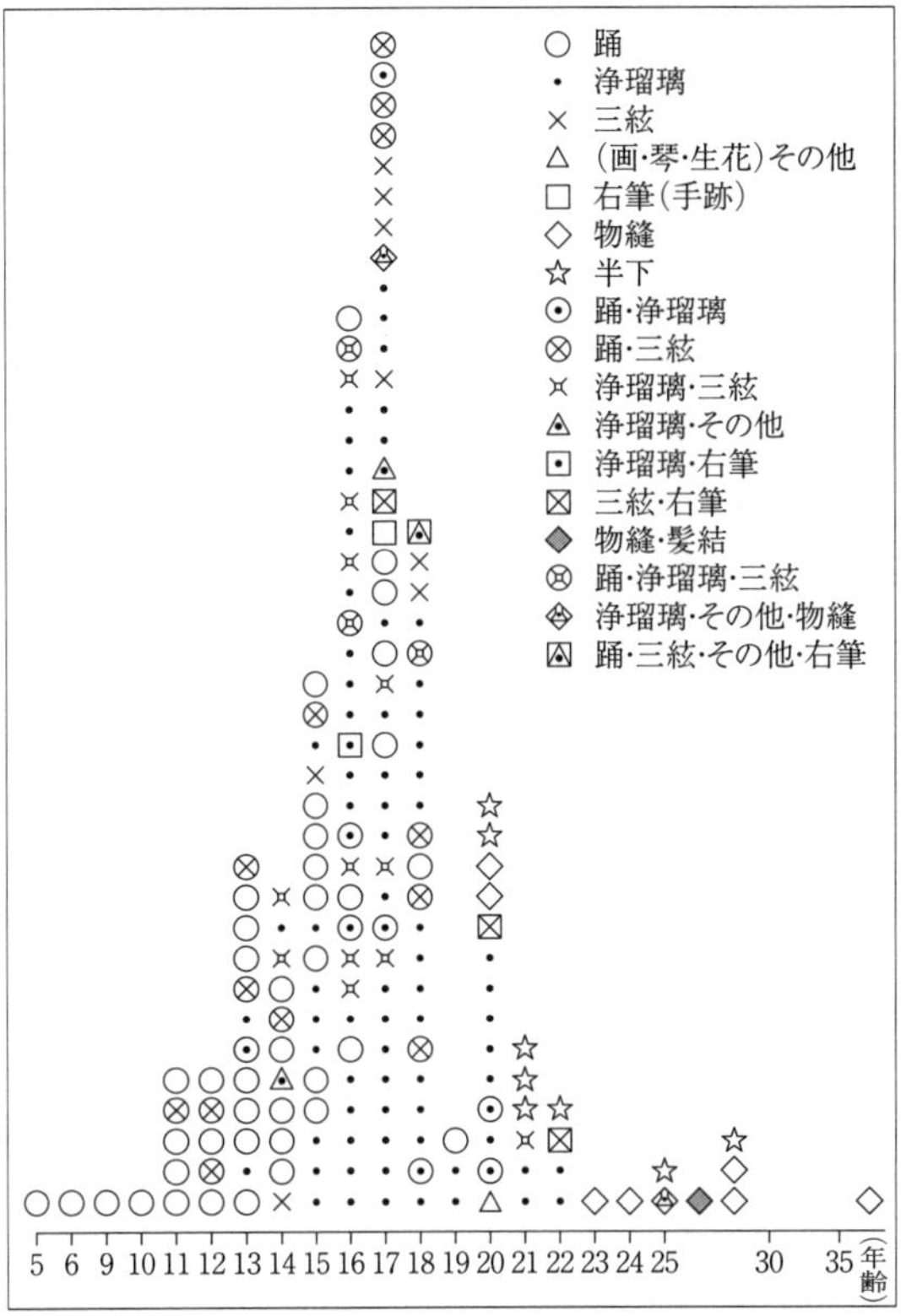

図序-1　目見の受験年齢と芸能

出典）氏家（1989: 155）より転載。

あるのだろう。

三　本書の問いと構成

武家奉公の例にも見られるように、近世から庶民層にひらかれてきた遊芸は多数あり、未婚の女子がそれらの稽古に励む現象自体は確かに明治以降も見られた（この点は本書中でも確認される）。そして昭和期以降、当人が結婚準備として行っているか否かは別として、社会的に「花嫁修業」と称されるような女子の稽古文化は、カルチャーセンターの前身である文化教室等の整備を促し（山本 2001: 39-46）、また一九三〇年代初頭より家庭的実務に重点を置いた結婚準備教育を行った「花嫁学校」のカリキュラムにも影響を与える（伊藤 2012）など、官民の社会教育事業を促した側面もある。このように日本の女子の稽古文化は近代以前から戦後まで連綿と続いたようにも見えるし、「花嫁修業の歴史」と括っても強ち間違いでもなさそうである。

しかし一方で、社会史、歴史社会学研究の進展により、明治民法（一八九八年施行）の「家」制度下にあった都市新中間層に日本型近代家族の出現が見出され（大塚 2018: 3-6）、一で述べたような「家庭」の登場・普及に伴う「趣味」の受容やそのジェンダー化も示唆されている状況を踏まえると、約世紀前の鶴見の「花嫁修業」論には違和感も生じてくる。実際に受験科目として遊芸を含んでいた武家奉公の準備に励む娘の稽古と、女学校を卒業した昭和期の、当時で言う妙齢の女子の稽古を、「徳川時代以前の古風な家庭での行動形式へのあこがれをすてていない」がゆえの稽古文化として連続的に捉えようとすることは、近代初期の階層変動やジェンダー規範の変化を等閑視することになりはしないだろうか。

女性の稽古文化に付随する花嫁修業というイメージの問い返しに向け、戦後への接続を意識しつつ注目したいのが、日常的に近代西洋文化に触れることのできる階層が誕生し、「趣味」が「家庭」を通じて中間文化として立ち上がり始めた明治後期から大正期の女子のたしなみ（この語用については第一章で触れる）をめぐる言説と、そこに含まれる「趣味」の和洋の問題である。鶴見が述べるように、「日本趣味」がとりわけ花嫁修業の対象として重視されるようになったのはなぜだろうか。(14)

鈴木幹子は、大正・昭和戦前期の『主婦之友』の分析から、夫の戦死や病死などの「万が一」に備えて女性の稽古文化が広まったことを指摘している。(15)ただし、その前提として「稽古事が女性の修養として伝統的に認識されていた」という（鈴木 2000：68）。すなわち花嫁修業というイメージを再考する上で、より詳細な検討が必要なのは、やはり明治後期から大正期である。

そこで、明治後期から大正期における女子のたしなみをめぐる言説の変遷を、「趣味」の受容との関係やその対象の和洋に着目しながら追うことで、今日でも素朴に抱かれることの多い花嫁修業というイメージの成立過程や、それと「趣味」の受容との関連が明らかになるのではないだろうか。結論を先取りすれば、本書は女子の音楽のたしなみを考察対象としてこの検討を行うことで、中上流階級の女子にとって、彼女たちに向けられたジェンダー規範の交錯によって「趣味」の和洋折衷化と結婚準備としての修養化が進行し、戦後にまで続く花嫁修業のイメージの原型が成立したことを明らかにするものである[16]。

したがって本書が扱うのは、教育学でしばしば学校教育の教習方法と対比される、「稽古（事）」[17]の徒弟的なそれの歴史ではない。むしろ「芸道」「家元制度」等の教育哲学、方法に関わる日本特殊論に頼らずしてこの課題に取り組むことを重視している[18]。学校教育以外の「家庭教育」「社会（通俗）教育」という分化が確立しきっていなかった近代初期における「趣味」の受容を、男子に比べて学校外の教育、教養の影響を強く受けたと考えられる女子の身体に可能な限り寄り添いながら検討することで、「趣味」と教育、教養の内在的関連を文化史的に捉え直そうとする試みとも言える。

本書では、本論（第一～六章）においては女子のたしなみへの「趣味」の受容を、補論においては「趣味」と昭和戦前期に言葉として登場し始めた「花嫁修業」の関係を問うていく（図序－2）。構成は以下の通りである。

第一章では、女子の稽古文化をめぐる教育史研究、芸能史研究を概観しながら、明治後期から大正期の女子の稽古文化のあり方の何をどのように把握していくべきかを考える。稽古文化における

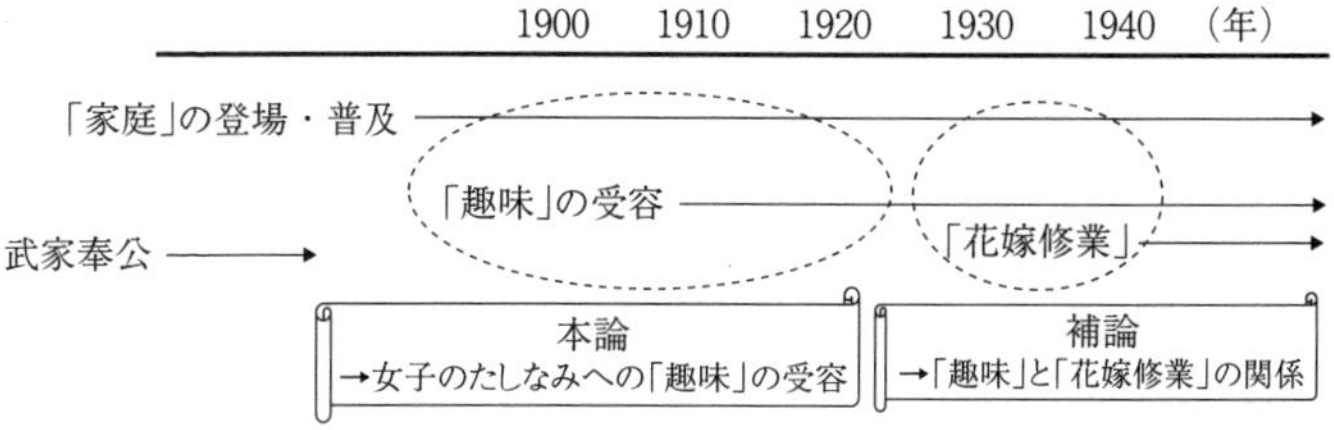

図序-2　近代日本における女子のたしなみをめぐる本書の問い

「趣味」の受容を考察するために、視点を「稽古」から、教習方法や機会にとらわれない「たしなみ」へと転換し、本書が女子の音楽のたしなみをめぐる規範やその変遷を検討するものであることを述べる。

第二章では、婦人雑誌、家政・修養書を資料としながら、家庭婦人の心がけとしての音楽のたしなみについて検討する。当時隆盛した家庭音楽論における「趣味」の位置、邦楽／洋楽のジャンルによる家庭音楽としての役割の違いについて検討する。

第三章では、女子の心がけとしての音楽のたしなみのあり方について検討する。ここでは、ヴィジュアル・イメージに着目し、家の娘としての「令嬢」／「少女」というジェンダー規範の違いによって必要とされるたしなみの対象の異同を明らかにする。

第四章では、理屈上は「たしなみ」が高じて生業となり得るところを、なぜ「たしなむ程度」にしか習得してはいけないとされたのかを、女子職業論から検討する。邦楽／洋楽によって異なる理由によって、女性の職業として不向きであるという言説が存在したことを明らかにする。

第五章では、行儀作法としての音楽のたしなみのあり方について、礼法書を資料に明らかにする。礼法書の編集方針やそれと音楽のたしなみ関わる事項の記述の関連から、第二章で理想像としてあげられる家庭音楽の実践が、身体レベルでどのように表現されたかを確認する。

第六章では、これらの議論を音楽のたしなみの変遷、女子のたしなみの変遷として整理し、今日私たちが抱く花嫁修業というイメージが、明治後期から大正期に「家庭」が登場・普及する過程で起きた女子にとっての「趣味」の和洋折衷化と結婚準備としての修養化によって成立したものであることを明らかにする。

最後に補論として、第三章で論じる「令嬢」像に再度着目し、昭和戦前期における女子の「趣味」と「花嫁修業」の関係について考えたい。

注

（1）遠藤薫は、履歴書の記入に際するこのような戸惑い自体も、グローバル社会における〈階層〉文化をめぐる変動を意味しているという（遠藤 2007: 89-90）。

（2）倉島（1997: iii-vi）で挙げられているものを選定した。

（3）『辞林』、『広辞林』（三省堂）においても同様であり、オモムキ、テイスト、ホビーの三用法が揃ったのは『新版　広辞林』（一九五八年）からである。

（4）「趣味」の語用の歴史として換言すれば、①「～に趣きがある」→②「～に趣味を持つ（have

a taste for)」→③「趣味は〜である(My hobby is)」の順で語用が加わってきたことになる。井村彰は、最後に付け加わった③について、和英辞典や英和辞典において「趣味」と"Hobby"が対応したのは、およそ昭和期に入ってからとしている(井村 1999: 91-94)。

(5) ①工場労働者の労働賃金に対する俸給(サラリー)という所得形態、②向上労働者の肉体的力能に対する知識を媒介とした事務的な分配・管理労働という労働形態、③資本家と賃労働者との中間に新しく勃興しつつあるという社会階級構成上の位置、④生活水準の中位性、という四つの特徴を持つ(門脇 1988: 214、寺出 1994: 184-186)。新中間層の家族は、「しばしば農村から学校教育を受けるべく流入し」、「官公吏、教員、会社員、職業軍人などの近代化とともに生まれ、学校教育を媒介として獲得された近代的職業」に就いた農家の二男、三男たる夫たちが「家庭から離れた職場へと通勤する俸給生活者としての生活を送り、妻たちは生産労働から切り離されて、主婦として、場合によっては女中を使いながら、家事・育児に専念」するといった核家族を形成した(小山 1999: 39-40)。

(6) 例えば山崎明子は、近代日本において、「手芸」が、その国家奨励によって女性の精神と身体を統御するような趣味として定着したことを明らかにしている(山崎 2005)。日本におけるテイスト研究については北田+解体研(2017)に整理されている。

(7) 「花嫁修業」は、「結婚前に主婦たるべき技能や教養を身につけるべく料理・裁縫・華道・茶道などの習い事をしたり、家事手伝いをしたりすること」(佐藤 1996)、「結婚前に習得すべきだと考えられている女性のたしなみを身につけること」(小山 2002)等と定義される。用語としては「花嫁学校」「大陸の花嫁」のように「花嫁○○」のフレーズが増加した(伊藤 2012)、一九三〇年代以降に普及したと予想される。実際に「花嫁修業(行)」をタイトルに含む新聞記事を検索すると、『読売新聞』では、「頑張れ前畑！〝心臓結婚〟ゴールは寸前　挙式は七日」（1937/3/7夕刊。花嫁修業の内容は、小笠原流礼法、料理、茶の湯、生花、裁縫、箏、三味線）、『朝日新聞』では、「看護婦奇禍　花嫁修業の喜びを前に」（1937/2/19　朝刊。花嫁修業の内容は女学校入学）が初出となっている。

（8）ここでは一例として安部（1997：12）の定義を挙げている。

（9）「遊芸」とは、近世以降、「師匠について芸を習う弟子がいる世界」と認識されるようになった遊びの総称（熊倉2003：1–25）であり、戦前期にしばしば用いられた言葉である。

（10）守屋（1991）、佐藤（1996）、小山（2002）、佐々木（2009：440–441）など。

（11）中村（校注）（1957：184–185）など。

（12）浄瑠璃の披露に着目したものとして、水野（2003：14）。

（13）例えば大口勇次郎は、武蔵国橘樹郡生麦町名主関口家の娘、関口千恵の生涯をまとめている（大口 2016）。

（14）宮坂広作は、高度経済成長期の社会教育実践における「花嫁修業」の浸透状況を以下のように伝えている。

こんにちの社会教育と芸能のかかわりについていえば、青年団の女子部の学習とか、女子の青年学級の中味には、必ずといってよいくらいお茶、生花、和洋裁がもられ、婦人学級や成人学校の内容にもなっている。日本青年団協議会の全国青年研究集会の女子活動分科会では、「花嫁修業の問題」がしょっちゅうとりあげられ、お茶、お花、料理、裁縫のできる人こそ理想的な花嫁だという周囲の考えかたに同調せざるをえないという女子青年の発言に対して、「そんな修業がはたして役に立つのか」、「そんなことばかりしていて自分自身満足できるのか」という質問が男子青年のがわから浴びせられるのがつねである。女子青年たちはそんなばあい、「ここにいるような意識の高い男の人ばかりならいいんですけど。」とか、「そういうあなたがただって、心の中ではおしとやかで、何でもハイハイということをきく女性の方がいいと思っているのではないでしょうか。」などと答えたり、実用的価値はあまりないことを認めつつも、「疲れた心を癒やし、すさんだ精神を休め、久遠の活力を与えてくれる……現代人が忘れかけているもっとも大切なもの、真実なもの」がある、といったぐあいに、家元の教えを受け売りして弁明したりする（宮坂 1970：224、傍線—引用者）。

花嫁修業をめぐる宮坂の言の中で着目しておきたいのは、鶴見の指摘同様に、花嫁修業の対象の中に、結婚生活に「実用的価値はあまりな」く、「おしとやかで、何でもハイハイということをきく女性」を連想させる伝統芸術が含まれている点である。

なお、南博も生花を例に「趣味」の受容と花嫁修業の関連に触れているが、当時の女子のジェンダー規範には触れていない（1980：102-104）。

(15) 小平麻衣子によれば、日中戦争から太平洋戦争に向う頃、国策的に農業や重工業への就業が女子に推奨された中、中産階級の女子たちは相変わらず就業から遠ざけられていたため、『新女苑』ではそのような引け目を反映し、稽古事が職業になる可能性や一生懸命に取り組む姿勢の重要性を賛美する言説があふれたという（小平 2016：131-132）。

(16) 片岡栄美は、日本の芸術文化実践のジェンダー差という客観的構造は、①「文化定義のジェンダー化」（人々の頭のなかにある、ある文化が女らしいか男らしいかという知覚認識図式）、②

「ジェンダー・ハビトゥスの身体化とジェンダー資本の蓄積」（ある「女性（男性）らしい文化」を身に付けることで、女性（男性）らしさが増し、社会的に有利になる）、③「ジェンダー化した文化実践」（ある文化は主に女性（男性）が享受するという実態）の三つの側面に支えられており、それらが相互に関連し合っていると述べる（片岡 2008：22）。本書は「花嫁修業」をめぐる歴史観と「趣味」の受容の関係に関心を寄せているものの、女子のたしなみが婚姻戦略につながるという前提に立たずに、あくまで片岡の図式でいう①、②に関わる言説の変遷について検討するものである。近代日本の「趣味」に関わる文化史研究としては、山崎（2005）の関心に近い。

(17)『広辞苑』（岩波書店）において、「稽古事」が項目として掲載されるのは第四版（一九九一年）からであり（『広辞林』三省堂書店については第六版（一九八三年）にも記載がない）、語として確立・普及したのは戦後だと考えられる。「習い事（物）」とも合わせて別途検討が必要である。

(18) 各府県学務課内への社会教育主事の設置（一九二〇年）、「通俗教育」から「社会教育」への管制上の用語の改変（一九二一年）、第四課から社会教育課への改称（一九二四年）、社会教育局へ昇格（一九二九年）、と、社会教育行政機構が飛躍的に整備されていったのは一九二〇年代である（碓井 1971：4-7）。また、実態化した家庭における母親の養育態度が問題視され始め、直接統制するために家庭教育振興政策が開始されたのは一九三〇年代である（志村 2012：3）。

第一章　稽古からたしなみへ

本章では「趣味」が受容されていったとされる明治後期から大正期における女子の稽古文化のあり方を考察していく上での視点や考察対象を、先行研究を概観しながら明確にしていきたい。具体的には、「稽古」ではなく「たしなみ」への視点の転換の必要性を指摘しながら、たしなみの対象、「女子」の階層、ジェンダー規範の多様性、文化状況に着目して考察対象を限定していく。

一　女子の稽古文化の歴史をめぐって

1　教育史研究にみる

戦前期の日本において、女子のノンフォーマル、インフォーマルな学習を把握しようとする上で、史資料や階層の点から、高等女学校や女学生をめぐる女子教育史研究が示唆を与えてくれる。

戦前期の高等女学校就学者層に関する教育史、教育の歴史社会学研究（以下、「教育史研究」と略記）においては長らく、高等女学校の教育目標として掲げられていた良妻賢母像の究明が重視されてきた。深谷昌志が前近代的、儒教主義的な良妻賢母像を想定した（深谷 1966→1998）のに対し、小山静子は性別役割分業イデオロギーに基づきながら再生産領域である「家庭」を通じて女性を国民化するために成立した近代的な概念としての良妻賢母像を提示した（小山 1991、1999）。また木村涼子は、そのような良妻賢母像を反映し、大正・昭和期に婦人雑誌というイデオロギー装置によって提供された「主婦」像の諸相を明らかにしている（木村 2010）。

一方で、良妻賢母像が高等女学校をはじめとする未婚の女子にも向けられた教育目標であったにもかかわらず、その内容が基本的には婚姻後の「妻」「母」としての規範でしかなかったことへの矛盾に目が向けられるようになり、「女学生」研究（本田 1990、吉田 2000、稲垣 2007）、「少女」研究（渡部 2007、今田 2007）といった理想的女子像をめぐる研究が蓄積され、同時に彼女たちを取り巻いていた文化が明らかにされてきた。

吉田文は西欧モダンと伝統日本という軸、社会の中・上層と下層という出身階層の別を軸として、女学生をとりまく世界を説明する（図1-1）。

吉田によれば、服装、髪型をはじめとする可視化された女学生の世界は「モダン・ハイカラ」の

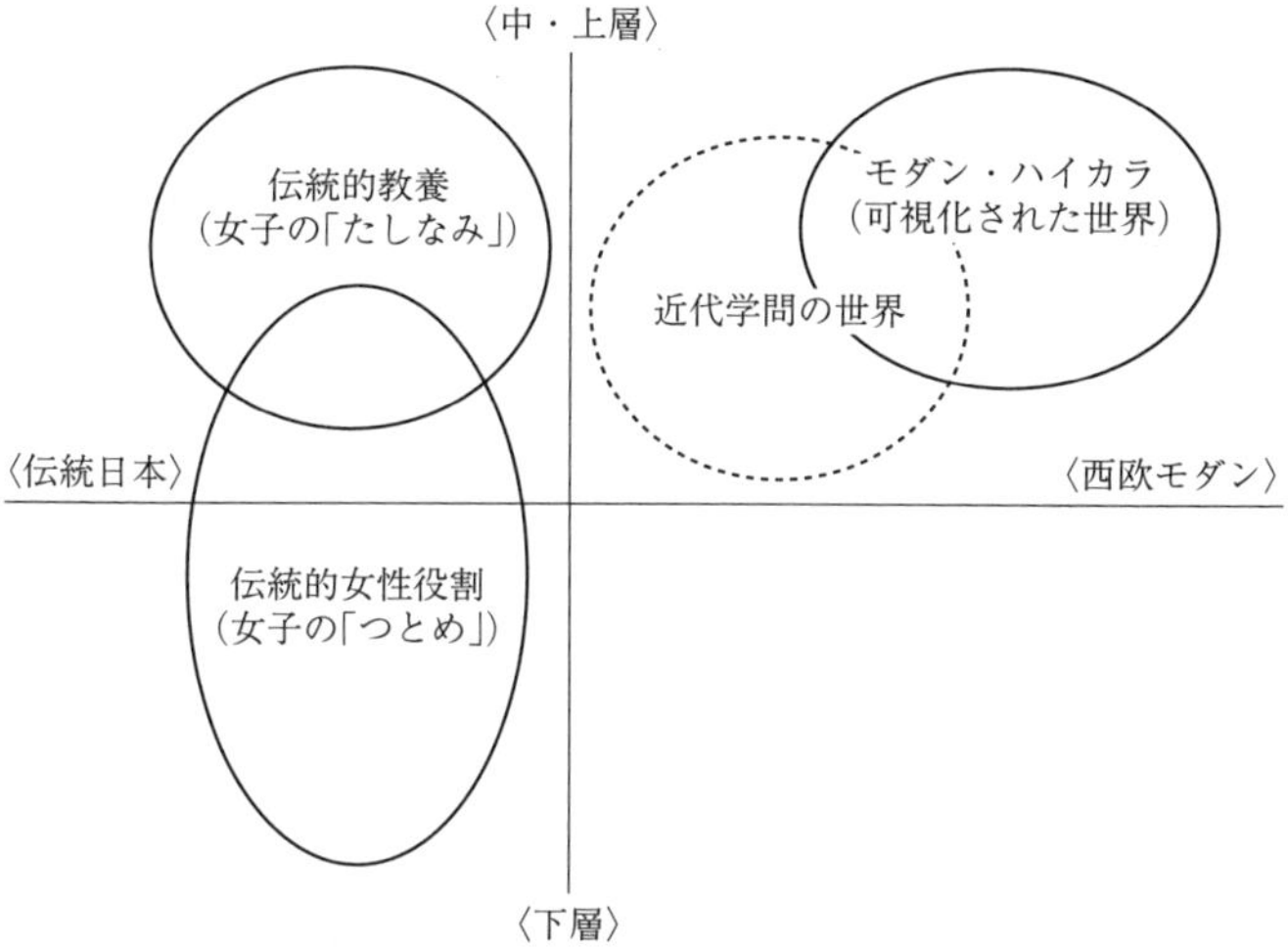

図1-1　高等女学校生徒をとりまく世界

出典）吉田（2000: 126）より転載。

世界に展開しているが、その背後に、学校教育の場ということで可視化されていない「近代学問の世界」が広がっていた（同上：125-126）。また中・上層の女子にとっては、前近代からの、生産労働に従事する必要のない女子向けの和歌、習字、手芸、琴、生け花、茶の湯などの「伝統的教養」、すべての階層について裁縫や料理を始めとする実用的な「伝統的女性役割」の世界が広がっていたという（同上：126-127）。

吉田（2000）等の知見も含め戦前・戦後を通じた女学生文化の実態と表象を体系的に整理した稲垣恭子は、戦前期の女学生文化が、「モダンな教養文化」（近代的学問や教養、西洋音楽や芸術など）、「たしなみ文化」（伝統的な和漢の教養や、茶道、華道、箏、三味線等の

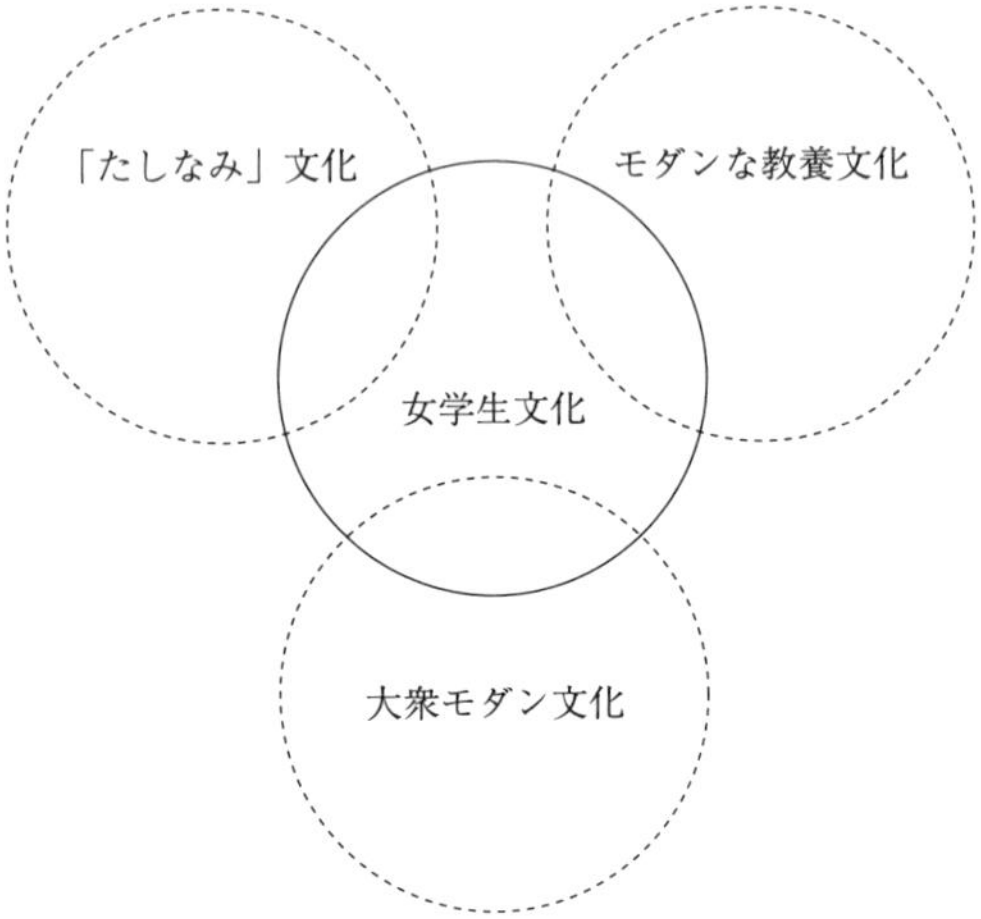

図 1-2　女学生の文化

出典）稲垣（2007: 211）より転載。

遊芸など）、「大衆モダン文化」（雑誌、映画、ラジオ等を媒介とするファッション、髪型、持ち物などの流行や「女学生ことば」などのサブカルチャー）のいずれにも接触しつつ特化されない、捉えがたいものであり、それゆえに社会的批判も招いたとしている（稲垣 2007: 206–220、図1-2）。

さらに高女就学者層をその読者に含んでいた少女雑誌の分析を行った今田絵里香は、戦前期において女子が抱いた成功観の一つとして「芸術主義」を指摘した。今田は、公人・企業人・軍人といった職業達成を目的に生きる同階層の男子に対して、女子が成功の手段と捉えたのが近代西洋芸術のプロになる道であったとし、このような少女向け教育主義を「芸術主義」と名づけている（今田 2007: 129–131）。今田によれば、近代西洋芸術のプロになるには多くの文化資本が必要であり、それに憧れを抱いても結果として大半の女子は職業達成に失敗したため、芸術主義は女子に憧れを抱かせながら、それに失敗しても「努力」や「才能」の無さとして納得してクーリングアウトさせ、結果として家庭に収める巧妙な社会的装置として機能した（同上）。

これらの「女学生」「少女」像に着目した研究は、戦前期における女性の階層や年齢によるジェンダー規範の異同や学校空間の特異性に着目し、その過程で女子同士の「エス」のような同性思慕的な関係、雑誌を介したヴァーチャルなネットワークの形成、女学生言葉などのサブカルチャーといった、良妻賢母研究ではすくい取られなかった生徒文化や、学校文化と大衆文化の接触状況を生きられた歴史として記述してきたという点で示唆が大きい[1]。

一　女子の稽古文化の歴史をめぐって

一方で、教育史研究が、女子の文化が培われた場所として高等女学校に着目し、加えて「高等女学校の学校文化とその外延としての（少女雑誌等の）大衆文化」という枠組みを採用してきたことで、主に家の方針の下で身につけることになった教養や女性役割については、その存在自体は指摘されつつも[2]、伝統的かつ静的な文化として想定されてきた。「女学生」「少女」像の研究は、それらの女子像の前提に伝統的な「家の娘」像を敷いてきたが、「家の娘」としてのジェンダー規範それ自体の変化には論究してこなかったとも言い換えられる[3]。近代日本の稽古文化や「趣味」の受容という観点から見たとき、主に家の教育方針に大きく左右されたと思われる「たしなみ」や「つと

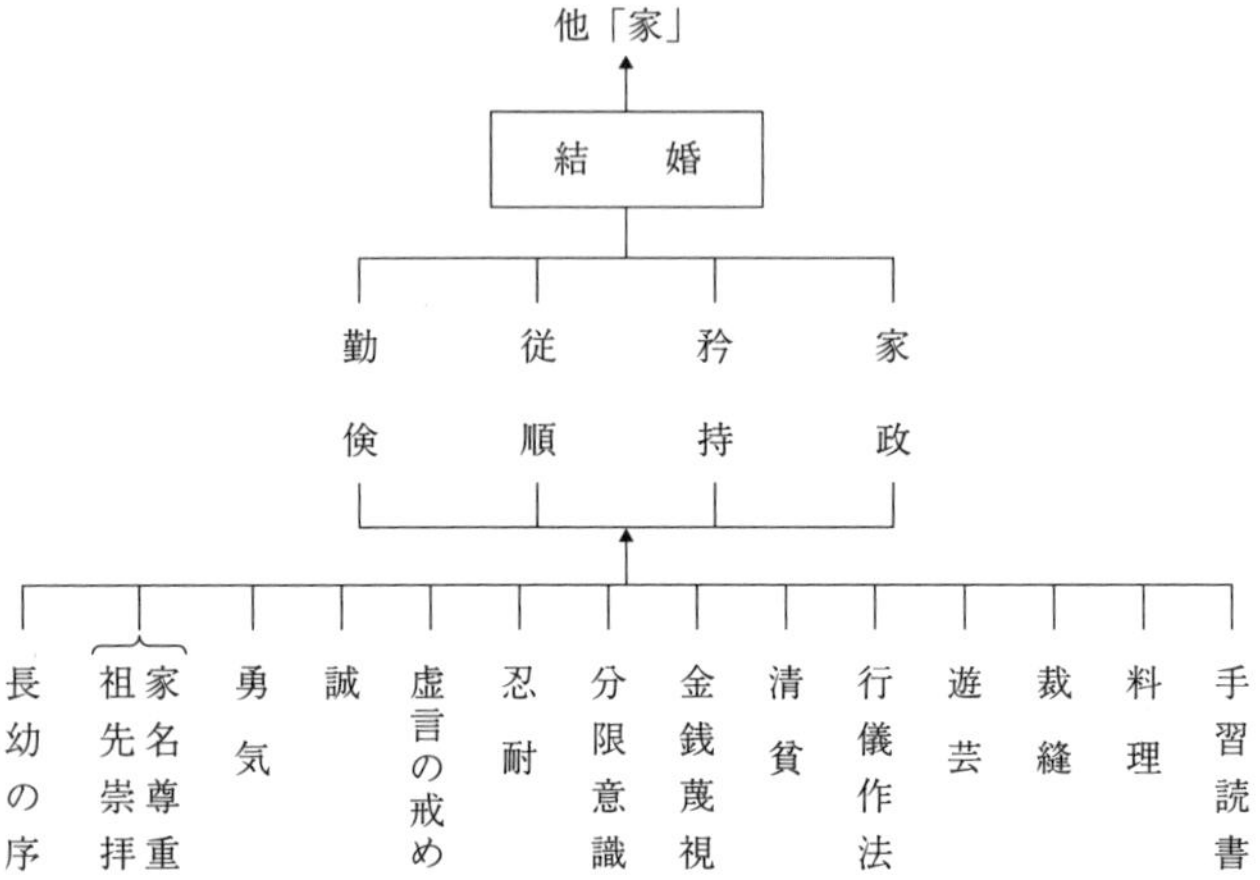

図1-3　士族の家庭における女子の教育

出典）小林（1982: 37）より転載。

め」という文化自体も、「家庭」の登場・普及に伴う家族関係の規範の変容にともなって、変化せざるを得ず、また「趣味」の対象や態度にも変化が生じたことが予想され、再考の余地が生じる。

近代日本の家庭教育史研究においては、小林（1982）、中嶌（1996）、小山・太田（2008）、沢山（2013）を始めとした自伝の分析を通じた女子家庭教育史の蓄積がある。これらの研究においては、家における女子の教育とは、他家へ嫁するための家政・従順・勤倹の態度を重視し、それを育成するための母親を模倣した形での技術教育、躾教育と想定されてきた（図1-3）。

社会教育研究および隣接領域としての余暇・娯楽研究では、戦前期の女子の芸術・芸能のたしなみに対して、「日本人の慣習」という認識を示してきたことに加え、「余暇」「娯楽」といった調査・研究視角の出現それ自体が一九二〇年代の社会教育行政の発展と同時並行的であった（小澤 2003）ことにも起因して、（近世との連続を想定した）前史以上の意味を見出してこなかったと言える。(4)

学校・家庭・社会という教育機会の領域からではなく、「身体」観そのものを捉えようとする教育史研究も蓄積されている。(5) しかし、序論でも述べたように、それらの研究群は近代学校教育を相対化するような教習方法にまつわる身体技法そのものに関心が集中しており、それらの技芸を身にまとうことの社会的イメージには注目していない。

2　芸能史研究にみる

次に、稽古の対象で或ある芸能（・芸術）に着目し、その研究群について検討したい。

戦後の芸能史研究においては、戦前期の女性の稽古文化の把握に基本的に冷淡であった。その背景には、①戦前期に女性の稽古文化として定着した遊芸が第二次世界大戦後に「伝統芸術」として権威付けされたことによって、研究上においても、それらが性別や年齢に関わりなく、芸道論や「型」の文化といった精神性によって、また、対象を女子に限定したとしても、躾や礼法といった慣習的教育方法として説明が可能なものと考えられてきた、(6) ②第二次世界大戦後、戦後民主主義の風潮の中で、家元制度に対する封建遺制批判が展開された、(7) 等といった事情がある。

このような研究状況の中、茶道、華道といった個々の芸能の女性への普及理由については少なからず明らかにされてきた。茶道に関して女性の稽古文化の概要を述べたものとして熊倉（1980：296–304）、籠谷（1985：253–259）、加藤（2004）、依田（2016：105–119）、華道に関して工藤（1993）、双方に関して、官立、ミッション・スクール、外地といった校種別に高等女学校のカリキュラムとしての役割を検討したものとして小林（2007）を挙げることができる。これらの先行研究における女子の遊芸の稽古文化の通史的理解を示せば、近世において専ら男性町人達を担い手にしてきた遊芸は、明治初期、近代化政策の中で弾圧され、家元制度の経済的貧窮も甚だしく解体する方向にあったが、①一八八〇年代後半には欧化主義への反動としての国粋主義の流れから「伝統」として復活し、②各芸能の家元も近代的なカリキュラムを確立する努力を続け、女性の礼儀作法や教養としての意味付けを行い、③一八九九（明治三二）年の高等女学校令によって各府県に最低一校の高等女学校設置が義務づけられると、既に発達していたミッション・スクールのような西洋的教養に偏らない和洋折衷的な教育方針が採られた、という諸要因によって、一九〇〇から一九一〇年代にはほとんどの女学校で、茶道、生花、箏等が随意科目あるいは課外科目として取り入れられ、女性の教養として再編成されていった、というものになる。すなわち、一九世紀末から二〇世紀初頭にかけての、国粋主義を背景とした遊芸それ自体のイメージの向上、家元側の積極的働きかけ、女子教育界の婦徳教育への関心といった要因が、複合的に女子の遊芸の稽古文化を促進したとされている（熊倉

1990：222）。

このように女子の稽古文化の醸成の場が高等女学校に限定されて論じられる背景には、高等女学校生が、戦前期でいう「妙齢」期に差しかかっており（井上 1991：22-28）、遊芸の稽古が可能な家庭の経済力を有するのみならず、在学中もしくは学卒後にモラトリアムとしての未婚期を経て専業主婦になる、という、戦後に拡大する女性のライフサイクルのモデルをいち早く体現した階層であったことを反映している。また、一九一〇から二〇年代以降、高等女学校卒の学歴自体が結婚の条件となっていった（天野 1987、沢山 1996）ことも、「高等女学校生が芸術・芸能に触れる機会の増加＝女子の稽古文化の発展の要因」、という認識を補強してきたと考えられる。

これらの理由から、本書で稽古文化を考察する際にも、高等女学校就学層を考察の対象とすることは有効であると考える。しかし、田中秀隆が述べるように、そもそも「学校で習ったからそれが普及したという説明は、説明としては不十分であ」る（田中 2003：7）。実際に学校史、校友会誌といった学校関連史料から茶道・華道の高等女学校での展開を検討した小林善帆が、それらがあくまで家庭において（特に卒業後に）稽古事として習得するものとして認識されていたことを示唆しており（小林 2007：390-392）、女子の稽古文化の展開について考える際に、学校や学校と家元の関係性に着目するだけでは十分ではない（橘 2009）。

二　「たしなみ」への着目

1　「稽古」と「たしなみ」

女子の稽古文化を直接扱った、もしくはそれに言及した教育史、芸能史研究には共通した課題が見られる。それは、高等女学校のカリキュラム、学校文化、生徒文化の観点から稽古文化を捉えようとしつつ、結果としてはその稽古の内容や取り組み方が家庭の方針等に大きく左右されていることを明らかにしているということである。

高等女学校の教育目的が基本的に家庭婦人養成にあり、近代的知識・科学の修得のみならず、稽古事のような身体的な能力の涵養も求められた女子にとって、学校知が優位に立ったわけではなかった。また、第一次世界大戦前までは、序論でも触れたように社会教育、家庭教育が政策として確立していなかった。このような研究状況や対象とする時代の制約を踏まえ、本書の課題を明らかにするために、稽古文化を捉えるための視点を整理する必要があるだろう。

今日「稽古」は、「①昔の物事を考え調べること。古書を読んで昔の物事を参考にし理義を明らかにすること。②武術・遊芸などを習うこと。③学んだことを練習すること。④高い学識を有すること。」、「稽古事」は「稽古して身につける技芸。」を意味する（『広辞苑　第七版』、二〇一八年、岩波書店）。「稽古」は、①③に表れているように練習を含む学習方法が核となった概念であり、また②に表れているように、「師匠について習う技芸」というニュアンスが強いため、近代以降の稽古文化について考察しようとする場合、学校外教育の問題として扱われやすい。

しかし、序論で述べたような、感覚としてのテイストから余技としてのホビーまで含む「趣味」の受容の問題と関連させて稽古文化を考察する際に、視点として「稽古（事）」では対応しない。コト・モノの身体化の問題を、学校・家庭・社会という教育機会を限定しない視点から捉え直す必要がある。

そこで、本書で採用したい視点が、稲垣（2009）、山﨑（2009）でも部分的に言及している、ある事物に対する、身体的な素養やそれを育もうとする態度、行動様式としての「たしなみ」である。(8)

今日、「たしなみ（嗜み）」は、「①たしなむこと。すき。このみ。特に、芸事などに関する心得、②心がけ。用意。覚悟。③つつしみ。遠慮。」という意味であり（『広辞苑 第七版』、二〇一八年、岩波書店）戦前期の代表的な国語辞典においても既に同様の意味が備わっている。(9) 遠藤薫は、「たしなみ」こそが江戸社会の中間層（武家や商家など）に継承されてきた bon bout やそれに支えられた habitus（ブルデュー）を指し示してきたが、既存の文化資本を書き換え新たに構築するために明治期の新中間層用に「趣味」が生成されたと推測する（遠藤 2007: 98-99）。

戦前期における「たしなみ」の語用として、例えば桜井役は、「嗜み好むこと、転じて、心掛けることをいひ、自ら進んで礼法を修めようとする心構えをいふのであって、嗜みは、家庭や学校で躾をうけ、教をうける間に養はれる」（桜井 1942: 62）ものとする。また大西昇によれば、それは「単なる享受でも、芸術の創作や鑑賞でもなく、倫理の概念で蔽ひ畫されず、又、美容術とも教養とも学問とも異なつてゐて、しかも此等のすべてに関聯性を有する」（大西 1943: 251）ものである。いずれにしても、「読書を中心とした学問や教養に比べてこれらの『たしなみ』においては、『稽古』や『こころがけ』によって、知識の習得だけでなく身体を通してそれらが身につけられていく過程が重視される」（稲垣 2010: 2）。[10]「たしなみ」は、学校による教育や教養という学問知としては周辺的であり、「身装」というほどには外面的ではない、素養、態度、行動様式を意味する。本書では「趣味」の受容について考察するため、「趣味」より古くから用いられていた「たしなみ」を分析概念として用いていく。

2　たしなみの規範性

たしなみの構造に関する哲学的な見解をもう少し掘り下げ、本書にかかわるたしなみの規範性について示唆を得たい。

大西（1943）は、たしなみの構造を、「主体性」と伝統の考察から得られる「身体性／精神性」「日常性／非日常性」「規律性／享楽性」から説明する。

大西によれば、たしなみの「主体性」とは、「辛苦は各自の事がらとして、各自が辛苦する」「各自の心がけとして、自らが用意する」「身にこたへて、各自のものとし、非常の際に臨んでは、之によって自らが即刻即座に立ち上って対処する」ことであり、これと対極にあるのが「他人の辛苦を傍観し批評し観照する」「客観的法則や規律を理解する」ことである（大西 1943: 274）。この点においてたしなみは、「知的傍観的理解的」である「教養」とは根本的に異なるとされる（同上）。また、たしなみと「芸術（創作）」については、前者が、その人がらや、いつ、いかに作るか等の「その人につきたる価値」が一層重要であり、実践と鑑賞が一体であるのに対し、後者があくまで客観的作品によって評価され、実践と鑑賞が別箇となる点に違いがあるとする（同上：275–277）。

大西は続けて「身体性／精神性」「日常性／非日常性」「規律性／享楽性」の観点からたしなみの構造を説明する（同上：279–292、図１－４参照のこと）。

この中で稽古文化に関わるのは、日常生活において何をどのような態度で身体化すべきかという「規律」に関する理解である。大西によれば、たしなみの「精神性－日常性－規律性」としての側面が、「日常の心がけ（用意）としてのたしなみ」であり、その原則は各自の分を守ること（分別がつく）である（同上：281–283）[11]。それに対し、「身体性－日常性－規律性」としての側面が、「日常生活に於ける行儀作法の規律に従ふ動作姿勢のたしなみ」であり、行為における心情の純粋性や行為の結果の責任よりも、行為的動作の形姿が問題とされる（同上：280–281）。大西によれば、この

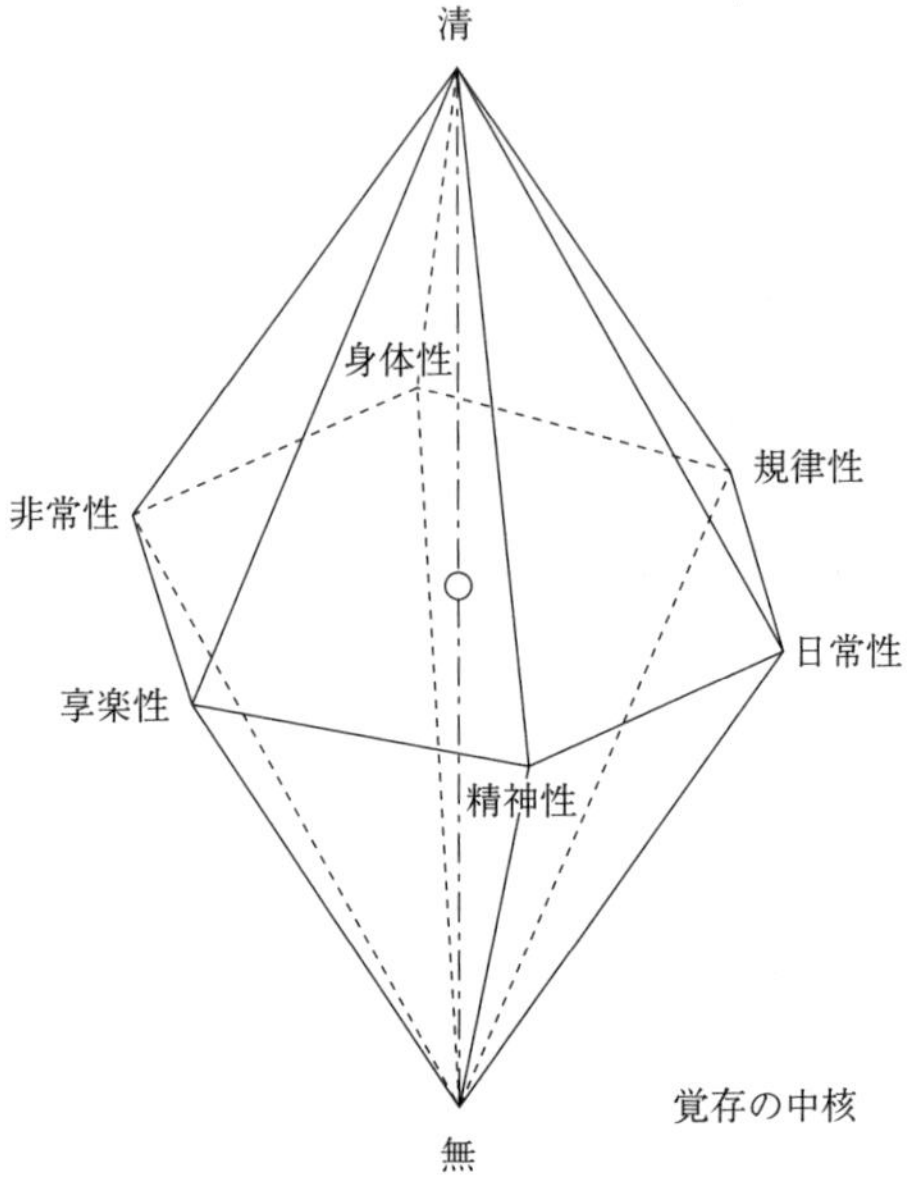

図 1-4　たしなみの構造

出典）大西（1943: 280）より転載。

「精神性‐日常性‐規律性」「身体性‐日常性‐規律性」を合わせた「身体性‐精神性‐日常性‐規律性」の台形が「日常のたしなみの主要面を占め」る（同上）という。

　本書では、この大西の整理にしたがって、日常における女子のたしなみの規律を「心がけ」[12]の側面と「行儀作法」の側面から検討していく。

三　研究対象としての音楽のたしなみ

たしなみという視点を採用した上で、本書がその対象として着目するのが音楽である。その理由として、①音楽ジャンルに着目することによって、吉田（2000）、稲垣（2007）が想定してきた「近代（モダン）／伝統」という図式の検討に際して、洋楽のような近代的（モダンな）教養文化と邦楽のような伝統的教養としての「たしなみ」を対比させ、またその関係の変容を考察でき[13]、強いては「趣味」の和洋をめぐる考察が可能となる、②楽器がモノとして存在しているため、他の芸能（・芸術）のたしなみよりも、それをたしなむ女子の視覚的な把握が行いやすい、という点が挙げられる。

このうち①の音楽ジャンルの問題について先行研究との関連と合わせて補足しておきたい。

明治から高度経済成長期における音楽のたしなみに関わる先行研究の知見から、一九紀末から二〇世紀初頭は、「三味線をたしなむ女子」と「ピアノをたしなむ女子」の間を、理想的女子像が揺れ動く時期であることが示唆される。

明治初期においては、「三味線をたしなむ女子」が、就学との関連から問題視されていた（倉田 1989、佐伯 1990、麻生 1999、関口 2005、矢島 2007、石堂 2008、鍋本 2011、Tanimura 2011、歌川 2012）。

当時の就学告諭でも「比較的裕福な商家等に生まれて遊芸を習わされた女性に対し、教育がないために身売りや淫行に陥ることを阻止しようとして学問の必要性を説い」（河田 2008：329）ている。庶民を主な購読者とし、読者獲得のために政論よりも娯楽記事を中心としていた小新聞は、同時に就学を啓蒙する役割も担っており、そこでも「三味線をたしなむ娘」の存在が問題視され、しばしば取り上げられていた(14)。

一方で、教育社会学、文化社会学研究で度々指摘されるように、高度経済成長期の都市新中間層の拡大に伴って女子を中心にピアノブームが起こり、家庭の文化資本戦略として機能した（神澤 1999a, b、水野 2001、高橋 2001、井上 2008、本間 2015）。そこには、ピアノメーカーの企業戦略も働いていた(15)。一九八〇年代には、音大受験生やピアノの売り上げ台数がピークに達し、その後、いわゆるブームは終焉したが、ピアノ文化は十分に浸透し、音楽の稽古、とりわけ女性の音楽のたしなみというと、ピアノがイメージされるようになっていく。

戦前期における「三味線をたしなむ女子」から「ピアノをたしなむ女子」へという稽古文化の変化は、いくつかの社会調査からも推測できる。

例えば、一九二〇年に遊芸業者の調査を行った権田保之助は以下のように述べている。

洋琴の学習者は、富豪名家の若夫人令嬢を筆頭として、ブルジョア階級に属する、専門学校程度の男女学生が主である。何分にもヴァイオリンやマンドリンの手軽な楽器と違ひ、スタンド型の練習用ピアノでも、一台五百円から千五百円まで平盤の演奏会用のものになると二千円以上もするので、どうしても民衆的であることが六ヶ敷い（権田 1923: 148）。

ここでは「洋琴」（ピアノ）が「富豪名家の若夫人令嬢」たちにたしなまれ始めた状況が紹介されている。既述のように、権田が望むほどにピアノのたしなみが「民衆的」になったのは、それから約半世紀後、一九六〇年代の高度経済成長期である。

一方で昭和戦前期には、三味線（特に長唄）は、「令嬢」に相応しい趣味としてのイメージが定着していく。以下は、一九三八年に発売された『趣味大観』（趣味の人社）における令嬢の趣味紹介の一部である。(16)

求林堂インキ輸出入販売業を経営して店舗の大を知られ、また西洋舞踊に該博の造詣と識見あり、斯道の評論家として文名を聞えたる先代西川忠亮氏の令嬢、長唄と英語とを以って、造詣の代表的趣味として尚ほ茶道・洋裁・料理・琴・ピアノ・書道等に素養あり、伝統及び近代の趣味両方に亘つて行くとして可ならざるなしの多芸の人たる多美子嬢は、大正三年六月一一日を以て誕生、長じて後ち、昭和七年春東京女高師附属高女を卒業され、爾後今日まで趣味道への精進に寧日な

き日を送られてゐる。〔以下略〕

当時としては妙齢期に差しかかっている高等女学校卒業の「令嬢」について、誰の娘であり、何の趣味を、いつから誰に習ったか、といった情報がまとめられている。ここで引用した西川多美子の代表的趣味は、「長唄」と「英語」ということになっており、さらに「琴」と「ピアノ」の素養もあり、まさに和洋双方の音楽をたしなむ女子である。

このように、関連する先行研究や社会調査から、二〇世紀初頭から昭和戦前期において、三味線やピアノといった女子がたしなむべき音楽ジャンルをめぐる何かしらの攻防や葛藤が起こったという素描を描くことができる(17)。

以上の理由から、本書では、明治後期から大正期の「音楽のたしなみ」を考察対象として議論を進めていく(18)。

なお、「音楽のたしなみ」を視点に分析を進める際には、音楽と身体の関係をどのように想定するかも問題になる。本書で、「音楽のたしなみ」という時には、主に、「弾くたしなみ」を想定する。その第一の理由として、単純に、本書が対象としたい大正期以前は、劇場、雑誌、レコード、ラジオなどの普及により「聴くたしなみ」のある音楽愛好家も増加した昭和期以降（加藤 2005）と異なり、「音楽を聴く」＝誰かしらの演奏」という技術状況にあったと考えられるためである。

第二の理由として、先の大西の見解として示したように、たしなみは実践と鑑賞が一体となっており、音楽を「聴いて理解する教養がある」（≒知識がある）という状態と峻別して考察していきたいためである。また、「弾くたしなみ」がもつ、それが演奏者の辛苦を伴うのみならず、経済力や時間的余裕を前提とした誰かしらからの伝承を要するため、「出身階層に結びついた差異がはっきりと現れてくる」（ブルデュー 1979＝石井 1990：412）という特質も、近代日本の階層形成期に着目する本書の関心に合致しているためである。(19)

四　本書における「女子」と「音楽」をめぐる諸条件

心がけとしてのたしなみを考察する際には、「女子としてのたしなみ」という場合の「女子」がどのような階層であり、どのようなジェンダー規範の中にあるかが、何がその「分別」に該当するのかを考察する上で重要な意味を持つ。本書で着目する「女子」の階層文化、ジェンダー規範の条件を確認したい。

また、近代化過程における女子の音楽のたしなみ像の変容は、日本同様に「上からの近代化」を経験した国に共通する現象である。例えば、Tokita（2010）、吉原（2013）が示すように、時期は違えど、ピアノによる女子の文化資本の獲得が東アジア共通の現象となっている。本書の知見を、他の国や地域と比較可能にするために、東京の教育、文化状況を背景に想定して女子のたしなみ像の検討を行っていく。そこで、近代日本における東京の音楽環境を確認し、それも踏まえて本書で着目する音楽ジャンルも確定したい。

1　階層文化

教育史の先行研究を時代、地域も含めて再整理すると、吉田（2000）が一九一〇年代末の兵庫県の女学生の修学日誌の事例分析、稲垣（2007）が戦前期の関西都市部の女学生の実態と表象の分析、今田（2007）が昭和期以降に主に関東都市部で購読者を得た少女雑誌の内容分析を行っている。これらの時間軸も含めて女子のたしなみの対象を考える場合、都市部では大正期／昭和期を境目として、「伝統／近代」の交錯状況から「近代」の威信が高まる時代へと移り、その状況が地方にも伝播していったと見立てることができる[20]。

ただし、一般に、近代日本の階層形成については、「明治末から大正期にかけて都市における生活構造に変化の兆しがあらわれ、第一次世界大戦後の所得水準の上昇と物価高騰の時期に旧来の生活に大きな変動が生じ、一九一九（大正八）年から一九二二（大正一一）年ごろにかけて、新たな生活構造を形成し」（門脇 1988：240）たとされる（図1－5）。これを踏まえると、先の教育史研究では、都市新中間層が郊外に拡大し始める大正期から昭和戦前期への関心が集中しており、その階層

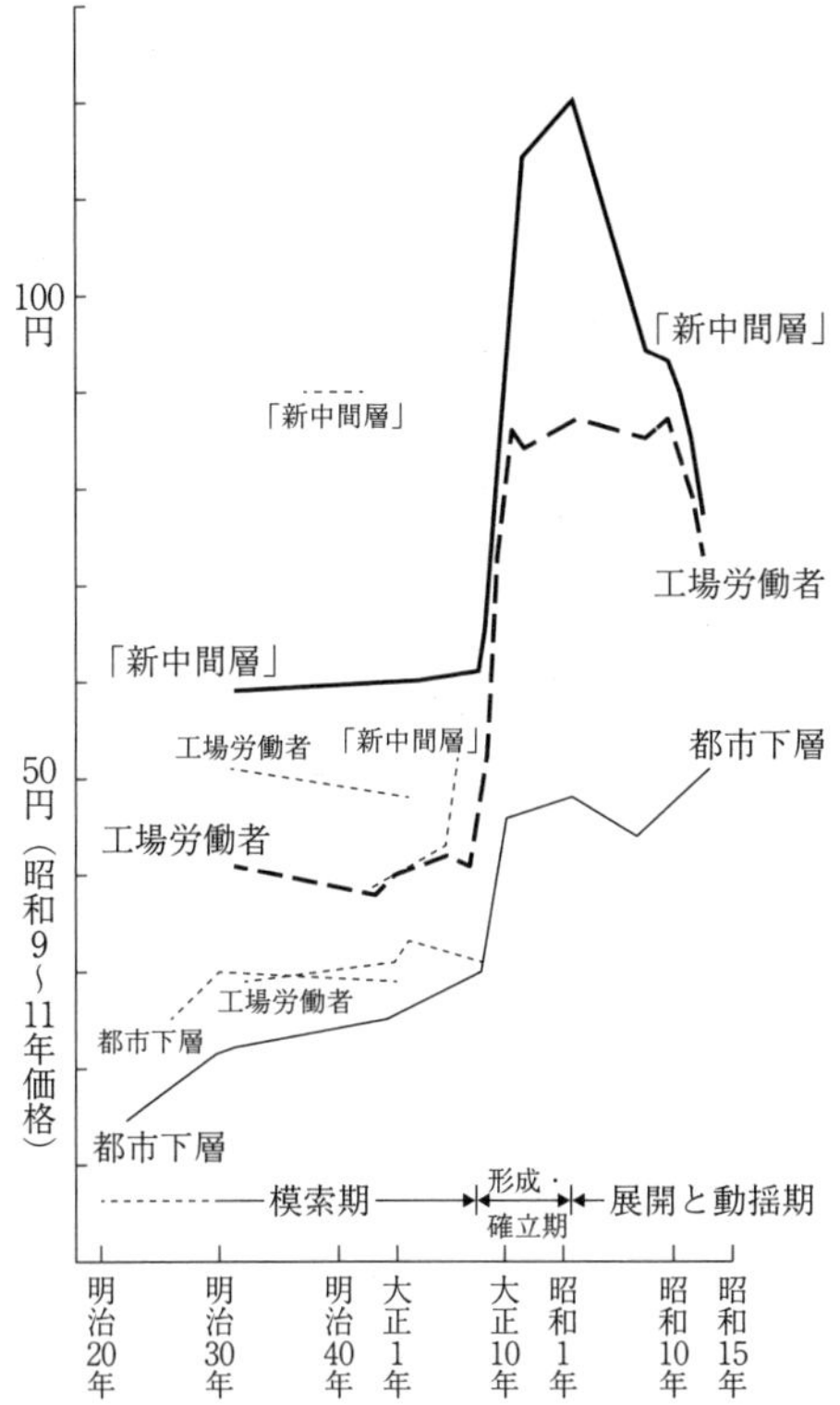

図 1-5　都市諸階層世帯の実支出の推移（東京市を基準）

出典）中川（1985: 371）より転載。

形成期にあたる明治後期から大正期の展開を十分考察していないことになる。

また、近代日本に関する階層文化研究の課題として、「主に下層階級からの上昇移動の部分に焦点が当てられていたため、中上流階級を対象とした研究がほとんど行われてこなかった」（佐々木 2012: 28）点が挙げられる。園田英弘が指摘するように、武士の身分的支配が崩壊した後の日本では、富の蓄積と世代間の委譲が不十分であったため、華族が上流階級としての発達を遂げることができず、ヨーロッパにおいて中流階級が上流階級への文化に憧れることによって生まれた「上層中流階級」が生まれなかった（園田 1999: 113–114）。日本では、その代替として組織上の希少な地位を占めるエリートが登場したが、その文化については地位から派生する地位上の威信と、西洋からの教養的・技術的知識から調達する必要に迫られたという（同上：113–114）。この西洋志向は華族も同様であり、結果として階層の構造化が弱かった近代日本の都市は、西洋の文化的威信を背景としつつ、階級的自己主張の弱い、階層オープンな、上流・中流エリートがその生活様式を牽引したとされる（同上：116）。このような上流・中流エリートのたしなみに関連する研究として永谷（2007）を挙げることができるが、その対象は男性に限られている。

これらの近代日本の教育史内外の階層文化研究の動向を受け、本書では、華族や実業エリート等の妻、娘に向けられた言説を検討していきたい。すなわち本書では、「女子」の階層として、都市部の「新中間層」と「上流階級」を合わせた「都市中上流階級」（佐々木 2012）を想定する。

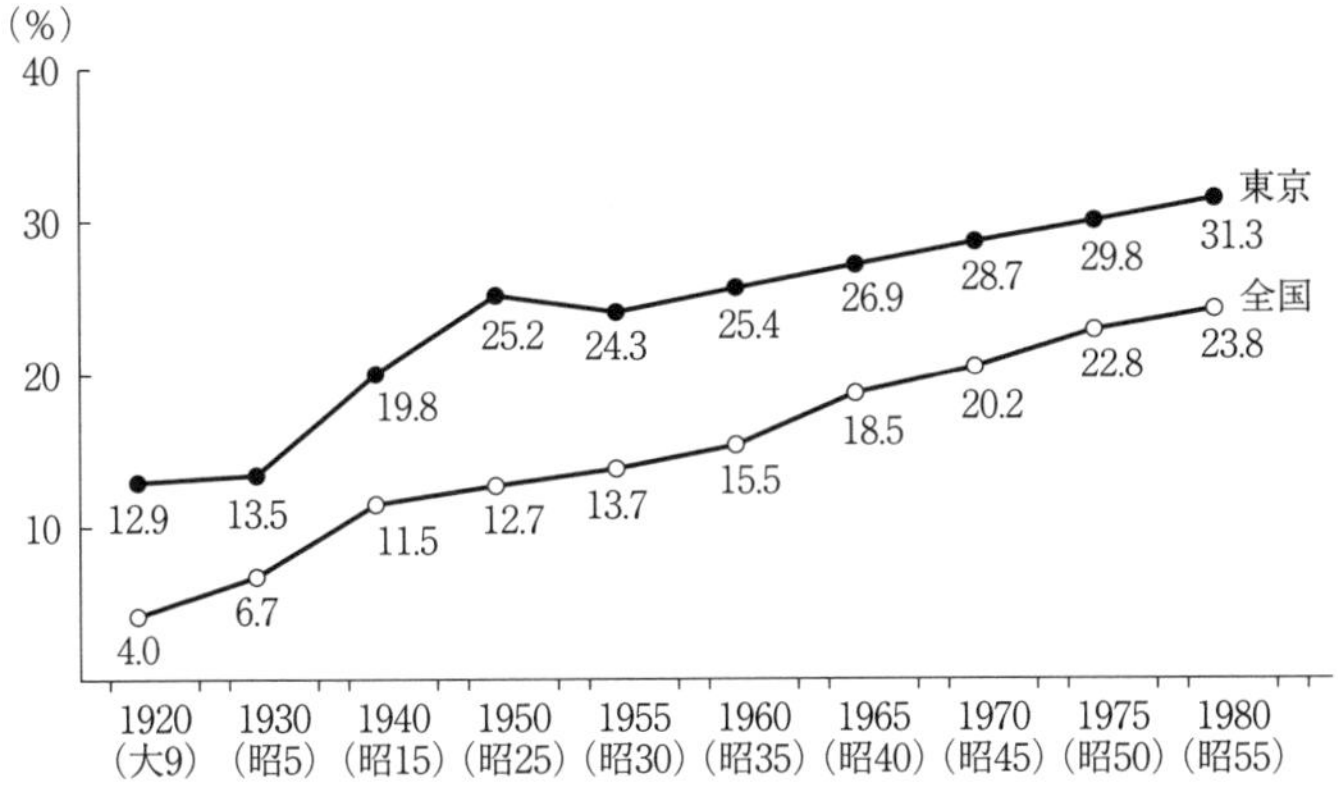

図 1-6　全就業者に占める新中間層の割合の全国・東京（都・府）比較

出典）門脇（1988: 234）より転載。

なお東京の新中間層に関しては、明治期の終りまでに公務自由業者がかなりの量に達しており、全国に比べ約一〇年増加の立ち上がりが早かったとしている（同上：232-233、図1－6）。「政治、経済の中心地である東京は、同時に教育、文化の中心地として、そこに住む人々に特有の階層文化を創りだし、それが時間の経過とともにその空間に堆積され、継承されていくプロセスを準備し」た（佐々木 2012: 24）。このような地域差を考慮し、明治期のどこから検討するかについては、他の条件や資料との兼ね合いから定めることとしたい。

2　女子をめぐるジェンダー規範

教育史の先行研究からも、明治後期から大正期は、「主婦」「女学生」「少女」といったような、戦後にまで継承されるようなジェンダー規範の形成期に当たることは明らかであり、性・年齢カテゴリーの生成によって生じた「女子」にまつわる多様なジェンダー規範に並行する形で考察を進める必要がある。

本書では、従来の教育史の研究群（本田 1990、今田 2007、木村 2010 ほか）の方法論的蓄積も生かしながら、雑誌メディアを主要な資料として分析を進める。

諸橋泰樹によれば、一般に、雑誌は、a．原則的に読者の主体的購買行為を必要とする、b．パッケージ化されている、という理由によって、その読者をセグメント化する（諸橋 1993: 16-17）。これは、特に近代日本において、女子にまつわる性・年齢カテゴリーと雑誌メディアの関係に顕著である（図1－7）。

図1－7において、上段の「女性一般」について、前近代において〈おんな〉とカテゴリー化されていた女性は、明治中期頃からの啓蒙的女性論の登場により、〈良妻賢母〉という枠組みを得ることになる。(21) 第一次世界大戦後からの欧米の独立した女性像が紹介されたことで、〈職業婦人〉が登場し、〈良妻賢母〉に動揺が生じ始める。中段の「女子」について、前近代においてイエやムラの中で生きていた〈むすめ〉は、明治二〇年代後半に「少年」の女子バージョンとして発見されるが、明治三〇年代に〈少年〉とは区別され、女学校や雑誌の中で〈少女〉としてのジェンダー規範が確立されていく。ただし、〈むすめ〉としての規範が消えたわけではなく、メディアにおいても、高貴な〈むすめ〉は〈令嬢〉と称されながらグラフ誌等に登場した。

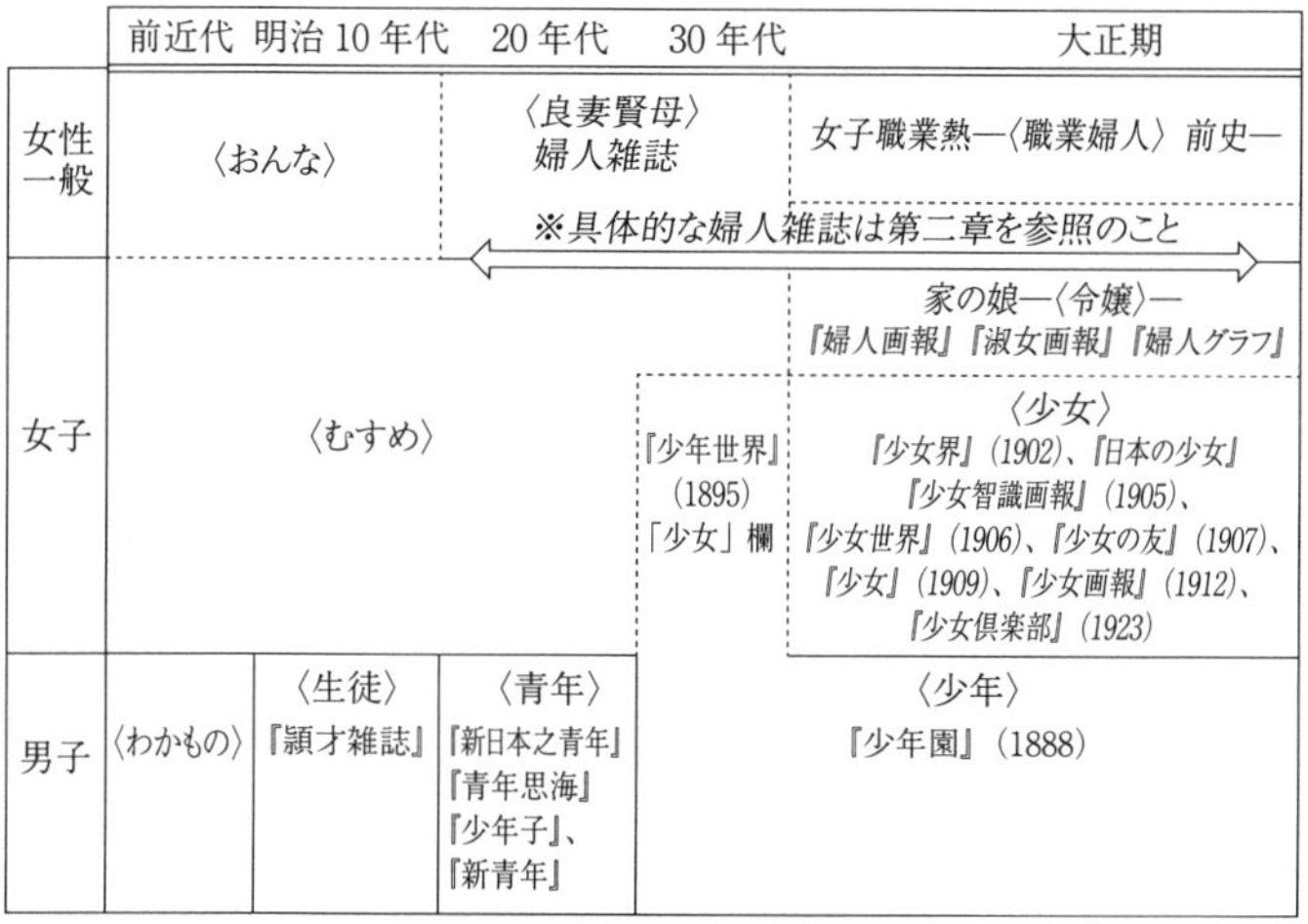

	前近代	明治10年代	20年代	30年代	大正期
女性一般	〈おんな〉		〈良妻賢母〉婦人雑誌		女子職業熱―〈職業婦人〉前史―
			※具体的な婦人雑誌は第二章を参照のこと		
女子	〈むすめ〉			『少年世界』(1895)「少女」欄	家の娘―〈令嬢〉―『婦人画報』『淑女画報』『婦人グラフ』〈少女〉『少女界』(1902)、『日本の少女』『少女智識画報』(1905)、『少女世界』(1906)、『少女の友』(1907)、『少女』(1909)、『少女画報』(1912)、『少女倶楽部』(1923)
男子	〈わかもの〉	〈生徒〉『穎才雑誌』	〈青年〉『新日本之青年』『青年思海』『少年子』、『新青年』		〈少年〉『少年園』(1888)

図1-7　性・年齢カテゴリー別のジェンダー規範と雑誌メディア

出典）坂本（2001）、佐久間（2005）、田嶋（2016）を参照して筆者作成。

このように、本書で音楽のたしなみの定義のジェンダー化を検討する時期は、女子にとってその多様なジェンダー規範の確立期にあたる（図1－7中の⇔部分）ことを考慮し、本書では雑誌メディアの分析を主軸に据えていく。

3　音楽環境

（1）近代日本の東京の音楽環境(22)

近代日本におけるピアノ、ヴァイオリンといった、女子のたしなみに深く関わると推測される西洋音楽の受容に関しては、Tokita（2010）、井上（2014）、M. Mehl（2014）、本間（2015: 58-78）等に既に整理されている。ここでは明治末から大正期のアマチュアの音楽活動の展開を中心にその概要を確認しておきたい。

日露戦争から関東大震災にわたっては、洋楽に下からの支持が少しずつ得られるようになり、日比谷公園の軍楽隊の奏楽（一九〇五年）や帝国劇場（一九一一年開劇）がその伝達経路となる（細川1998: 28）。明治の末には長唄や清元などの有名曲を西洋楽器で演奏する和洋調和楽が、室内楽や独奏のレパートリーとして流行し、折衷音楽は無声映画館の伴奏に引き継がれた（同上：28-29）。ヴァイオリンはコンサート楽器のみならず映画館や大道の大衆楽器としての位置づけも得た（同上）。その他、マンドリン、ハーモニカが、音楽学校に行かずとも洋楽を演奏できるというのも魅力となり、大正時代前半に若者に人気を得、全国にアマチュア合奏団が乱立した（同上）。

また、日露戦争後はレコード産業や楽譜出版が本格的に始動し、それらを通じて音楽が家庭の消費財として流通するようになった（同上：29）。ジャーナリズムも発達し、唱歌や明清楽を含む総合的内容を持った『音楽雑誌』から、レコードの普及に伴って、芸術音楽中心の『音楽界』『音楽』『月刊楽譜』へ、また『歌舞音曲』や『邦楽』といった邦楽の専門雑誌も創刊された（同上：29-30）。

明治期の『東京朝日新聞』掲載の楽器や楽譜の広告、および楽器の独習書を広汎に調査した森みゆきによれば、明治二〇年代には手風琴が、三〇年代にはハーモニカ、銀笛、吹風琴等が、四〇年代には、ヴァイオリン、オルガン、マンドリン等が流行したという（森 2014: 48）。合わせて、独習書の著者の多くが、尺八、三味線、明清楽等の楽譜を編集していた（同上）。

（2）東京における楽器の習得環境と状況

続けて、楽器の習得により焦点化し、東京の状況を確認していきたい。稽古文化、学校教育、双方の関連について整理しておく。

①稽古文化

音楽史研究では、音楽の教習の実態を把握する手段として遊芸師匠数の整理が行われてきた。高野辰之は一九〇八年の東京市市勢調査の職業調査結果から当時の邦楽師匠数を整理し、師匠が生活を維持し得る門人数を約三〇人すれば、門人数総計は約四万人となり、当時の東京市で約五〇に一人が邦楽習得に携わっていた、と算出する（高野 1938: 1199–1201、上原 1988: 316–318）。これに対し塚原康子は、賦金徴収（課税）・統計調査・風俗取締等を目的とした行政資料を、高野が用いた『明治四十一年東京市市勢調査職業別現在人口表』も含め広く蒐集し、邦楽習得者の種目別の遊芸師匠数の変遷を整理している。

表1－1は、上記の視点にならい、一九一六、一九二六、一九三六年の遊芸師匠数を整理し直したものである。東京市内において、箏や三味線といった邦楽の師匠が、数百人単位で存在したことがわかる。そして、洋楽の教授者が二倍、三倍と増えていく一方、箏や三味線の師匠は大正期から

表 1-1　大正—昭和期東京市部における遊芸師匠数

（人）

	洋楽	箏	三味線	琵琶	尺八
1916 年	59	260	937	—	24
1926 年	108	317	922	244	107
1936 年	171	264	814	132	118

注）1916 年の三味線師匠数に関しては、「長唄」「常磐津」「清元」師匠数を合計した。
出典）東京府教育会『通俗教育に関する調査』1916 年、東京市役所統計課『警視庁統計』（1926 年、1936 年）を参照して作成。歌川（2015b: 205）より転載。

昭和期にかけて洋楽増に反比例して減少したわけではなく、ほぼ横ばいに推移している。

また、表１－２は、東京都内の学校等で実施された稽古事調査の一覧である[23]。当時としては結婚間近だった高等女学校卒業生については、実用的な稽古事が上位を占め、音楽の稽古事の回答者は少ない。しかし、小学生・高等女学校生については、一九一〇年代から二〇年代には、箏と長唄がピアノよりも上位を占め、一九三〇年代に入っても、⑧のように、ピアノよりも長唄を習っている女子が多い学校が存在していることがわかる。

このような学校内で稽古事調査が行われた背景として、稽古事が学事を妨げる、という教育関係者の認識の高まりが挙げられる。

小学校について、①の日本橋区城東尋常小学校校長の山邊知之は以下のように述べる。

此技芸を習はせるといふのは、どういふ目的なのかと考へて見まするに、勿論家々に依ってそれぞれ違った考は持って居られるでせう

表 1-2　東京府内就学者層女子の主要な稽古事とその割合

	属性	学校	調査年（調査数）	主要な稽古事とその割合（%）									
①	小学校女児	日本橋区内小学校	1909 年（不明）	*長唄*	102 ※	*常磐津*	19 ※	*箏*	13 ※	*清元*	11 ※	書道	9 ※
②		四谷区内小学校	1913 年（2501）	*箏*	4.8	*長唄*	4.4	*常磐津*	2.1	生花	1.2	茶の湯	0.4
③		女子学習院	1920 年（283）	*箏*	20.1	語学	14.5	*ピアノ*	12.7	*三味線、長唄*	9.5	謡曲	4.2
④		東京市内小学校	1940 年（432）	珠算	14.6	学課	4.4	習字	2.8	*三味線*	1.4	*長唄*	1.2
⑤	高等女学校生	府立第一	1913 年（634）	*箏*	47.9	*長唄*	29.8	生花	17.1	茶の湯	15.4	*清元*	1.7
⑥		女子学習院	1920 年（284）	*箏*	30.2	*ピアノ*	26.8	語学	20.8	習字	17.3	絵画	10.6
⑦		府立第一	1928 年（1155）	*箏*	27.3	*長唄*	23.6	生花	12.7	*ピアノ*	6.4	踊	4.7
⑧		府立第一	1931 年（1148）	生花	8.5	*長唄*	7.0	*箏*	6.4	*三味線*	5.2	*ピアノ*	4.5
⑨		東洋英和	1934 年（447）	ピアノ	38.7	舞踊	16.1	*長唄*	11.8	*箏*	10.6	生花	9.6
⑩	高等女学校卒業生	府立第三	1917 年（738）	生花	44.5	裁縫	27.9	*箏*	27.5	茶の湯	21.6	料理	5.1
⑪		府立第一	1921 年（470）	生花	20.4	裁縫	14.9	茶の湯	13.8	*箏*	9.1	*三味線*	6.4
⑫		府立第五	1935 年（1251）	生花	54.1	裁縫	44.5	茶の湯	22.2	料理	16.3	書道	12.6

注 1）すべて複数回答可。ここでは上位 5 位のみを挙げる。
注 2）斜体は音楽を示す。
出典）国立国会図書館、野間教育研究所に所蔵されている東京府内高等女学校の学校沿革史、学校要覧及び高等女学校生の実態に関わる文献を参照し、作成。具体的には、①山邊知之「学校外で技芸を修めて居る生徒」『少女之友』1911 年 1 月、②東京府教育会編（1916）『通俗教育に関する調査』pp. 248-249、③⑥女子学習院（1920）『おたより』第 4 号、1920 年、pp. 3-4、④教育研究同志会事務局編（1942）『学童の生活調査』pp. 59-6、⑤稲垣（2007: 30）、⑦東京府立第一高等女学校（1928）『創立第四十周年記念誌』pp. 161-162、⑧東京府立第一高等女学校（1931）『本校の現状』p. 59、⑨稲垣（2007 : 24）、⑩桑原（1982: 159-160、170-172）、⑪東京府立第一高等女学校『鴎友』27 号（1921）を筆者集計、⑫東京府立第五高等女学校（1935）『東京府立第五高等女学校要覧』pp. 212-214. 歌川（2015b: 206-207）に一部加筆して作成。

が、要するに左の二つが主なるものだらうと思はれます。

第一、近所でも皆習はせて居るから自分の家の子供にも習はせる。

第二、技芸を仕込んで置けば大きくなって嫁入をする時資格が付く。

右の第一は、申すまでもなく取るに足りないものではあるが、さて第二とても余程考へものだらうと思ひます。

そして、これら技芸を習って居る生徒の身体を調べて見まするに、多くは弱い。啻に身体が弱いばかりでなく、成績が甚だよろしくない。さうすれば、自分の身体を弱くし、学校の成績を悪くしてまでも尚ほ技芸を修めねばならぬものかどうか、これはよくよく考ふべきものでせう。

（山邊知之「学校外で技芸を修めて居る生徒」『少女之友』一九一一年一月）


高等女学校に関して、⑦の東京府立第一高等女学校についても、「家庭に於ける課外学習」が「負担過重となり、脳力の衰頽を招くことは都会に位置せる本稿の陥り易い短所であることを覚り、本校に於ては教授上の種々の施設をなし改善を加へる外、家庭に於ける課外の学習に対しても或は禁止し、若しくは制限し、指導そのよろしきに適せんことを図つてゐる。」（東京府立第一高等女学校「家庭に於ける課外学習の状況」『創立第四十周年記念誌』一九二八年）としている。

さらに、③⑥の女子学習院では、学校側が家庭宛てに「学校で課してゐる正課は、学生の家事手伝やその他を除き、家庭生活をなすに丁度此位ならば適当だらう、といふその程度を慮つて課してあ」り、また、「課外稽古の多くは自宅でなく、所謂師匠さんの許に出掛る方が多い為に、其の往復の時間、先方にて待ち合はす時間を徒費するは勿論、又待ち合はす間に他学校の生徒と接近するが為に善くない影響を受ける」（女子学習院「課外稽古」『おたより』第四号、一九二〇年一一月）と記したことに対し、ある保護者から以下のような返答が来たとされる。

学習院の教育の方針位困難なものは無いと存じます。上流の家庭の子女が入学するとはいへ其家庭の階級が様々で他の学校より其懸隔が甚しいのです。それで父兄の要求する所にもかなり懸隔がありますから学校当局も如何なるところに標準を置かれてよいか見当がつきかねるのだらうと存じます。従つて現在の有様はどの家庭にも充分に満足させるわけにはゆきませんから、従つて課外の稽古が多くなるのだらうと存じます。ある家庭では割烹などは殆んど不必要で（現在では）裁縫の如きも大体で沢山なのですが、活花とか茶とか普通では余り必要のなささうなものがかなり必要なのです。こんな家は華族の中でも沢山はありますまいが若干あるのは事実なのです。私共も自分の娘を如何なる程度の家庭を目当にして教育してよいか困つてゐます、ですからどちらにも通じる様な教育（半端は承知で）をしたいと思ふので、課外の稽古も余計にさしたくなるのでせう。（女子学習院「再び課外稽古に就きて」『おたより』第七号、一九二一年三月）

二〇世紀初頭から昭和戦前期にかけて、良妻賢母主義教育下にあった中上流階級女子の稽古事が教育問題化していった状況がうかがえる。

②学校教育

続いて、本書が考察対象としている「女子」に関連する学校の音楽環境を見ておこう。

一般的に、全国的な高等女学校の発展は、「高等女学校規程」（一八九五年）、「高等女学校令」（一八九九年）後とされているが、これらの法令前の東京府における女子の通う各種学校を対象として女子教育の実態を検討した土方苑子によれば、東京において明治二〇年代前半に女子の通う各種学校が急増し（図1-8）、女子生徒は「高等女学校令」が公布された直後に当たる一九〇〇年頃から飛躍的に増加した（土方 2008：273-274）。また「『高等女学校令』による私立高等女学校はすぐに増加せず、高等女学校たることが権威を確立」せず、多様な高等女学校の存在した東京府では、従来の先行研究が指摘してきたほどに、「中高等教育を受けた男性の結婚相手の養成の役割」は顕著ではなかった（同上：275）という。

右記と連動して、東京の高等女学校は、その校風も多様であった。土田陽子は、東京において、男子にとっての名門中学校が、官立旧制高校への進学率の高い学校を指していた一方で、学歴エリ

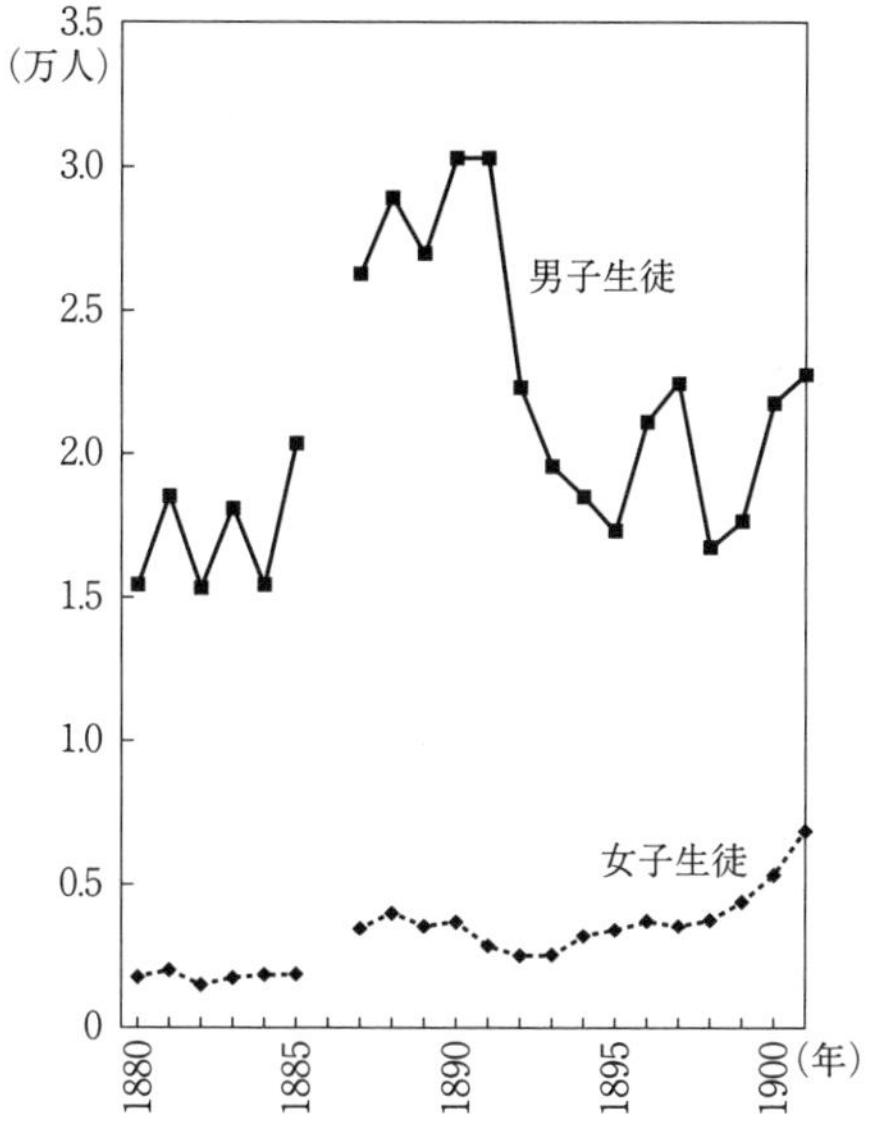

図 1-8　各種学校の男女生徒数（1886 年を除く）

出典）土方（2008: 253）より転載。

ートへの道が開かれていない女子にとっての名門高等女学校とは、「官立女学校」（東京女子高等師範学校附属高等女学校）、「私立・上流階級向け女学校」（女子学習院、東京女学館）、「私立・ミッション・スクール」（女子学院、青山学院、立教女学院、聖心女子学院）、「私立・仏教系女学校」、「私立・女子教育者設立系女学校」、「公立女学校」と、その社会的評価が一枚岩的なものではなかったと指摘している（土田 2014: 3-4）。当時、開港地に早くからミッション・スクールが発展していたことを除けば、地方都市の名門高等女学校といえば府県立の公立女学校を意味していた

（同上：4）ことを踏まえると、東京における高等女学校文化が、全国的な高等女学校進学率の拡大に先んじて発展したことが指摘できる。

土田陽子は高等女学校における音楽教育の制度的な位置づけを整理している。土田によれば、一八八六年の中学校令公布の際、「唱歌」は一〜二年生に対して週あたり二時と、必修科目に含まれていたが、「唱歌は当分之ヲ欠クモ妨ケナシ」とされており、実施を義務づけているわけではなかった（土田 2015: 170）。これに対し、高等女学校の音楽に関する最初の規定である一八九五年高等女学校規程でも、音楽は必修科目扱いではあったが、「外国語、図画、音楽ハ府県立学校ニ就キテハ文部大臣ノ許可ヲ受ケ其ノ他ノ学校ニ就キテハ地方長官ノ許可ヲ受ケテ之ヲ欠クコトヲ得又生徒ノ志望ニ依リ之ヲ課セサルコトヲ得」となっており、外国語、図画と共に許可を受ければ欠くことが可能だった（同上 : 170）。一八九九年の高等女学校令公布、中学校令改正を経て、一九〇一年の中学校令施行規則、高等女学校令施行規則においても、制度上、両者の教育目的に大きな相違は見られなかった（同上 : 170-171）。

しかし、実施条件については異なっており、高等女学校では理由なく音楽教育を欠くことは許されなかった一方で、中学校においては、一九〇八年の中学校令施行規則中改正で唱歌の時間をほかのどの教科にあててもよいことになり、一九一九年には中学三年生の唱歌の時間が削除される、というように、唱歌教育は必修科目でありながら実質的に「学んでも学ばなくてもどちらでもよい科目」という位置づけになったという（同上：171）。実施状況についても、高等女学校では、大正初期の時点ですでに県立沖縄高等女学校一校を除く二二一校すべてで実施されていた一方で、中学校については一九二三年時点において全国四六五校中七五校と、一六パーセント程度の実施率しかなかった（同上：172）。

このように、高等女学校においては音楽教育が重視されていたが、箏、三味線を始めとする邦楽はあくまで稽古事としてたしなむ場合が通例だったと予想される。表1－3は、東洋英和女学校（麻布区）の音楽部と世田谷区のある小学校が行った、家庭の音楽環境に関する調査の結果である。

小学校と女学校では生徒の階層が異なり、東洋英和生の家庭の方が、ピアノ、オルガンなどを有する割合が圧倒的に高い。しかし、それと同時に、箏や三味線の保有率も圧倒的に高いことがわかる。一九三〇年代において、邦楽器もまた都市中上流階級の保有物であったことがわかる。

東洋英和の調査結果をさらに詳しく見ると、生徒自身が習得している楽器や、（おそらく兄弟姉妹を意味する）「母親以外の家族が習っている楽器」としてはピアノが最も多いが、家庭にある楽器は、ピアノよりも三味線や箏が多く、母親の素養としては邦楽が主流であった。稽古事として習ったのか、母親から習ったのか等は定かではないものの、邦楽を含めて高等女学校生のたしなみを考察する際には、学校外への着目が欠かせないことが改めて確認できる。

なお、高等教育に目を向ければ、一九世紀末から二〇世紀初頭において東京音楽学校は、女子が

表 1-3　1930 年代の家庭の音楽環境

		東洋英和（1934）				小学校（世田谷区、1939）
		習っている音楽			家庭に現在する楽器等	家庭に現在する楽器等
		生徒	母親	母親以外の家族		
洋楽	ピアノ	94	2	68	155	1
	オルガン	4	0	6	93	3
	ヴァイオリン	10	0	11	70	48
	ギター	2	0	5	24	5
	マンドリン	4	0	5	47	14
	セロ	0	0	5	8	—
	声楽	6	0	21	—	—
	ハーモニカ	—	—	—	—	710
	木琴	—	—	—	—	37
邦楽	琴	14	10	19	166	27
	三味線	39	19	30	165	30
	長唄	28	10	24	—	—
	義太夫	0	0	3	—	—
	謡曲	1	13	19	—	—
	鼓	0	6	1	23	—
	尺八	0	1	9	34	152
	横笛	—	—	—	—	72
	琵琶	2	1	2	13	7
	大正琴	—	—	—	—	11
ラジオ		—	—	—	131	833
蓄音機		—	—	—	295	351

注 1）東洋英和女学校に関しては、1934 年に、同校生徒約 400 人に実施、世田谷区の小学校については、1939 年に同校生徒 1596 人に実施。前者は全数が未詳なので、表は実数で示すこととした。

注 2）網掛け部分は、各校のうちで、各調査項目のうち、回答数が多い上位 5 の音楽を表す。

出典）東洋英和女学校校友会（1934）『楓』文成社、pp. 113-114、増井敬二編著『データ・おんがく・にっぽん』民主音楽協会、1980 年、p. 64。歌川（2015b: 208）より転載。

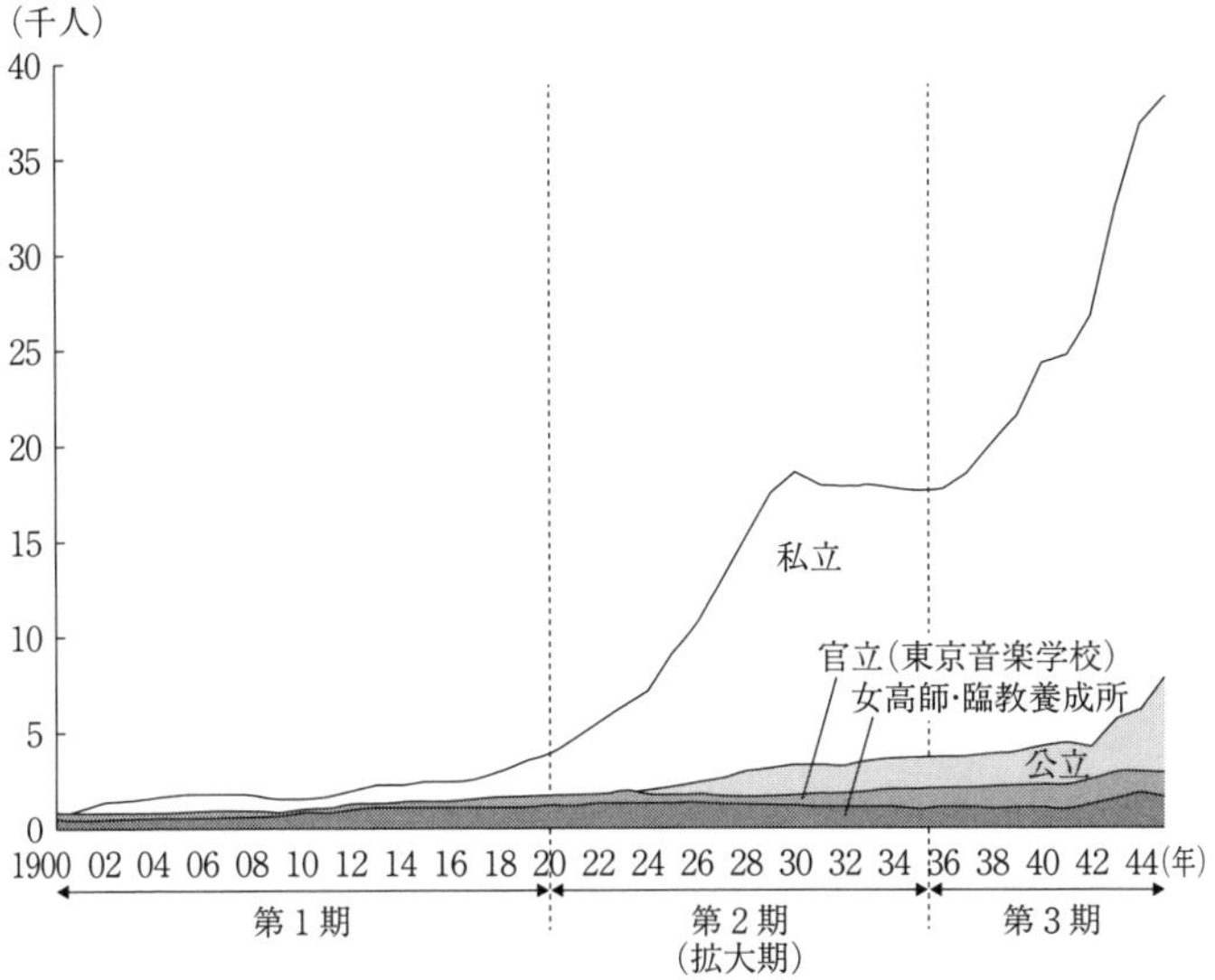

図 1-9　女子高等教育機関在籍者数設置主体別推移（1900-45 年）

出典）佐々木（2002: 16）より転載。

通うことのできる希少な高等教育機関だった（図１－９参照）。この希少性は、女子の洋楽に対する憧れに影響したと考えられるが、その点については、第四章で検討したい。

本書では、女子がたしなむ音楽ジャンルにも着目していくが、その際に、学校において西洋音楽を習得する機会の有無の影響は大きいと考えられる。この点において、校風が異なる各種学校や高等女学校、東京音楽学校をはじめとする、国民への西洋音楽の啓蒙機関を有していたという点において東京は極めて特殊であったと言える。

4　音楽ジャンル

本書が音楽のたしなみ、とりわけ「弾くたしなみ」に焦点を当てていくことは三節に記した通りである。続けて実際に着目していく音楽ジャンルを定めようとする場合、一節に記した階層文化に関わる「伝統／近代」の問題を考察できる対象を定めたい。

音楽ジャンルに関しては、三節において先行研究や社会調査から、戦前期における「三味線をたしなむ女子」から「ピアノをたしなむ女子」へというたしなみの変化を想定していたが、これは3を踏まえても妥当である。そのたしなみの社会的位置づけがどうであったかは別として、戦前期の中上流階級女子の稽古文化として、箏、長唄を中心とする三味線、ピアノの教習が盛んに行われていた。そこで本書でも、「邦楽（箏、三味線）／洋楽（ピアノ）」という図式を設定し、両者のたしなみの論じられ方や、「趣味」としての位置付けの異同について検討していきたい。[25]

なお、言うまでもなく、「邦楽／洋楽」という二分法を採用することは、「家元制度のような明確な伝承システムをもたないもの、明治以降も庶民的人気を保持していたもの、あるいは新たに勃興した非西洋的芸能」（輪島 2015: 275）が考察外となることを意味している。これはそのまま本書の限界ともなるが、本書は、女子のたしなみ像の変化という時間軸に焦点化するものであるがゆえに、限界を承知でこの枠組みを採用することにしたい。

注

（1）ただし、当初は公教育イデオロギーとしての「良妻賢母」像の探究を入口としていた戦前期の理想的女子像をめぐる研究も、テーマの多様化とともに、「学校という装置を通じた女子像の形成と浸透」という視点から離れつつあることで、青年文化、大衆文化研究との境界が曖昧になりつつある。例えば、今田（2007）は、「少女」を「小学校入学から女学校卒業までの学齢期の女子」のなかの「女学校に通い、少女雑誌を買い与えられていた女子に限定される」（同上：5）として、少女雑誌を主要な資料として「少女」像の分析を行っているが、このアプローチに対して木村（2007）は「活字文化と『少女』を切り離せないものとして論じているが、両者の深い結びつきは、著者が少女雑誌という『入り口』を選んだ時に生じたものとは言えないだろうか」（同上：124）と述べている。

（2）吉田（2000）が述べる「たしなみ」「つとめ」、稲垣（2007）が述べる「たしなみ文化」を指す。

（3）この点は、稲垣（2010）が指摘する戦前期の理想的女性像の「伝統／近代」問題とも通底する。稲垣恭子は、戦前期における理想的女性像として「伝統」「近代」が共存しているにもかかわらず、「伝統から近代へ」という図式が前提とされ、「伝統」は女性を抑圧する封建遺制、もしくは伝統主義への回帰という文脈からしか把握されてこなかったと指摘する（稲垣 2010）。

このような、教養を含めた理想的女性像の「伝統／近代」の問題は、同時期の男性の教養層の「西洋文化」「武士・農民文化」志向と比べると、近代日本における女性特有の問題の一つであることが見えてくる。竹内洋によれば、帝大生などを支配した教養主義は、鍛錬主義（刻苦勉励的エートス）と上流階級であった華族にならった西欧志向に特徴があり、町人文化で非西洋志向の「江戸趣味」（浮世絵や狂歌、歌舞音曲など江戸人の趣味や嗜好、江戸人が愛でた事物を反復する志向と行為）とは対極にあったことを指摘している（竹内 2003: 180）。

（4）戦前期に関する通史的な理解として、石川（1981: 23–26）、実態としての把握に関しては、山本（1972: 161–164）、山本（1978: 65–73）など。

なお、花嫁修業という行動規範は、生涯学習・社会教育研究において実証的な学習要求調査の嚆矢とされる辻（1973）でも指摘されている。辻は、高度経済成長期当時の時点における「学習内容の多様化」という認識を前提としつつ、成人の学習要求を規定する因子としての性と年齢を抽出し、とりわけ二〇歳代の男女の学習要求の不一致としての「花嫁修行《ママ》」の存在を明らかにしている（辻 1973）。辻は花嫁修業を「伝統的な家庭生活上の学習項目」とも表現しており、具体的には、「料理・栄養の知識・技術」「手芸の知識・技術」「洋裁の技術」「和裁の技術」「衣服に関する知識」「お茶（茶道）の知識・技術」「お花（華道）の知識・技術」「礼儀・作法の知識」等を挙げている（辻 1973: 47–67）。また堀垣一郎は、「技術習得のみにおちいりやすい内容」として生花を例とし、「青年学級生花コース（草月流）」について、「人間的つながり（集団性）と自主的・主体的に思考する自主性、学習性を発展させ、社会的関連でものごとを構造的にとらえる訓練をおこない、あわせて、技術習得をもねら」う学習計画を提案している（堀垣 1967: 117–121）。宮坂広作はこれに対して、「茶道・華道・日本舞踊などといった民族的・伝統的芸能が、こんにち体制的イデオロギー、保守的で非合理的な意識にまといつかれていることは明らかだが、こうしたものになんとか教育的価値を導入しようとする提言」と評価している（宮坂 1970: 232）。

（5）北村（2007）などに整理されている。

（6）例えば、芸能（大衆文化）史の視点から加藤（1980）、教育史の視点から中嶋（1998）、辻本（1999）など。

（7）封建遺制批判の展開に関しては鈴木（1997：192-199）参照。また、批判対象を女性のたしなみに限った論考として、服部正（1956、1957a、1957b）など。ただし、封建遺制批判の収まり始める一九七〇年代には実態調査も行われている（橋本・野村・小林 1976）。

（8）したがって、本書で用いる「たしなみ」は、吉田（2000）、稲垣（2007）が指摘する伝統的教養の内容を示す「たしなみ」ではない。

（9）倉島（1997：iii-vi）で挙げられているものを選定した。

（10）稲垣（2010）が述べるように、身体性を重視する自己形成概念として「たしなみ」を想定するとき、女性とメディアをめぐる文化史研究の中で、戦前期の理想的女子像の「伝統／近代」の問題を扱っている領域として、「身装」に関する研究がある。「身装」とは、高橋晴子によれば、「身体と装いというふたつのことばの合成で」あり、「個人的魅力の表現」と「自分の所属を示すサインとして」身にまとう、髪型、服装、化粧などの文化の総称である（高橋 2005：6）。

（11）大西は、分別がある、とは「慎み深」く、それは「自己遮蔽」「自己を露出せずに置くこと」「自己表現の抑制」「表現の無足性」と同義であるとする（大西 1943：282-283）。このことから、「ひとの自己表現を足し無むことが、ひとを窘めること」につながるという（同上）。

（12）なお、言うまでもなく「心がけ」を抽出できる史料、「行儀作法」を抽出できる史料というものが一対一に対応するということではない。前者については「何を」「なぜ」たしなむのか、後者については「どのように」たしなむのかを、可能な範囲で把握することになる。

（13）日本における、趣味とする音楽ジャンルと階層に関する実証的研究として片岡（1998）等を挙げることができる。

（14）詳細は歌川（2012）を参照されたい。

（15）たしなみの披露としての「発表会」の観点からピアノブームを考察した論稿として、佐藤（2015）が参考になる。
（16）詳細は周東（2011）参照のこと。
（17）実際に一九一九年生まれの女性にインタビューを行った本間（2015：85-92）からも示唆される。
（18）なお、音楽（教育）史研究において、女子の音楽のたしなみのあり方に関わる周辺的な先行研究として、高等女学校の音楽教育史研究（田甫 1981、矢島 1998、仲 2011、丸山 2011、古仲 2015、土田 2015、玉川 2018）、戦前期における子どもの音楽経験の研究（本多ほか 1999、坂田 2002、権藤 2015）、音楽の通信教育史研究（藤波 2005、上野 2011）等を挙げることができる。この中でも、土田（2015）は、日本教育音楽協会発行の『教育音楽』の分析を行い、高等女学校における音楽教育の意義を通時的に分析している。しかしいずれも、フォーマル、ノンフォーマルな教育実践に関心を寄せている。一方、近代日本における多様な女性像、女子像の構築に貢献した音楽（のジャンル）に関する研究は、対象とする時代や資料にバラつきがありながらも一定程度蓄積されてきた。これらについては、各章において適宜触れていくこととする。
（19）輪島裕介は、近代日本の音楽文化を描く際に、鑑賞の対象としての音楽という観念や音楽と音盤の同一視から脱却し、音楽的行為への参与のありようを再考する必要性について論究している（輪島 2015：288）。本書も言説レベルにおいてだが、女子の音楽的行為への参与を描こうとする試みと考えている。
（20）吉田（2000）は、日本の近代化の過程について、「武士階級を除いては階層的な変動を経ずして近代化が行われた日本では、伝統的な階層構造や階層文化は近代に入っても比較的長く維持され、他方西欧文化はそうした構造の上層から下層へ、中央から地方へ徐々に浸透していった」

（同上：139）と推測している。

（21）以下、性・年齢カテゴリー別のジェンダー規範と雑誌メディアの対応の理解については、坂本（2001）、佐久間（2005）、田嶋（2016）を参照した。

（22）以下、明治から大正期における音楽環境の趨勢に関して、細川（1998）、箏・三味線を中心とする邦楽の趨勢に関して、倉田（1988、1999）、塚原（2005、2008）、千葉（2007）を参照した。

（23）野間教育研究所（講談社内）所蔵分を中心として、東京の学校法人の沿革史、各学校沿革史等の学校出版物、市山（2011）を参照に蒐集した旧制高等女学校の校友会・同窓会雑誌を参照した。

（24）本文では基本的に「箏」の表記で統一するが、一次資料の引用にさいしては原文の表記を優先する。

（25）考察対象とする音楽ジャンルを定めたところで、二〇世紀前半における女子の箏、三味線の稽古文化に対する音楽史研究の知見を以下にまとめておく（ピアノに関しては本間（2015）ほかを参照されたい）。

箏は、「日本の伝統楽器」としての高い威信を有しているように見えるが、そのイメージの源流については定かではない。例えば、渡辺裕は雑誌『三曲』の分析から、新日本音楽運動が、邦楽に西洋的要素を取り入れることによって「近代化」を図ろうとしたものであり、宮城道雄の《春の海》が「日本の伝統」としてイメージされるようになったのも、戦後であることを指摘している（渡辺 2002: 37-84）。音楽（教育）史研究において、維新期から余暇・娯楽調査が本格化し、権田保之助によって「中産階級に於ける子女の嫁入道具としては、ピアノでは高価で業々しく、三味線では卑俗に堕するといふ、プチイブルジョア的心理から、女学校通ひの娘サンや令嬢達にとつては、無くてならぬ勢力と成つてゐる」（権田 1923: 125）と評される新日本音楽運動開始期に至るまでの箏イメージ及びその歴史的・社会的背景については、そもそも議論の対象とすらされてこなかった。この要因として、従来、①山田流が殆どであった箏曲界に明治一〇年代から九州系の地歌箏曲家（生田流）の上京が相次ぎ、二〇年代には流派を越えた交流や鑑賞会形式の演奏会が行われたこと、②東京音楽学校の師範部や選科、東京盲学校、華族女学校を始めとする高等女学校で箏曲教授が施されたこと（塚原 2005、2008）、すなわち、家元の尽力や学校の科目採用よって明治後期・大正前期に箏イメージが向上したことが、長らく自明視されてきたことが挙げられる。これに対し、近年の箏曲（教育）史研究の蓄積は、箏の習得の際には近代においても、あくまでノンフォーマルな稽古事の形態が採られ、そのイメージの向上についても、特定の家元や学校の影響力が必ずしも大きくなかった可能性を示唆している。例えば、高等女学校関連の資料を検討した矢島ふみかは、「茶や花、『琴曲』が女子教育において占めた位置は、それほど重要でもなく、またこれらが教育に取り入れられたことは、『学校』というよりも、寄宿生が少なくないという状況のもと、むしろ『家庭』教育の代わりとして行った」としている（矢島 2007: 74）。また、藤波（2005）が示したように、近代において箏の教習形態が通信講座、雑誌、ラジオといったように多様化したことも、箏習得のノンフォーマルな展開を傍証していると言える。

三味線について、町人やその娘の教養として近世社会で普及が進み、維新以後も、一八九〇年より音楽取調掛が主導した俗曲改良運動による歌詞改良や、長唄の歌舞伎界からの独立を目指した吉住小三郎や杵屋六四郎による「長唄研精会」の登場（一九〇二年）により、その威信を比較的安定させ、戦前期を通じて庶民の稽古事として定着していたと推測されている（倉田 1989b、塚原 2005、2008）。一方、新聞記事等を用いた三味線の社会史的研究においては、三味線に対して、維新の際、男女の色恋を題材とする歌詞、就学を妨げる存在として批判が起きた（倉田1999：100–110、石堂 2008）ものの、一九一〇年代後半、令嬢のたしなみや子どもの稽古事の対象として報じられるようになる、というイメージの変容が指摘されている（矢島 2007）。この明治後期・大正前期における三味線イメージの向上について、矢島（2007）は、俗曲改良運動や長唄研精会の影響というよりは、社会的に「遊び」一般が容認されるようになったため、とする。また、余暇・娯楽研究においても、明治後期・大正前期の実態として遊芸が「遊び」の主流を占めていたことが指摘されている（石川 1981：25 等）。

第二章　家庭婦人の心がけとしての音楽のたしなみ

室内や座敷で演奏可能なピアノ、箏、三味線等は、楽器としての特性上からしてプライベートな空間での稽古や発表を連想させるが、近代化の過程で「家庭」が私的領域として再設定されることで、そのたしなみのあり方や内容にも変化が迫られ、盛んに論じられた。本章では、このいわゆる「家庭音楽」言説に関わる音楽学研究の蓄積を参照しながら、家庭婦人の心がけとしての音楽のたしなみの言説について邦楽も含めて検討したい。

「家庭音楽」について細川周平は、主に音楽雑誌を資料としながら、一九一〇年代に音楽産業とジャーナリズムによってその概念が構築され、一九二〇年代に解体されるまでの言説と、「家庭音楽」概念が在来の音楽文化にどのような変化をもたらしたかを明らかにしている。細川によれば、「家庭音楽」は、日露戦争後に「趣味」ブームが起こり、「『よい趣味』がステータスにつながる回路の完成と、それを実現する消費文化の勃興」（細川 2003: 36）が交差することで、実質的な概念となり、市民的な「趣味の涵養」の手段として捉えられるようになる。同時に、「一家団欒」をキーワードに、西洋風の「夫婦と親子が外からは容易に侵入できないほど強い絆で結ばれた情緒的なユニットとしての家族生活」(同上：38) が理想化され、その役割が「主婦」や「娘」に期待されることとなっていく。

周東美材も、同時期の音楽ジャーナリズムや百貨店事業に着目し、そこに現れる「家庭音楽」言説から、近代日本における家庭の生成について考察している。周東によれば、「家庭音楽」は、一九一〇年代の音楽雑誌では一家団欒を形成する契機として語られ、女性と子どもの役割として西洋音楽の導入が叫ばれたが、一九二〇年代には、百貨店事業として可視化された。時期を同じくして、蓄音機とレコードの時代が到来し、「家庭的な音楽」が大量に供給されることで、「家庭音楽」は実践として安定することとなった (周東 2008)。

玉川裕子は、『音楽界』等を含む音楽雑誌の分析から、家庭音楽論が喧伝された一九一〇年前後は、世代間、ジェンダー間ギャップによって家庭の共通の音楽が不在であり、結果的に夫＝父不在の一家団欒像の提示になっていたことを示唆している (玉川 2017)。

上野正章は、ヴァイオリンの通信教育の展開を考察する過程で、会誌『家庭音楽』において、多くの会員が投稿によって孤独を訴えるのに比して、家庭音楽についての報告がそれほど見られない点を明らかにしている。このことから上野は、「家庭音楽は西洋音楽を習い始める建前だったのではないだろうか」（上野 2011: 92）と推測する。梶野絵奈も『家庭音楽』のより広範な調査から、読者の大半を占めた男性にとって、現実の家庭音楽生活がままならないがゆえに、『家庭音楽』誌上の交流が活発化していたと推測している（梶野 2017）。

このように、音楽雑誌や通信教育教材の分析から、一九世紀末から二〇世紀初頭にかけてイメージとしての「家庭」が登場し、「家庭」の生成期において、そこにいかに洋楽を取り入れるべきかという「家庭音楽論」が流行したことが明らかにされている（他に、渡辺 2010: 86–101など）。ただしこの議論の過程で、箏や三味線といった邦楽がどのように論じられ、また洋楽の論じられ方とどのような異同があったかは十分に明らかにされていない(1)。

一　資料

この課題に対し本章では、東京の中上流階級の生活モデルを啓蒙した婦人雑誌および家政・修養書の記述の分析に取り組む。

1　婦人雑誌

まず本章では、①明治中期以降、啓蒙思想家による家庭論が、新聞等よりは、当時相次いで創刊された雑誌を媒体として行われた、②明治後期、とりわけ明治二〇年代後半以降、家庭をめぐる議論それ自体が「私化」・「女性化」し、総合雑誌を中心とする公論の対象から外された（牟田 1996: 51-77）、という理由から、一九世紀末から大正期にかけて理想的な家族像をめぐる議論が蓄積されたとされる婦人雑誌を用いる。

ここで、婦人雑誌の発達について整理しておきたい(2)。

明治前半期の日本においては未だ各戸に新聞すら普及しておらず、たとえ購読していても家長に独占されているような状態で、女性がそれに触れることには社会的な抵抗も強い状況にあった。しかし明治中期以降、新聞の普及や家庭欄が登場する頃、資本主義の成熟と都市人口の増加、教育水準の上昇等の要因がジャーナリズムの需要を増大させた（中嶌 1989: 9）。また欧化政策を背景に、「婦女改良」のための知識・技能の議論として、「女学」熱が、近藤賢三、巌本善治らによる『女学新誌』『女学雑誌』の創刊を契機に高まるようになった。やがて「欧米の女権」と従来の「女徳」の妥協点を見いだすことを目的とする『女学雑誌』は、明治女学校と共に、巌本善治の発言と実践の場となり、大塚楠緒子、若松賤子、羽仁もと子、野上弥生子、北村透谷、島崎藤村、山路愛山等を輩出する（三鬼 1989）。その後も一九世紀末には、「国の基礎づくり」（『貴女之友』）、「文明の尺度」（『日本新婦人』）、「欧米的な女子教育」（『国のもとゐ』）、「平民主義」（『家庭雑誌』徳富蘇峰）、「国粋」主義（『女鑑』）、「衛生思想」（『婦人衛生会雑誌』）、「婦人の思想表現」・「廃娼」（『東京婦人矯風会雑誌』）、「天賦人権論」（『女権』）といったように様々な「改良」を目的に婦人雑誌の創刊が進み、二〇世紀に入ると『女学世界』『婦人界』『婦人画報』『婦人世界』『婦人くらぶ』『婦女界』といった、創刊に際して主義主張を掲げつつも、実用記事中心の雑誌も創刊されるようになる。このような啓蒙誌の隆盛の背景として、坂本佳鶴恵は、西洋文化の導入に際して、「女性や家庭のあり方に対して、保守派と開明派の意見が対立していたこと」、「政府による直接的な言論・思想統制が戦時中（一九三七年以後）ほどではなかったこと」、「出版が個人の事業である度合いが高く」営利性が弱かったこと、「読者が中・上流層の、高学歴・インテリ層に限られていたこと」（坂本 2000）を挙げている。また、そもそも明治一三から三二年までは、新聞紙条例により、「学術技術統計」のみの雑誌以外の雑誌の発行に際しては、編集人・印刷人が日本人の男性である必要があり、公然と婦人雑誌が発刊されるには、「新しい女」が手掛ける『青鞜』の出現を待たなければならなかった。

一般に、本格的な婦人雑誌の隆盛は、商業主義的な『主婦之友』や『婦人倶楽部』、教養主義的色彩の強い『婦人公論』といった、大正期創刊の雑誌に始まるとされ、それに比して明治期創刊婦人雑誌はその啓蒙的側面が強調されやすい。例えば、婦人雑誌に関し、その歴史的特徴から時期区分を設けた坂本佳鶴恵は、戦前に関しては「（1）女性雑誌の始まりから、『青鞜』が廃刊になり『主婦之友』が創刊する大正時代半ばぐらいまでの思想性のある雑誌が多く創刊された時期、（2）『主婦之友』『婦人倶楽部』が創刊し、ライバル雑誌として競争をおこない、『主婦と生活』『婦人生活』も含めた主婦向け家庭実用雑誌が圧倒的部数を誇るようになる、主婦を対象とした実用性が人気を集めた時期」（同上：259）と、大衆性をターニングポイントと捉えている。また、浜崎廣による区分も、明治初期の雑誌誕生から大正一〇年頃にかけ、「主義主張を盛り込んだ創刊意図を示し、他誌との違いを明確にして、独特性を出す工夫を凝らし」した〈孤の時代〉、大正一一年から昭和四〇年末まで、『主婦之友』『婦人倶楽部』間で競争が起こり、拮抗状態が続く〈対の時代〉、……といった（浜崎 2004: 110）、『主婦之友』『婦人倶楽部』の関係をより強調したものである。[3] 確かに、既に概観してきたように、明治期創刊婦人雑誌は、編集者・著者が理想的な女性のあり方を述べる論文調の記事が多く、本格的な「読者欄」の出現も二〇世紀に入って創刊された『女学世界』まで待たなければならない。[4]

ただし中嶌邦が述べるように、婦人雑誌を「読むという行為自体に周囲も本人も抵抗を感じる」ような状況に「くいこみ、婦人の読者をより多く獲得する為には、日常性に役立ち、たやすく実行し得る手引きと視覚にうったえる楽しさと、知ではなく、情や感性に働きかけていく必要があった」（中嶌 1989: 11）ため、創刊の趣旨が啓蒙的である明治期創刊の婦人雑誌であっても、読者の望む女性像が先取りされている側面もあったと考えられる。実際に本田和子は、巌本善治の思想誌的色彩が強いとされる『女学雑誌』も「女性に関するありとあらゆる情報と、女たち自身に表現の場を提供する」（本田 1990: 49）性格を担わされことを指摘している。

なお、本書が注目するのは「女子」だが、明治中期から大正期に実際に家庭や（地域）社会に存在していた女子は、依然として「女（子）」「婦人」や「娘」であり、「少女」「オトメ」はイメージとして存在していた（坂本 2001）。また、そもそも女子が音楽をたしなむためには本人の意志だけではなく、当然家庭の経済的支援を必要とする点からしても、母親を中心として、親にも影響を与え得るメディアとして、婦人雑誌は、中上流階級女子の音楽のたしなみ像を把握する上で必要不可欠な資料となる。

以上の留意点を踏まえつつ、本章では、実際に多くの講読者を得たとされる婦人総合雑誌のうち[5]、（『青鞜』のように）先端的な趣旨を持たないものを選択する。具体的には、明治・大正期における婦人雑誌の歴史的展開を体系的に整理した三鬼（1989）によって、当時の代表的な女性向け総合雑誌として挙げられている『子育の草子』、『女学新誌』、『女学雑誌』、『貴女之友』、『日本新婦人』、『国のもとゐ』、『家庭雑誌』、『女鑑』、『日本之女学』、『女学世界』、『婦人界』（金港堂）、『婦人画報』、『婦人世界』、『婦人くらぶ』、『婦女界』、『家庭之友』、『婦人之友』のうち入手可能な一六誌を対象とする[6]。

方法としては、まず、対象とする婦人雑誌の目次の関連するキーワード[7]から記事を収集した後、理想的な家族関係に言及した記事を抽出し（表2－1）、言説の変遷を整理する。その際、「家庭」の主要な特徴である「一家団欒」、「性別役割分業（主婦役割）」、「子どもへの教育意識」（小山

表 2-1　婦人雑誌記事一覧（家庭関連）

1. （無記名）「三味線と西洋楽器の比較」『女学雑誌』12（1886.1.15）
2. （無記名）「音楽を学ぶ者の心得」『女学雑誌』13（1886.1.25）
3. （無記名）「音楽の徳」『女学雑誌』25（1886.6.5）
4. （無記名）「美術論（第二）　女流が美術を担任すべき事」『女学雑誌』74（1887.9.3）
5. 土子金四郎「琴、活花の精神を学ぶべし」『女鑑』36（1893.4.5）
6. 高津鍬三郎「音芸、花生、及茶の湯に就いて（上）」『女鑑』81（1894.2.28）
7. 高津鍬三郎「音芸、花生、及茶の湯に就いて（下）」『女鑑』82（1895.3.18）
8. 鴎村「室家の音楽」『女学雑誌』431（1896.12.10）
9. 白松園主人「物の音はよく家庭のさまを写す」『女鑑』176（1899.3.7）
10. 三輪田真佐子「家庭と音楽」『女学世界』1-1（1901.1.5）
11. 藤原静「女子の習ふべき芸に就いて」『女鑑』246（1902.2）
12. 鳩山春子「娯楽と音楽」『婦人界』1-7（1903.1.10）
13. 上原六四郎「娯楽と音楽」同上雑誌
14. 佐藤慎太郎「音楽と遊戯」『婦人界』2-2（1903.7.10）
15. （無記名）「音楽と家庭」『女鑑』13-21（1903.11.1）
16. （無記名）「家庭音楽会」『家庭之友』2-10（1905.1.3）
17. ○△子「三味線の話」『婦人画報』1-2（1905.8.1）
18. 好楽生「筑紫箏と吾嬬箏」『婦人画報』1-5（1905.10.15）
19. 岩崎秋郊「婦人と音楽」『女鑑』15-11（1905.11.3）
20. 像見道人「三絃の稽古所」『女鑑』16-2（1906.2.1）
21. 鳥居龍蔵「日本人と音楽趣味」『女鑑』16-3（1906.3.1）
22. 天谷秀「日本婦人と音楽」『女学世界』6-6（1906.4）
23. 中川雪枝「音楽に就て」『女鑑』16-5（1906.4.15）
24. 田中正平「日本音楽に就て」『女鑑』16-8（1906.7.1）
25. 上谷天籟「礼式と音楽」『女鑑』16-11（1906.10.1）
26. 山田源一郎「家庭に於ける音楽」『女鑑』16-13（1906.12.1）
27. 某音楽家「家庭と音楽」『婦人画報』3-3（1907.3.1）
28. 上原六四郎「俗楽の改良に就て」『女鑑』17-6（1907.6.1）
29. 富尾木知佳「音楽と家庭」『女学世界』8-8（1908.6.1）
30. 戸川残花「家庭と音楽」『女鑑』18-10（1908.10.1）
31. （無記名）「玉兎の一曲」『女鑑』18-12（1908.12.1）
32. 加藤弘之「婦人の芸術と結婚」『婦人画報』5-27（1909.5.1）
33. 湯原元一「家庭と音楽」『家庭之友』7-2（1909.5.3）

34. 鈴木鼓村「婦人の職業としての箏曲」『婦人画報』29（1909.7.1）
35. 鈴木鼓村「勃興しつゝある生田流に就いて」『婦人界』2-12（1910.12.1）
36. 高津正嗣「家庭と音楽」『婦人界』3-5（1911.5.10）
37. 湯原元一「家庭と音楽」『婦人界』3-7（1911.7.10）
38. 榊順次郎「琴を廃すべし」『婦人画報』61（1911.10.1）
39. 某男爵夫人「不親切なる琴の師匠」『婦人画報』62（1911.11.1）
40. 村井弦齋「をりをり草　琴と三味線」『婦人世界』7-7（1912.6.1）
41. 櫻田節彌子「長唄の練習法」『婦人世界』7-14（1912.12.1）
42. 鈴木鼓村「琴の師匠より見た弟子のいろいろ」『婦人画報』76（1912.12.1）
43. 佐々木鱈雪「家庭に適する俗曲は何」『婦女界』5-2（1912.12.10）
44. 小西治子「日本人の家庭と琴三味線」『婦人世界』9-1（1914.1.1）
45. 武けふ子「家族は残らず音楽のお稽古」『婦人世界』9-4（1914.3.5）
46. 佐々木雪子「娘の琴のおさらひで」『婦人画報』105（1915.2.1）
47. 大町桂月「三曲合奏」『婦人画報』108（1915.5.1）
48. 記者「娘の稽古事の問題」『婦人之友』9-10（1915.10.1）
49. 湯原元一「衆と共に楽しむ音楽」『婦人画報』114（1915.10.1）
50. 本間久「女の嗜み無用」『女学世界』15-12（1915.11.1）
51. 鈴木光愛「私は習はせぬ方針（学校以外に遊芸を習はせる可否）」『婦人世界』11-1（1916.1.1）
52. 藤井利譽「師匠の人格が問題（同上特集）」同上雑誌
53. 瀧澤菊太郎「結局は程度の問題（同上）」『婦人世界』11-2（1916.2.1）
54. 三條千代子「古典的な謠曲の音（音楽に対する私の趣味）」『婦人画報』126（1916.9.1）
55. 小笠原貞子「人並以上の音楽好き（同上特集）」同上雑誌
56. 久野久子「情味の多い日本音楽（同上特集）」同上雑誌
57. 安田てる子「音楽に聴き惚れて（同上特集）」同上雑誌
58. 嘉悦孝子「家族団欒の資料に（同上特集）」同上雑誌
59. 瀧澤菊太郎「結局は程度の問題（学校以外にものを習はせる可否）」『婦人世界』12-4（1917.3.5）
60. 神戸絢子「音楽趣味を家庭に取入れるには」『女学世界』17-12（1917.12.1）
61. 一記者「長唄を習ふには」『婦人画報』152（1918.10.1）

（注）本文中に引用する際は、上記 ID を用いて、「婦 ID」と示す。

資料 2-1　家 27 の挿絵

出典）堀内新泉（1913）『婦人常識百話（家庭百科全書第五〇編）』（博文館）より転載。

1999 : 29-37）に対する音楽の役割に着目した。言説の転換点に着目し、その背景を考察する。(8)

2　家政・修養書

次に注目する資料が家政・修養書である。既述のように一九世紀末から二〇世紀初頭の婦人雑誌は啓蒙的意味合いが強く、その論説記事も良妻賢母主義を喧伝するものだったと考えられる。そこで、婦人向けに発行されたハウツーの要素がより強いメディアとしての家政・修養書も合わせて検討する(9)（表2-2、家政・修養書の一例として資料2-1）。

表 2-2　家政・修養書一覧

1．谷口流鶯，1890,『女学校――家庭教育，通俗教育全書第四編』博文館
2．慈愛堂主人，1894,『男女育児法――通俗絵入』金桜堂
3．上野雄図友（南城），1895,『吾家の友』内田老鶴圃
4．林恕哉，1897,『婦人実務録』文学同志会
5．三輪田真佐子，1899,『女子の本分』国光社
6．堀江秀雄，1900,『理想の少女』明治書院
7．的場銈之助，1901,『女子生涯の務』盛文館
8．高島平三郎，1903,『母のため』元々堂
9．池田常太郎，1903,『女子の王国』南風社
10．岩崎秋郊，1904,「婦人と音楽」女子新聞社編『女子の机上』彰文館
11．竹島茂郎，1905,『我家の新家庭―模範教育』宝文館
12．大西啓太郎（四十一翁），1906,『女子宝鑑―― 一名・婦人重宝玉手函』松影堂
13．岩崎秋郊，1906,「婦人と音楽」中川愛氷『家庭と教育』藤谷崇文館
14．大島義修，1907,「家庭と音楽」手島益雄編『主婦の職分』新婦人社
15．田川大吉郎，1907,『婦人の修養』金港堂
16．山田源一郎，1908,「女子と音楽」、野口米次郎，1908,「日本婦人と西洋音楽」（編者不明）『妻と母』嵩山房
17．内田安蔵編，1909,『婦人文庫――家庭の栞』大日本家政学会
18．大森万次郎（兜山），1909,『家庭の趣味』博文館
19．下田歌子，1910,『婦人常識の養成』実業之日本社
20．小林彦五郎・村田天籟，1911,『婦人修養と実際』一星社
21．堀田相爾，1911,『家庭教育の仕方』実業之日本社
22．内田節三，1911,『新女子道』伸文社
23．ポール・ケーラス 著（石川弘訳・高島平三郎閲），1912,『家庭に於ける児童教育の理論及び実際』洛陽堂
24．国分操子，1912,『家庭日用婦女宝鑑』大倉書店
25．嘉悦孝子，1912,「家庭と音楽」福原元編『名流大家の観たる理想の婦人及家庭』実業之日本社
26．小林文子編，1912,『理想の婦人――現代諸大家講述』嵩山房
27．堀内新泉，1913,『婦人常識百話（家庭百科全書第五〇編）』博文館
28．松浦政泰，1915,『家庭の娯楽』婦人文庫刊行会
29．木造竜蔵，1915,『奥様の知恵袋』東亜堂書房
30．富田文陽堂ほか，1916,『女子修養講話』松雲堂編輯所
31．伊賀駒吉郎，1917,『女子教育の革新』大鐙閣

（注）本文中に引用する際は、上記 ID を用いて、「家 ID」と示す。

二　家庭音楽論の展開と音楽のたしなみ

1　洋楽の理想化、分裂する箏イメージ、近世の遺物としての三味線

婦人雑誌の登場期である明治二〇から三〇年代前半において箏は既に、洋楽器と共に「一家団欒」の手段、主婦役割（「性別役割分業」）に寄与するものとして期待されている（婦2、婦4、婦6）。

たとひ之（ピアノ、オルガン等の洋楽器や箏が―引用者）を以て立身の芸と為さずとも一には婦女自身のなぐさみとなり二には一家内和睦の助けとなるべし蓋し世務の煩はしきに衰へて帰りたる父の心、物事のうきにやつれたる夫の思、子をいつくしむ母の喜び、姉妹を思ふあね妹の愛、なんどをなぐさめんとて一家内に弾じ楽しみなば音楽一手の心得も其の効あるべきなり（婦2）

女子は又別に品位を以て其精神となすものにて音楽は又其品位を増すものなり女子は既に優にやさしきものなれど糸竹を奏づる手ありて更らに一層の優美を増すものなり故に世の父母たる者女子には余力あらば宜しく以て糸竹の一手をも学ばしむべきことなり（家2）

このように洋楽器に付随する形で箏が「家庭」に果たす役割が着目され始めた直接的な要因として、日本に先立ち欧米諸国において「家庭音楽」が実践されていたことが挙げられる。渡辺裕は二〇世紀初頭のアメリカでは既に中産階級のステイタスシンボルであったピアノの練習から女性を解放するために、「自動ピアノ」が普及し始めていたことを指摘している（渡辺 1997：154-170）。

一方、「子どもの教育」という観点から見ると、箏は実用性を伴わない娘の教育、及びそれを行わせる親の虚栄の象徴とされる（婦6、婦7、婦8、婦11）。例えば国文学者の高津鍬三郎は以下のように述べる。

然るに、如何なる故にや。特に、都会繁華の地にては、殆、上中下の差別なく、女子の教育に就いては、独、琴、三味線等の修業にのみ、心を傾け、これが為には、身分不相応なる金銭を費し、甚しきに至りては、一家の財産を傾けて、顧みざるものあり（婦6）

今日、之（琴、三味線等の音芸—引用者）を、その女に学ばしむる父母にありても、多くは、能くも、其の利害を詳にせず、たゞ、おのれが、近辺の女子も、親戚、朋友の女も、概、みな、之を学べば、おのれの女も、また、之を学ばしめざるべからずとて、習はすにあらずば、徒に、父母の慰みとせんが為の物数奇のみ（婦7）

家族内の教育に関して自叙伝を分析した小林輝行によれば、明治期当初、士族においては「厳格で鍛錬主義的」、「子どもは命ぜられた通りのことをするであろうという親の『平静な揺らぎなき』子供への期待」、「型の習得、習慣の養成」、「親自身が自ら実践躬行して藩を示」すといった方針の下、料理、裁縫、茶道、行儀作法等が教授された（小林 1982: 25）。その際、「親という立場にともなう権威と同時に、学問、知識、生活規模態度などにおける絶対的優越性という点で名実ともに真の権威を保持しえた」（同上 : 26）、しかし学校教育の普及に伴って、子どもの側が西欧的科学的知識、合理的精神を獲得し始めたことにより、「親の権威の保持は、親、家長という地位の権威にのみ依拠せざるをえなくなった」（同上 : 26–27）。特に母親については、近世から、自身が身に付けた婦徳、婦言、婦容、婦功を娘に教える、といったノンフォーマルな教育方法に頼っていた側面があり（深谷 1966→1998: 25–26、小山 1991: 19–24）、この時期、娘の箏のたしなみを重視する親、特に母親の「無学」さが強調された。

以上のように、明治二〇から三〇年代前半において、箏のたしなみは洋楽器と共に「一家団欒」の手段、もしくは「性別役割分業」に適合することが指摘されつつも、娘を溺愛する親を連想させ、「子どもへの教育意識」にも欠けるものとして論じられている。

三味線についてもまた、家庭に不適切な楽器として論じられる。この時期の三味線に対するまなざしの特徴として以下の二点が挙げられる。

第一に、三味線習得は娘の因習であり、「一家団欒」、「子どもへの教育意識」に寄与しない、というものである（婦1、婦3、婦6－8）。

例えば鷗村は「琴、月琴、三味線等の、音楽が社会階級の等差相応に、娘子達によりて、其家庭に輸入されつつあり来つたかなれど、（中略―引用者）これ等は個人的の技にて、娘子供のたしなみとして教えられて、家庭全体の人の楽となるということは、いと乏し（強調：原文）」く、また、「下等社会の小娘共が之（端唄、長唄―引用者）に稽古の苦労を積むは、曾々以て彼等をして、早くよりみだらなる風流事を解せしむるに至ること、甚だ痛むべきの事であり、家庭の音楽として決して受け入るべきものに非ず」（婦8）としている。

このような娘の教育への懸念の背景に、当時の女子の就学率(10)への社会的着目が影響していることは序章でも紹介した。倉田喜弘によれば、「三味線を身につけさせておけば、娘は玉の輿に乗れると親たちは信じてい」る場合があった（倉田 1999: 106）。明治二〇年から三〇年代に至っても、三味線はなお学校知と対比され、近世の娘を連想させたと考えられる。

第二に、第一点とも関わって、三味線が芸娼妓を連想させる、というものである（婦6、婦10、婦12）。

例えば高津は、「人、或は云わん。音芸は、人心を感化する感化する力の至大なるものなり。之を習うところの女子をして、その心を優美ならしめ、家内の者をして、愉快ならしむると。表面上の理屈は、さることながら、実際に至りては、却りて、年頃の女子をして、淫風に感ぜしめ、遂には、その一身を誤るの誘因となること、余輩の、屢、見聞するところなり」（婦6）として、「一家団欒」創出よりも娘の芸娼妓への転落を懸念する。また鳩山春子は、「此等〔浄瑠璃、常磐津、箏等―引用者〕の卑猥な恋、心中其他いろいろな悪い感化を受けるのは、実に嘆しいことです、ドーか早く音楽の趣味を家庭に入れたいものです」（婦12）として、歌詞に含まれる性的ニュアンスに触れている。

家政・修養書においても同様であり、家庭に於ける音楽の必要性を認めつつも、以下のような三味線のたしなみへの懸念が示されていた。

予は家庭の和楽を増し、良人を慰むるがために、音楽の必要を認む、そも音楽なるものは人の心を和げ、人の歓びを扶け、人の苦みを慰め、人の怒りを宥め人の気を励まし得るの効力あり、〔中略―引用者〕予はその種類の何たるを問はずと雖、その歌謡と符曲とは、最、清潔高尚にして、一家の風紀を乱さざるものを擇まざるべからずと信ず、風を移し俗を変ふるは楽に若くはなし、家庭の歌謡曲符もし卑猥淫声ならんか、一家の風紀は乱れて厳正を欠き、児女の教育は頽れて放心蕩意とならん（家4）

琴、箏、及、琵琶等は、頗、適当なるものならん。然れども、三味線は、俗野陋醜なれば、断じて斥くべきものぞかし。而して、其の基源は、元の時代に、胡より伝へたりきといふ。初めて、我が国に入りしは、寛文年間、琉球より伝へしが、其の当時は、唯に、芸娼妓の遊具に過ぎざりければ、上流社会の女子は、手、之に触るるさへ、恥と思ひたりしものを、物更り、星移り、遂に、今日の如く、上下、共に、之を学ぶもの多きに至りぬ。而して、此の淫声のためにや、正音の衰廃を見るに至りぬ。幸に、近来、欧米より、ヴァイヲリン、ピヤノ等の楽器来ると共に、明倫の歌、愛国の曲行はれ、琴、箏、琵琶も、再用ゐらんとす。天下の諸嬢、宜しく、撰ぶ所ありて、音楽の一端をも辨ふべし（家5）。

若葉の梢に囀る春鳥、峰の松が枝に咽ぶ涼風の、人を感動せしむるが如く、劉喨なる音楽は、優に人を感動せしむる効徳のあるものなり。而して、この技、最も女子に適す。琴も善し、琵琶も善し、ピヤノも善し、ヴァイヲリンも善し。されど、諸嬢よ、この技を以ッて、独みづから楽むものとのみ思ふなかれ。之を利用して、家族の鬱気を晴らし、疲れて帰りたる良人、年老いて楽少き両親、粗暴にして行状修まらざる児童などをして、その身を労ひ、その心を宥むるの具たらしめば、たとひ行雲を止め、河水を動かすが如き妙技に達せずとも、事すでに足れらむなり。されば、三味線の如き、卑猥きはれるものは、之を学ばざるを、却りて優れりとせむ（家6）。

当時の売春女性イメージを検討した羽田野慶子によれば、それまで「牛馬」として一般女性とは別世界の存在かのようにイメージされた芸娼妓は、明治二〇年前後から「家庭の妻」と対立する存在として捉えられた（羽田野 1998: 35-37）。当時の中心的な廃娼論者であった巌本善治は『『吾等の姉妹』というレトリックによって娼妓を『改良』の対象と見なし、さらに廃娼論が『ホーム』論と結びつくことによって、売春女性、とりわけ夫の宴席に伴う芸妓を『ホーム』の敵と見な」し、売春女性に対する一般女性の感覚もまた、「姉妹」であり「敵」であるというアンビヴァレントなものであった（同上）。また、井上章一は、近世社会においては、厳格な身分制度の下で親族が縁組を決定していたため、女性の「玉の輿」は容易ではなかったが、明治期における身分制の解体によって華族から平民に至る通婚が自由となったのみならず、明治期における西欧風の夫婦同伴の社交生活の広まりによって、妻の容姿が人目に晒されるようになったため、伊藤博文、山県有朋、坪内逍遥等、明治の元爵や文化人達も、（社会的な認識として）「美」しく、社交術に長けた花柳界の女性を正夫人に迎えるようになり、中上流階級の女性にルサンチマンが蓄積されていったことを指摘する（井上 1991: 64-92）。

このように、一九世紀末から日露戦争前にかけ、家庭は「俗悪さや猥褻さから完全に脱した、清浄で光明あふれる家族」（牟田 1996: 164）である必要が強調され、三味線はそれを侵食しかねない近世の遺物として論じられていた。

2　趣味、職業準備としての箏のたしなみ、三味線イメージの転換

日露戦争以後もピアノをはじめとする洋楽器の理想化に変化はなく、それに比べ箏が「一家団欒」に寄与しないとする記事は散見される（婦12、婦21、婦29、婦33）。

例えば人類学者の鳥居龍蔵は「将来は必ずピアノとかヴァイオリンと云ふ様な洋楽に勝を制されて、琴だの三味だのは、ホンの一部の骨董品として記念さるゝ位になると信ずるだから、此際絶対に洋楽の趣味を家庭に入れて、出来るだけハイカラ化して差支へな」（婦21）い、と述べる。また富尾木知佳は、箏は「単に婦人や令嬢方の手すさび、気晴らし位に弾くに止つたもの」で、「元来その音調が悲哀に出来てゐて、徒らに涙を催さするものが多く、さびしいとか、悲しいとか、いふ哀感的に感情をのみ惹き起すので、家庭の娯楽として楽しむ点に於ては所詮洋楽の爽快なるには及」（婦29）ばない、としている。

しかし、「一家団欒」を創出する具体的な方法に関する議論となると、以下のように、箏も埒外ではなくなってくる。

家庭は円満を欠いてはいけないので、夫には一家内に快楽が持続せねばならぬ、勿論其方法は種々様々あるが、詰り藹々たる一家団欒の愉快を得ようといふには、どうしても一家挙つて一勢に等しく娯むことの出来るものを選ばねばならぬと思ふ、〔中略―引用者〕例えば妻君が三絃を弾き、娘が箏を奏べ主人が唄ふとか、或は笛でも吹くと云ふ風に往けば、こんな愉快な事はあるまい（婦19）

西洋では何処の家でも大抵ピアノか何か楽器が備て有て、晩餐の後など全家族で謳ひ楽んで居ます。我邦でも先づ家族が同じ種類の音楽を採用して、〔中略―引用者〕主人が長唄を歌ふならば主婦は三味線を、娘は琴をと云ふ様に致せば頗る愉快に遊べる事と信じます（婦27）

家政の傍ら、晩餐の後などに、琴を弾じ、ピアノを奏することは、家庭の和楽を増すに、大なる効能のあるものである（婦32）

音楽は是非とも家庭に必要である。三味線とて必ずしも悪くはない、琴は勿論善い、ヴァイオリンも善い、ピアノも善い、オルガン、尺八等いろいろ、富に応じ、好みに応じ、才に応じ、それそれ選びはあろうが、何れにしても、一ツ二ツの音楽はぜひほしいものである。これは宴会に限らず、常の日の夕飯の後、あまり月の善さに、琴の一曲を妻に所望すると云う場合もあろう、二人の娘が声を揃えて歌うと云う場合もあろう。音楽が人の心を養うは今更云うまでもない事で、目に花を見る必要があらば、耳には音楽を聞く必要がある。庭に花を植え、或は床に花を活ける必要があるならば家の内にはぜひ一ツ二ツの楽器を備える必要がある（家12）。

他にも、即座に実践が可能な「趣味」として三味線と共に箏に言及している記事として婦12、婦13、婦15、婦16、婦21、婦22、婦24、婦26、婦27、婦30、婦33が挙げられる。家庭への「趣味」の導入が叫ばれる中で、とりわけ音響学者の上原六四郎は、歌詞改良の必要性に触れつつも、男女の教育レベルが異なる「中流以下」の「家庭」の娯楽としては、箏等の在来の音楽に頼らざるを得ないことを指摘している（婦13）[11]。

家政・修養書においても、以下のように、ピアノの値段の高さなどへの配慮が見られるようになる。

楽器としてのピヤノは殆んど間然する処なきが如く聞き及べども、甚だ高価にして且頗る重く、又年を経るに従いて其の音色次第に悪しくなり行くものなれば、貴族の家庭に於ては兎に角中等以下の家庭には恰好のものにはあらざるべし。よりて余はここに先オルガン、ヴァイオリン、琴及びハーモニカを紹介せんとす、中にもオルガンは廉価にして且鳴しやすく子供の楽器として最も適当ならんか、琴は日本国有のものとして従来その声価たかければ更めて云うまでもなし、ヴァイオリンはその鳴し方多少困難なれども妙味深遠なり、ハーモニカは安価にして又面白き品なり、なほ此の地に紙腔琴若くは蓄音器等を備え置くも可ならんか、食事の時なぞには殊に好適のものなるべし。（家11）

家庭という点から見たらば、何方がよいだろうかと云うと、何うも自分は日本楽の方が適して居るだろうかと思うので御座います。第一西洋の楽は、合奏の性質を帯びて居って、単に一つや二つの楽器では、思う様に参らぬもので御座います。ピヤノ、ヴァイオリンの様な楽器は、稍単独でもよろしい様でありますが、それとても日本の楽器の様には行きませぬ。其外の楽器になると、単独で吹奏した所で、どうも面白味が少ないので御座います、すると此点から云えば日本の楽器は、遥かに家庭的だと云わなければなりますまい。又費用に於いても、日本の楽は遥かに家庭的だと云う事が出来ましょう。日本の楽器は、西洋の楽器に比べて一般に廉価である事は、誰も異論のない事で御座います。一台のピアノに何百円何千円を出すと云う事は、日本の現今に於いては、極めて上流に居る人の外は出来ない相談でありますから、費用の点に於いて、上下一般に音楽の趣味を有たしむるには何うしても日本の楽器が第一手軽に行われてよいだろうと思われます。

西洋の楽も現今の流行で御座いまして、又誠に立派なものでありますから、決して之れが可けないと云うのではありませぬが、家庭のものとしては、日本はやはり日本楽器の方が為し易かろうと思うので御座います。否ある少数の家庭を除くの外は、兎ても、西洋楽器を購求して玩ぶ事は出来ますまい。第一小数都会の地を除くの外は、ピアノなどは修繕をする事にすら差支えるではありませぬか。（家19）

楽器も使へるだけ使つた方がよい。三味線といへども高等なる家庭に入れられないわけでもない。併し今の様では困難である。琵琶は今の所矢張り書生のみの玩弄品である。尺八も書生くさい。琴は女くさい。太鼓は御祭りくさい或は囃しくさい。併しまあ琴などは家庭用として上乗の方であらう。洋楽器は金があつたら買ふ事とする。（家21）

このような、日露戦争期以後の「一家団欒」の手軽な手段としての箏への関心の高まりの背景として、欧米諸国で「家庭音楽」の実践が既に成されていたこと以外に、当時の階層変動に伴う「都市下層」への社会的関心の高まりが挙げられる。東京では、明治三〇年代以降、地方農村からの大量の人口流入が、明治一〇年代後半から二〇年代初頭の松方デフレ期に続く第二のピークを迎え、工場労働者の一群が、「それまでの車夫、車力、くず拾い、土方などの典型的スラム職種を中心に構成されてきた都市下層社会のうちに登場してくる」（寺出 1994: 148-149）。一九世紀末から、「細民」といった形容をされつつ、「外部」として存在していた「都市下層社会」（中嶋 2003: 18-47）が、就業構造の変化によって内部化されることとなり、階層の隔たりを越えて「一家団欒」を実現する手段として、在来の箏への関心が高まり始めたとも考えられる。

次に、「性別役割分業」という観点から見ると、細川周平が指摘するように、「妻の音楽的な趣味は夫を家庭に引きつける媚薬のように理解」され、主婦に対して「善い意味に於ての芸者」（細川 2003: 39-41）たるように促す記事も登場する。例えば、次のような記事である。

されば一〔箏─引用者〕甚だ隠逸に過ぎ、一〔三味線─引用者〕は最も猥褻に失するの嫌なきを得ずと雖も、有るは尚ほ無きに優るが故に、此の不完全なる音楽と雖も、一般家庭に行はるゝを得ば、尚ほ幸なりと雖も、是れすら尚ほ不充分なるが為めに、男子一たび得意の事ありて、昂然として、歓楽の地を尋ね、若くは憂鬱の際に当り、その不平不満の情を散ぜんとする時に於て、之を家庭の内に得る能はずして、之を広く世間の外に求むるは、又必然の数にして〔以下略〕（婦15）。

音楽は性来人の好む所のものですから、時遇には謳ひたく成るのが至当なのです。まして学校で多少音楽趣味を注入されたものは、常に其音楽的性欲を充さうとして居ますが、悲しい哉我邦では此際慰安を與へる方法が設けられて居りません。ですから是非無く不満足ながら花柳界へでも行て、強いて其性欲の幾分を満足させ様と云ふ様な事に成るのでせう。私の言ふのは即ち其所なので、其欲望を充すべく何も高い値を払つて不潔な場所へ行かないでも各自の家庭に其れ丈けの方法さへ設けたなら、居ながらにして一家団欒して愉快に高潔に楽しむ事が出来るであらうと信じるのです。〔中略〕主人が長唄を歌ふならば主婦は三味線を、娘は琴をと云ふ様に致せば頗る愉快に遊べる事と信じます（婦27）。

羽田野によれば、芸娼妓は明治二〇年前後から「家庭の妻」と対立する存在として捉えられたが、一九〇〇年代、自由廃業運動がピークを迎えると、廃娼論における売春女性イメージにも変化が生じ、「救済すべき者とそうでない者とを隔てるものは、『公娼／私娼』、あるいは『娼妓／芸妓』というような、単なる売春女性の属性ではな」くなり、「男を誘惑して玉の輿を狙うような能動的な売春女性（＝『芸者女郎』）は救助対象とはならないが、男に玩弄物にされる受動的な売春女性（＝『女郎酌婦』）は憐れむべき救済対象者となる」、すなわち、「個々の女性が売春を主体的に行っているかどうか―売春女性の『自由意志』―が、売春女性の中から救済対象者を選別する基準とな」った（羽田野 1998: 38）。これによって、「家庭の妻／芸娼妓」間の対立構造は継承されつつも、それらを峻別するのもまた「意志」とされ、家庭の妻が、箏演奏によって夫を慰労する「意志」が重視され始めたのではないだろうか。

以上のように、日露戦争以後、箏は、「一家団欒」実現の階層的な隔たりの解消や「性別役割分業」の確立をもたらす趣味として着目されるようになる。

ただし、「性別役割分業」の観点から見た時、一九一〇年前後から「趣味としての箏」のみならず、「職業としての箏曲師匠」を紹介する記事が散見されるようになる。例えば鈴木鼓村は、箏曲師匠を「従来の、お師匠さんとはちがつて、世間からも相応に敬はれ、家族の二三人は養なつて行かれる上に、自分の趣味を満足させつゝ、生活して行ける」（婦34）と紹介している。このような女子職業論の展開については、第四章で詳細に検討する。

日露戦争後は、三味線もまた、「一家団欒」、「性別役割分業」、「子どもへの教育意識」に抵触しないものとして論じられ始める。この過程は箏と同様であり、三味線もまた一つの「趣味」として論じられ始めた（婦15、婦17、婦21、婦27、婦30、婦36）。例えば詩人の戸川残花は「三味線は下品だといはれます、それでは一向よい音楽が日本の家庭にない事になります、しかし先に申します様に、社会の要求とともにだんだん（和楽としての―引用者）音楽の必要になつて参りますから、三味線や俗曲は其の連想を離れ、ピアノオルガン等も日本的になり、遥に趣味を於て近づきます様になることと思ひます」としている（婦30）。この「趣味」に象徴される生活再編の動向に伴い、家庭における三味線の位置づけに関する論調も具体的に以下のような変化を遂げる。

第一に、「一家団欒」、「子どもへの教育意識」と三味線の関係について、「下層（等）社会」への譲歩が窺え（婦13、婦21）、三味線が下層階層をイメージさせることを前提としつつ、手軽に入手でき「一家団欒」の実現を可能にする道具として発見されたと言える。また、このような下層階層への配慮に見られるように、「一家団欒」の創出それ自体が目的化する過程で、子どももまた三味線を奏でる主体として紹介されている（婦19、婦31）。

第二に、箏と同様に、「性別役割分業」と三味線関係についても、「『玄人』役割の妻役割への流入」（田中 2010: 66）が起こったことが、先の引用からも見てとれるだろう（婦15、婦27）。芸娼妓への罪悪視が増す[12]ことで、かえって、三味線演奏に象徴される妻の「玄人」役割が期待されたと考えられる。無論この前提として、女性に処女性が求められる一方で、男性は性的放縦さが認められる、いわゆる「性の二重基準」の問題が存在しているが、中上流階級の男性が自身の貞操が意識するのは一九二〇年代からだとされている（渋谷 2003: 26–52）。

3　中流化する箏イメージ、無害化される三味線

大正期を迎える頃になると、婦人雑誌上には「一家団欒」の創出者として箏を用いる主婦の記事が登場する。

例えば、夫が謡曲、常磐津を、自身が箏と歌沢を、娘が箏、長唄、踊を習う婦人（婦45）、女中と共に夫の歌及びそれに合せた息子のヴァイオリンと娘の箏、長唄の聞き役に回ることを楽しみにする婦人（婦46）等、箏が一家団欒の一道具として紹介される（婦37、婦45、婦46、婦49）。同時に、箏の「家庭」における位置づけに関する議論の担い手としても名流婦人が登場し、小西治子は「日本の家に琴と三絃が行渡つてゐるのは、西洋の家庭にピアノとヴァイオリンが備へつけてあるやうなもの」とする（婦44）。

また家政・修養書にも以下のような記述がある。

今日の女学生は、学校では、中学生よりも尚、多くの課目を学んで居るし、家庭では、男生徒の全くしない、課外の稽古事がある。道徳上の注文でも、当世風のと、昔風のと、二通り心得て、相手相当に、使ひ分けて行かねばば、到底、家庭が円満に行かぬ、夫に対しては、当世風でなければならず、舅姑に対しては、昔風でなければ通れぬ。夫に対しては、西洋のスイートホーム流に、慰安者、共楽者を以て、任ぜなければならぬし、舅姑に対しては、七去三従的の道徳も、昔の夢と、棄てる訳には行かぬ。人生婦人となる勿れの歎は、昔の女より、数倍の強さを以て、発せられさうである。だから、女子の教育に当るものは、大に彼等の修業する所のものを、整理してやらねばならぬ。〔中略―引用者〕大正の今日、箏が弾けないからと云つて、まさか、縁談が、成立しないやうなこともなからう、だが、少くとも、婦人には、何か一つ、音楽の趣味はあつて欲しい。箏がいやなら、ピアノでも、何でも一つは、趣味化する迄やつて、家庭和楽の手段にも、してもらひたい。さもないと、日本の家庭は、如何にも単調で、団欒の楽しみが少い（家31）

このような箏習得、披露に関する実践記事の登場期は、ちょうど新中間層の拡大期と重なっている。伊東壮の推計によると、新中間層は一九二〇年の時点で全国民の五から八％を占め、一九一二年に比べ約三％増加している（伊東 1965: 183-187）。メディア史研究においてこの新中間層は、本章で考察している婦人雑誌の主要な読者であったことが示唆されており（永嶺 1997: 172-194）、急速な新中間層の拡大を背景に、「一家団欒」の実現が急がれる中で、箏も、主婦によって「一家団欒」の創出の道具として紹介され始めたと考えられる。

「子どもの教育」という観点から見ると、箏習得は依然としてその非実用性を批判されたり（婦48、婦50）、学事に差し障るか否か、といった観点から議論されることもあるが（婦51、婦52、婦53）、親の立場からは、例えば、「ある趣味を知るためにそれを自ら手を下してなすことは非常に簡単で有効な方法であ」り、「子女も嫁いだ後には琴にばかりか、はつて居られないにもせよ、子供の時には必ず稽古をさす習慣にしたい」とするもの（婦43）等、子どもの趣味涵養の手段として箏が紹介される。既述のように、日露戦争後には既に箏の趣味が主婦役割として期待されていたが、第一次世界大戦後の新中間層の出現によって、娘は、それまで「考の下に担ってきた服従と家事労働を〔「良妻賢母」である―引用者〕母親一人に譲り渡すことができ」（今田 2007：104）、無垢な「子ども」として扱われる可能性が生まれ（沢山 1990）、未婚期にいかに趣味を涵養するか、ということに関心が移り始めたと考えられる。

三味線のたしなみについても、議論の担い手として名流婦人が登場し、学者、教育者が、学事への影響を懸念し、依然として三味線の子どもへの有害性を強調する（婦51、婦52、婦59、婦60）のに対して、子どもの三味線習得を擁護している（婦45、婦57）。例えば武けふ子は、以下のように述べる。

〔清元、常磐津等の歌詞を問題視されることがあるが、―引用者〕子どもが習ふのは音楽として習ふので、中に恋といふ字があつたところが、すぐに恋の意味の研究もいたしますまいし、少し艶ッぽい文句があるとしたところが、直ぐにその文句通りを実行しようといふものではございますまい。〔中略〕娘たちのお稽古は、大抵毎日一時間ぐらゐづつかかります。私どもでは、そのために学課の方に差支を来さうとは思ひません。尤も、〔娘の通う―引用者〕お茶の水の高等女学校などでは、宿題が多うございますから、それほど芸道に時間を費すこともできますまいが、しかし、長唄なりお琴なりを習ふには、どうしてもそのくらゐの時間を費さなければ、ものになるまいと思ひます（婦45）。

以上のように武は、三味線の歌詞や、その稽古を容認し、むしろ家庭で音楽会を催すことが、「お稽古の方の奨励にもなりますし、娯楽にもな」る、と娘の学友との交際の手段としての意義も説いている（同上）。

三　音楽のたしなみの再発見と家庭音楽論の邦楽への浸透

本章では、婦人雑誌および家政書を分析の素材として、家庭音楽論が隆盛した明治後期から大正期における箏、三味線のたしなみの位置づけを「家庭」の条件との関係から明らかにした。

箏については、明治二〇から三〇年代前半、洋楽器と共に「一家団欒」の手段、もしくは主婦役割としてその演奏が期待されつつも、娘を溺愛する親を連想させ、「子どもへの教育意識」にも欠けるものとして論じられるが、日露戦以後、階層を越えた「一家団欒」創出に寄与し、妻が夫を慰労する「趣味」（テイスト）、もしくは婦人向けの職業として着目される。また、大正期に入り新中間層の拡大が始まると、一家団欒のみならず、女性が不遇に備える職業として、また、子ども、とりわけ娘の趣味涵養の手段として紹介される(13)。

三味線については、当初、未就学の娘や芸娼妓を連想させる近世の遺物として論じられたが、日露戦争期以後の生活再編の動向を背景に、下層階層でも入手可能な楽器、また、妻が夫を慰労する手段として採り上げられ、新中間層の拡大期に当たる大正前期には、母親の立場から子どもの稽古事として容認された。

以上のように、「家庭」と音楽のたしなみの関連性を検討すると、基本的には洋楽器の導入を想定していた「家庭音楽」概念が、音楽雑誌に登場するのみならず、婦人雑誌や家政・修養書における邦楽論などにも影響していることがわかる。明治後期から大正期の都市中上流階級の家庭において「家庭音楽」が実際にどのように実践されたかは定かではなく[14]、また梶野（2017）、玉川（2017）が指摘するように男性が家庭音楽の実践者として十分想定されていないという限定つきではあったが、少なくとも同時期において「家庭音楽」を鍵概念として女子の音楽のたしなみの社会的位置づけが相対的に向上し、邦楽のたしなみも再定位されていったのである。

注

（1）なお、用語のみに着目すれば、従来の箏曲史研究においても、しばしば、箏が維新期以前から「家庭音楽」である、という趣旨の記述がなされることがある（平野 1989、大貫 1989、千葉 2007 等）。ただしそこで想定されている「家庭」は、演奏の場所として「劇場」等との対比されるものであり、「家庭」概念の歴史性を踏まえたものではない。

（2）婦人雑誌の通史的理解については植田（1986）参照。
（3）他にも岡（1981）等。
（4）正確には、明治三〇年（1897）創刊の『女子之友』が〈短文寄書〉という読者欄を創設したことが最初と考ええられる（浜崎 2004：374-398）。
（5）選択基準としては、明治期の婦人雑誌の概況として、山田（1983：5-6）、佐藤（2002：28）、大正期の婦人雑誌の概況として、前田（2001：211-284）、永嶺（1997：157-202）を参照。
（6）なお、今回、『子育の草子』の所在を確認することはできなかった。また、全体的な発刊状況に関して未詳の雑誌及び欠号がある雑誌については、神奈川近代文学館、国立国会図書館、日本近代文学館、お茶の水図書館、昭和女子大学図書館、東京大学法学部近代日本法政史料センター、東京大学附属総合図書館に所蔵されている以下の巻（号）を利用した。『国のもとゐ』1（1-5）、2（7、8、10-12）、『日本新婦人』1-12、『婦人界』（復刊後）1（1、2、5、7、9）、2（1、2、8、12）、3（2-9）、『婦人くらぶ』1、2、3（1-10、12）、4（1-11）、5（2-4）、『婦女界』1（1-4）、2（1-7）、3（1、2）、4（1、5、6）、5（1、2、6、7）、9（1、2、6）、11（3、5）、12（1、3、5、6）、13（1、2、4、5）、14（3、5、6）、15、16、17（1-4、6）、18（1、3-6）、19-22。
（7）「音」「音楽」「芸（美）術」「三曲」「箏（琴）」「箏（琴）曲」「山田流」「生田流」「三味線」「三絃（弦）」「長唄」「常磐津」「清元」「俗曲」「遊芸」「稽古」「技芸、「女芸」「たしなみ」など。
（8）本章においては、選択する雑誌によって資料の全体性が左右されるため、代表的な総合雑誌の分析によって、明治後期から大正期における上流階級イメージを明らかにした永谷（1992）にならい、「それぞれの記事の全体的な主張はあえて追わず、むしろ諸雑誌の記事に頻出する最大公約数的な表現を抽出することを主な読解法と」（永谷 1992: 194）して採用する。

（9）国立国会図書館の近代デジタルライブラリー「家庭&音楽」で検索した。なお田辺尚雄著作など音楽関係の書籍は抜いている。

（10）女子の就学率は、一八九九から一九〇四年にかけ、五〇%代から九〇%台へと急上昇した（小山 1991: 70）。

（11）なお、記事引用の下線部のように、「一家団欒」が強調されることで、自ずと子どもの箏演奏も容認されている。

（12）時代が少し下るが、赤川学は一九一〇年代から二〇年代にかけて成立したセクシュアリティの秩序の特徴として、①「夫婦間性行動、売買春、婚姻外性交（不貞、不倫）、婚姻前性交（純潔）、オナニー、同性愛といったセクシュアリティの分節化が確立すること」、②「婚姻内の性のみが極大に正当化されエロス化されること」、③「売買春、婚姻外性交に対する道徳的罪悪視が強まり、純潔（処女・童貞）規範が強化され、オナニーが医学的に有害視され、同性愛が変態性欲視されるといった具合に、婚姻外の性に対する規制が強化されること」を挙げる（赤川 1999: 289）。

（13）ちなみに、本節で参照した記事において、特定の家元の動向や高等女学校での科目採用を根拠に箏やそのたしなみを肯定的に論じた記事は存在しなかった。

（14）資料上希有な例として、男女間の「無限の妙処」を楽しむ「人間交際」を促進していた福澤諭吉の存在を挙げることができる（西澤 2011: 124）。福澤家では一八九〇年代前半に、娘や慶應義塾の教職員たちの娘を交え、既に邦楽の家庭音楽会を開催していたという（同上：124-127）。

第三章　女子の心がけとしての音楽のたしなみ

日露戦争後の資本主義の進展による社会的な階層意識の高まりや、高等女学校進学者の増大により、雑誌メディア等を媒体として、家の娘としての「令嬢」や、「少女」のような理想的女子像も提示されるようになった（図1－7）。既述のようにこの日露戦争後から大正期の女子に対しては良妻賢母主義の影響力が強く、女性としてのジェンダー規範と女子としてのジェンダー規範を明確に分けることはできないが、本章では、「令嬢」や「少女」といった女子像を積極的に流布したメディア上の音楽のたしなみ像の分析を通じて、第二章で示した家庭婦人としてのそれとの異同を把握することを試みたい。

二 「令嬢」と「少女」

1 令嬢としてのたしなみ

近年、女性とメディアをめぐる文化史研究においては、必ずしも学校教育を入口としない、新聞や雑誌をはじめとするメディアにおける理想的女子像の研究が盛んになりつつある。川村邦光は、未婚の女子が、『女学世界』『婦人世界』『婦女界』などのグラビアに登場する上流・ブルジョア家庭を理想の家庭として思い描き、現在の境遇を「逆境」として捉えたと推測する（川村 1993）。また佐久間りかは、明治後期以降、婦人雑誌のグラビアに、上流階級の女性が紹介され始めたことによって、「誰もが『見られる』時代」が到来し、「素人」女性と、それまで人の視線を浴びるという意味おいて特権的な位置にあった「玄人」女性（芸娼妓）の区別が曖昧化したことを指摘する（佐久間 2005）。同様に、黒岩比佐子も、明治後期に創刊された『婦人世界』『女学世界』『婦人画報』のグラビアや広告に着目しながら、そこに登場する「令嬢」や、そのイメージを利用した化粧、美顔術などが、新たに出現した中流階級の読者の憧れになったとする（黒岩 2008）。さらに、佐伯順子は、新聞や雑誌の「写真入りの女性関連記事」に着目し、女学生、芸者、令嬢、教育者、看護婦、女工といった多様な表象の存在を明らかにしている（佐伯 2012）。

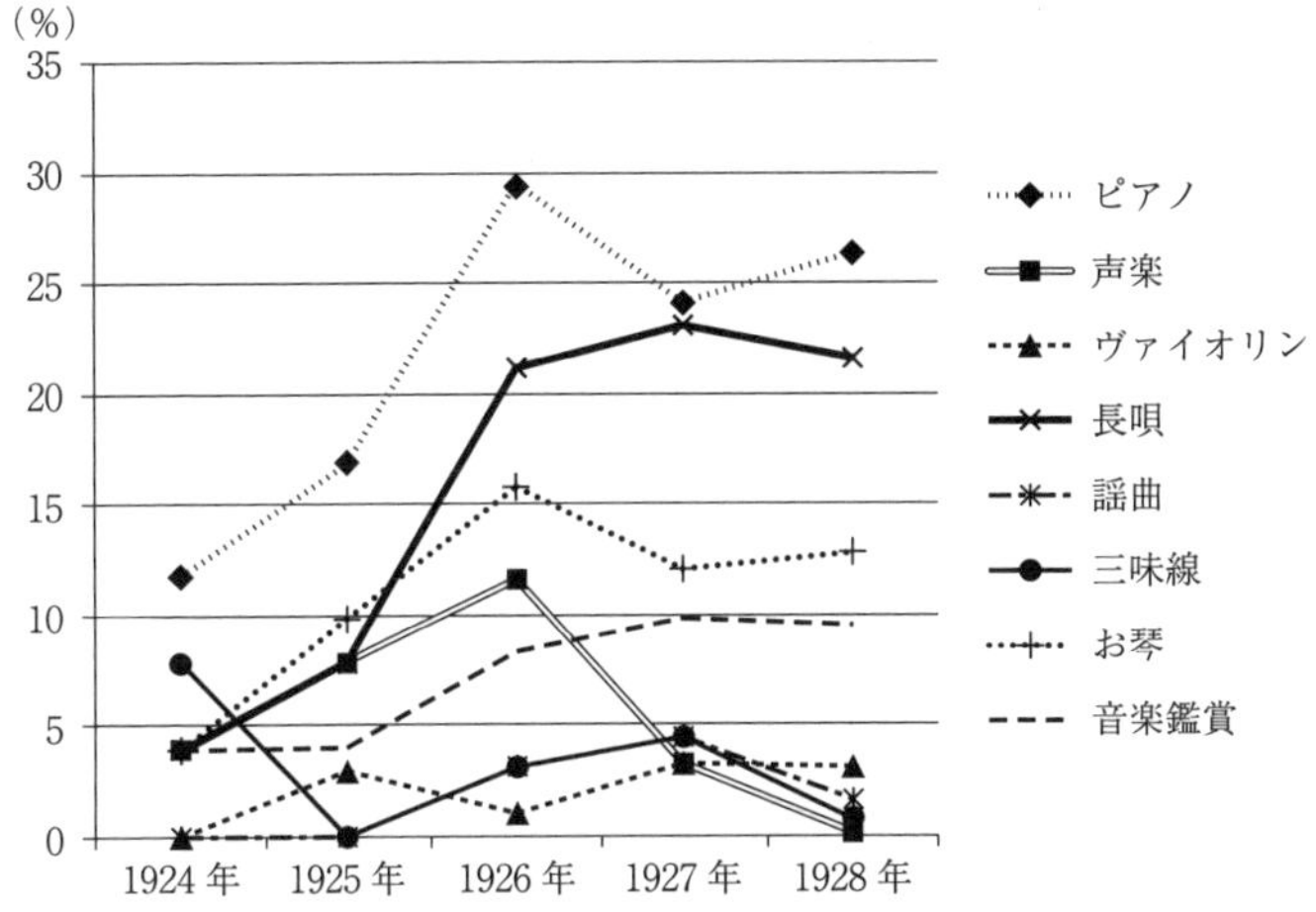

図 3–1 『婦人グラフ』における音楽をたしなむ令嬢の割合

出典）高月・能澤（2003：192）の「表 4」を整理し、グラフ化。歌川（2015b: 219）より転載。

これらの研究群を参照するとき、「少女」が、女学校や雑誌という空間の中で、家庭婦人とは異なる規範として成立し、女子にとって魅力あるジェンダー規範であった一方で、「家の娘」（久米 2013: 98–106）、「孝行娘」（今田 2007: 103–105）といった表象も消え去ったわけではないことがわかる。高貴な「家の娘」「孝行娘」は、メディアの中で、「令嬢」と形容されつつ、戦前期を通じて存続し続けた。

近年の女性史、音楽史研究ではこの「令嬢」のプロフィールに着目した研究が蓄積されつつある。

高月智子・能澤慧子は、『婦人グラフ』（国際情報社、1924–1928）における「若い女性の紹介」というグラビア欄に登場した令嬢のプロフィールを整理し、音楽のたしなみにも触れている（高月・能澤 2003、図3－1参照）。ここでは、一九二〇年代の「令嬢」のたしなみとして、ピアノが重視されつつも、邦楽器、とりわけ長唄の威信も低くないことが示唆されている。

津上智実も、小倉末子をめぐるイメージの把握の過程で、婦人向けグラビア雑誌における「令嬢」と音楽の関係に着目し、一九二〇年代に、箏などの邦楽器に加えて、ピアノが「令嬢」の教養として、中心的な位置を占めていったことを明らかにしている（津上 2012a, 2012b）。

陳含露は、明治末期から大正期の『婦人画報』「令嬢鑑」の文字テクストの分析から、「令嬢」の名前、年齢、家族背景、出身校、趣味の分布の概要を明らかにしている（陳 2016）。

以上がいずれも婦人向けグラビア雑誌の分析であるのに対して、周東（2011）は、『趣味大観』という資料の特徴とともに、そこに記載された「令嬢」の音楽のたしなみについて整理している。同論文によれば、『趣味大観』に紹介された全三四六名によって、「代表的趣味」としてあげられた上位五位の趣味は、「ピアノ」八七名（二五・一％）、「長唄」七〇名（二〇・二％）、「日本舞踊」二二名（六・四％）、「音楽」一九名（五・五％）、「箏曲」一九名（五・五％）となっており、これに加え、プロフィールに経験として言及されている趣味も含めれば、上位五位は、「ピアノ」二〇八名（六〇・一％）、長唄一三九名（四〇・二％）、箏曲六四名（一八・五％）、日本舞踊四九名（一四・二％）、ヴァイオリン一五名（四・三％）となっている（同上：66-68）。

一方で、明治後期から大正期における令嬢のプロフィール上の音楽のたしなみについては十分に検討されていない。

2 少女としてのたしなみ

「少女」像は、一八九〇年から一九一〇年にかけ、中等普通教育の男女別学・別カリキュラム化と少年少女雑誌に創刊を背景に、「少年」から排除されながら登場した。「少女」は高等女学校に通うエリート、中以上の階層に位置し、西洋文化に理解があることを示す記号として機能したが、一九三〇年代には、都市新中間層の量的な拡大とともに、学歴競争の激化を背景として、少年と類似した「子ども」へと近づいたという（今田 2007：225-231）。

本田（1990）を嚆矢とする「少女」研究の影響を受け、音楽学研究においても、少女雑誌の研究が開始される。坂本麻実子は、一九二二年に創刊された『令女界』に着目し、歌曲の分析とともに、戦前期の女学生にアンケート調査を行い、社会的に、音楽能力の上で「素人」と「専門家」の中間とみなされた女学生が、卒業後も歌曲の記憶を持ち続けたことを示唆している（坂本 1992）。さらに坂本（1993）は、レコードに先立って、近代の少女雑誌が、「音楽メディアとして、月刊とビジュアル性という特性を生かして、少女読者のためのオリジナル歌曲を東京から全国に発信していた」ことに着目し、少女歌曲（少女唱歌、少女動揺、少女小曲）が、大人の男性が理想化した少女性を表現したものでありつつも、読者である女子が、歌の中の少女性の表現の美しさに納得する限りに、声やピアノの高度な技巧を厭わず、自己を仮託していたことを明らかにしている。同論文の「むすびに」において、少女歌曲が「絵と詩と音楽の、複合的な創作ジャンル」（同上：65）であることを指摘している点は、少女雑誌を用いた分析を行う際の視点として興味深い。

玉川裕子は、今田（2007）の関心を引き継ぎながら、邦楽のたしなみにも配慮しつつ、戦前期の代表的少女雑誌『少女の友』の分析を行っている。同論文では、口絵、挿絵、小説、広告などに着目しながら、第一次世界大戦勃発前後までは、箏とピアノは、「経済的にゆとりのある家庭の娘をあらわす記号として、あまり差がない」（玉川 2008：16）こと、一九二〇年代には、「箏／それ以外の和楽器で形成されていたポジティブ／ネガティブの対比が、洋楽器／和楽器という対比に移っていき、箏がかつて帯びていたポジティブなイメージが薄れはじめていく」（同上：29）こと、ただし、「形状からしても移動が困難で、いずれかの場所に固定されざるを得ない」（同上：35）ピアノの方が、ヴァイオリンよりも、良妻賢母像に適していたことを明らかにしている。

これらの研究を概観する限り、「少女」は、基本的に洋楽のたしなみに親和的であったことが示唆されるが、「少女」にとって、音楽のたしなみがその日常生活や将来像にどのように位置づいていたかまでは十分明らかになっていない。

二　家の娘としてのたしなみ――「令嬢」を中心に

本節ではまず、雑誌メディアが提示した「令嬢」を中心とする家の娘としての音楽のたしなみを明らかにしていく。

「令嬢」は、今日でも用いられる敬称で、階層の高さを連想させるが、マス・メディアの発達と連動して、戦前期を通じて新聞・雑誌等に度々登場した。マス・メディアに登場する「令嬢」は、小学生から高等女学校卒業後である場合が多く、「少女」と年齢をほぼ同じくするが、（多くの場合、）来るべき異性との結婚生活を連想させるものであったため、少女雑誌ではなく、婦人雑誌のグラビアとして登場した（佐久間 1995）。「令嬢」は、「見られるべき娘」として、周東美材が述べるように、「生まれながらの存在というよりも、女性が目指すべき規範として、消費の欲望とも絡みあいながら提示されていた」（周東 2011: 77）のである。[1]

1　資料

本節では、「令嬢」というジェンダー規範を積極的に提示した婦人グラフ誌[2]を分析の素材として用いる。

方法としては、①雑誌中の、女子のたしなみの対象の変化の時代的変遷が反映されやすいグラビアのキャプションに着目し、量的概況を把握した上で、②その背景について論説の内容を検討する。

まず、①に関して、長期にわたって「花嫁候補のカタログ」（佐久間 1995：215）として氏名、年齢、学歴、取り組んでいる稽古事等に関するキャプションつきで「令嬢」の写真を掲載していた『婦人画報』『淑女画報』(3)のグラビアを用い、そこで紹介されている音楽ジャンルを検討する。

次に、②に関して、永嶺（1997）、三鬼（1999）、坂本（2000）を参照して、上記二誌に、同じく婦人グラフ誌であった『婦人グラフ』および代表的婦人雑誌五誌（『女学世界』、『婦人界』（金港堂）、『婦人世界』、『婦女界』、『婦人倶楽部』(4)）を加え、a「令嬢」を含む記事、b 名士・名流婦人が自身の娘の教育、教養のあり方に言及する記事のうち、音楽のたしなみに言及している記事を検討する。

2　婦人雑誌グラビアにみる

(1)　概要

図3－2は、『婦人画報』『淑女画報』のグラビアページにおいて紹介された「令嬢」のたしなみとしての音楽を、第一期（日露戦争後）と第二期（第一次世界大戦後）に分けて、箏、三味線、ピアノについて整理したものである。

サンプル数は多くないが、図3－2の通り、第一期から第二期にかけ、『婦人画報』『淑女画報』

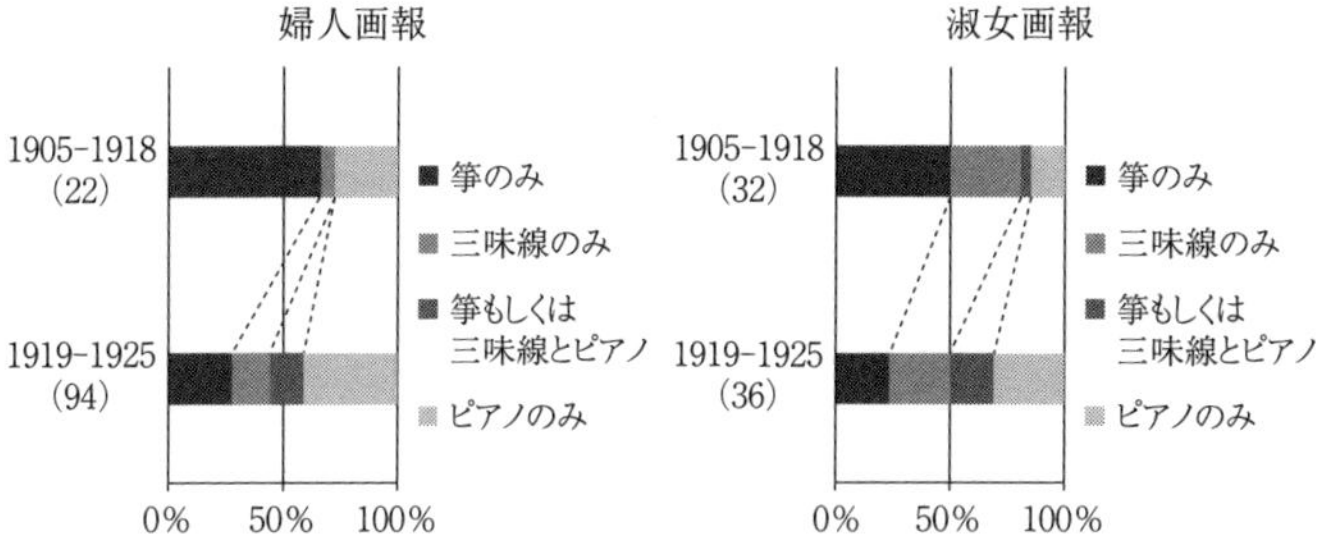

図 3-2 『婦人画報』『淑女画報』における「令嬢」がたしなむ音楽

注 1）カウントしたのは、集合としてではなく、プロフィールとともに個人名入りで紹介された「令嬢」である。ただし、東京音楽学校在学もしくは卒業者は除いた。
注 2）本書では弾くたしなみに着目しているため、プロフィール上に単に「音楽」と紹介されている場合、カウントしなかった。
注 3）（　）は全数を表す。ここでは、箏、三味線、ピアノのうちいずれか 1 つ以上をたしなむ「令嬢」のみに着目している。

ともに、「箏のみ」「三味線のみ」の割合は減少し（『婦人画報』七二・七%→四四・七%、『淑女画報』八一・五%→五〇・〇%）、「ピアノのみ」の割合は増加する（『婦人画報』二七・三%→四一・五%、『淑女画報』一五・七%→三〇・六%）。ただし、「箏もしくは三味線とピアノ」をたしなむ割合は急増している（『婦人画報』〇・〇%→一三・八%、『淑女画報』三・一%→一九・四%）。

このように、第一期から第二期にかけ、令嬢にふさわしい音楽として、ピアノのたしなみの威信が増したが、それと同時に、箏もしくは三味線とピアノ双方をたしなんでいる状況が積極的に雑誌上で紹介されるようになった。また、楽器の種類に着目すると、三味線は、『婦人画報』において、「令嬢がたしなむ音楽」としては、第一期から第二期にかけて割合を増した（六・八%→一六・〇%）。

(2) 令嬢の紹介のされ方

次に、音楽をたしなむ令嬢の「たしなみ」の様子が、キャプションにおいてどのように表現されたかを検討してみる。

以下表3-1は、『婦人画報』グラビアにおいて、箏、三味線、ピアノをたしなむ様子が紹介された令嬢のうち、キャプションにおいてたしなみの様子について言及している「令嬢」六〇名のプロフィールを一覧にしたものである（資料3-1はその一例）。

その結果、全六〇名に対する五六のキャプションのうち、音楽のたしなみとしてその習得の過程を紹介されている令嬢は三三（「修業（行）・修める」一〇、「稽古」八、「学ぶ」六、「研究」三、「練習」「勤しむ」二、「たしなむ」「習う」各二）、習得の程度を紹介されている令嬢は一〇（「堪能」七、「腕前をもつ」「造詣深い」「秀でる」各一）、「趣味」として紹介された令嬢が一二となった（重複含む）。

このように、令嬢の音楽のたしなみについて、雑誌において多様な表現によって紹介されており、特に「習得の過程」に着目する場合、「修業（行）・修める」が最も多く、「令嬢」という規範の中で、音楽のたしなみが修養の対象として位置づいていたことが推測できる。

また、日露戦争後に音楽のたしなみが「趣味」として位置づき始めた経緯は第二章においても紹介したが、ここでは、「趣味を持たれています」のようなテイストの語用（令5、令10、令19、令21、令23、令30、令31、令32、令40、令47）と「趣味として」のようなホビーの語用（令2、令3、令4、令25、令38、令41、令42）が混在していたことに着目したい。

岸上美代子嬢（二十）は實業家岸上由藏氏の令孃で、府立第一高女卒業、琴・茶の湯、三味線など純日本式の趣味を持たれた才媛です。

Miss Miyoko, daughter of Mr. Yoshizo Kishigami, a business man. She is a graduate of the Ochanomidzu Girls' School.

資料 3-1　令嬢の写真

注）表 3-1「令 32」。

出典）『婦人画報』234 号（1925 年 4 月）DVD-ROM 版、臨川書店、2004 年より転載。

表 3-1　キャプションにおける音楽をたしなむ令嬢の紹介のされ方①

ID	巻号	発行年月	記事タイトル	父親職業	父親氏名	氏名	年齢	学歴	箏	三味線	ピアノ	紹介され方	たしなみの表現
1	211	1923.5.	富士子嬢のある日曜の一日	侯爵、政治家	四條隆愛	四條富士子				○		侯爵四條隆愛氏令嬢富士子嬢のある「日曜の一日」です。(一)、午前七時、自分のお部屋のおさうじ。(二)、八時、ごぜんもゆるゆると。(三) 九時、朝のうちに明日のおさらひ。(四)、十時、お庭の芝かり。(五)、十一時、兄さまと久しぶりにテニスをする。(六)、十二時半、外出のおしたく。(七)、午後一時、をば様のお宅へ長唄のおけいこに。(八)、三時半、帰つてからおさらへをする。(九)、四時すぎ、早く仕立て着るのが楽しみ。	稽古
2	215	1923.9.	三令嬢の趣味生活	実業家	山本久顕	山本美紗子					○	お茶、ピアノ、唱歌、刺繍、ろざし、ギタ、合奏など家庭における趣味生活のいろいろ。これは市内麻布我善坊町なり實業家山本久顕氏の家庭で、久顕氏夫人、美紗子、範子、淳子の三令嬢です。	趣味生活
3						山本範子					○		
4						山本淳子					○		
5	221	1924.3.	良子女王天下の御学友	伯爵	伊達興宗	伊達秀子	22	女子学習院			○	伊達秀子孃（二十二）は伯爵伊達興宗氏令姉で女子学習院を卒業され、ピアノ、繪畫に趣味深く、御二方とも東宮妃良子女王殿下の御同窓生であります。此寫眞は殿下に奉献の爲に撮影されたものです。	趣味深い
6	221	1924.3.	東宮妃殿下の御学友と前田島子孃	医学博士	佐藤達次郎	中村貞子					○	（中）中村貞子の君は、順天堂病院長佐藤達次郎博士令孃で、東宮妃良子女王殿下の御学友、現に三菱合資會社員法学士中村喜三次氏夫人で、水泳とピアノに堪能な方であります。	堪能
7	221	1924.3.	令孃かがみ	関大阪市長		関武子	20	大阪府立清水谷高等女学校			○	（左）関武子孃（二十一）は関大阪市長の令孃で、大阪府立清水谷高等女学校卒業後嘉悦孝子女史宅にて家事の實習をされましたが目下はピアノ、英語、活花、習字等のお稽古中です。	稽古
8	222	1924.4.	御室の花	会社重役	不破熊雄	不破千代子	18	跡見女学校			○	不破千代子孃（十八）は三井鑛山株式會社重役不破熊雄氏の令孃で、跡見女学校を卒業され、目下は家庭にありてピアノ、語学などを専ら練習されつゝあります。	練習
9	222	1924.4.	御室の花	素封家	竹中逸三郎	竹中愛子	22	兵庫県神戸高等女学校			○	竹中愛子孃（二十三）は神戸素封家竹中逸三郎氏の令孃で、兵庫県立神戸高等女学校は家庭にありて、ピアノ、洋書、茶、仕舞、謡曲などそれぞれについて学ばれつつあります。	学ぶ
10	222	1924.4.	清水の桜花	実業家	高木清太郎	高木清子	21	樟蔭高等女学校		○		高木清子孃（二十一）は、大阪実業家高木清太郎氏令孃で、樟蔭高等女学校専攻科出身、茶、生花、長唄等に趣味深き方です。	趣味深い
11	223	1924.5.	令孃かがみ	貴族院副議長侯爵	黒田長成	黒田幸子	17	女子学習院	○		○	黒田幸子孃（一七）は、前貴族院副議長侯爵黒田長成氏の令孃で、女子学習院後期二年に在学され、ピアノは小倉末子女史に、琴は萩岡松韻氏についてそれぞれ学ばれてゐます。またテニスの選手としても校中でもてはやされて居ます。	学ぶ

12	223	1924.5.	令嬢かがみ			黒田良子	16	女子学習院	○		○	同良子嬢（一六）は、幸子嬢の令妹で女子学習院後期一年に在学中、姉君と共に音楽にいそしまれつつあります。	いそしむ
13	223	1924.5.	卒業の四才媛	貴族院議員 伯爵	林博太郎	林孝子	19	女子学習院			○	林孝子嬢（一九）は、貴族院議員伯爵林博太郎氏の令嬢で、今年女子学習院本科を卒業されましたが、ピアノは殊に堪能であります。	堪能
14	223	1924.5.	つつじさくころ	会社重役	庄司乙吉	庄司道子	20	県立神戸高等女学校			○	庄司道子嬢（二〇）は東洋紡績株式会社重役庄司乙吉氏の令嬢で、県立神戸高等女学校を卒業、ピアノ、茶、生花等をお稽古中です。	稽古
15	225	1924.7.	令嬢かがみ	侯爵	四條隆愛	四條富士子	16	女子学習院		○	○	四條富士子（十六歳）さんは侯爵四條隆愛氏の令嬢で目下女子学習院に在学され、家庭ではピアノを青木兌氏に、長唄を杵屋六四鶴氏に、会話を飯塚アリス氏に就いて稽古中です。	稽古
16	226	1924.8.	妙齢	侯爵	西郷従徳	西郷道子	18	女子学習院 高等科		○	○	侯爵西郷従徳氏令嬢道子（十八歳）さん。目下女子学習院高等科に在学、五歳の時から長唄を稽古されただけあつて、素人とは思われるほどの練達さ、そのほか、ピアノをニコルスキー氏に、英語をミス西川に就て学ばれ、これまた非凡の才を示されてゐます。	稽古
17	226	1924.8.	美しき姉妹	伯爵	酒井忠克	酒井喜和子	19	女子学習院			○	令嬢喜和子（十九歳）さん大正十三年三月女子学習院卒業、家庭にて英語、絵画、ピアノを練習されてゐます。	練習
18	226	1924.8.	玉簾の瀧	実業家	木村成太郎	木村道子	20	実践女学校			○	大阪実業家木村成太郎氏令嬢道子（二十歳）さん。東京、実践女学校卒業、目下兵庫郊外鶴之荘にあつてピアノ、活花、抹茶、英語等にいそしまれてゐます。	いそしむ
19	227	1924.9.	姫百合の花	伯爵	寺島誠一郎	寺島恭子	18	女子学習院	○		○	寺島恭子嬢（十八）は寺島誠一郎伯の令嬢で、今年三月、女子学習院を卒業、目下は同院高等科に在学中であります。尚ピアノを雙葉？に、絵画を上原女史に就いて学ばれ、その他、琴、花、テニス等に趣味を持たれて居ます。	趣味を持つ
20	228	1924.10.	令嬢かがみ	医学博士	大谷周庵	大谷とみ子		山脇高等 女学校			○	大谷とみ子嬢は医学博士大谷周庵氏の令嬢で、山脇高女卒業の才媛、目下は家庭にあり山根女史に就いてピアノを研究されつつあります。	研究
21	229	1924.11.	朝の光	実業家	山内宇三郎	山内保子		平安女学校			○	山内保子嬢は京都実業家山内宇三郎氏の令嬢で、目下平安女学校に在学中、ピアノ、謡曲には深き趣味を持たれて居ます。	趣味を持つ
22	229	1924.11.	冬ちかし	銀行理事	深井英五	深井結子	19	女子学習院			○	深井結子嬢（十九）は日本銀行理事深井英五氏の令嬢で、女子学習院を卒業され、目下同院高等科に在学中でピアノはすぐれた腕前を持たれ、英語はことにお達者です。	腕前を持つ
23	230	1924.12.	甘露寺績子嬢	伯爵	甘露寺受長	甘露寺績子	19	女子学習院	○		○	甘露寺績子嬢（一九）は東宮侍従伯爵甘露寺受長氏の令嬢で女子学習院卒業、目下同院高等科に在学して居られますが、音楽に趣味深く殊に琴、ピアノに堪能の由であります。	趣味深い
24	231	1925.1.	清香	子爵	梅小路完行	梅小路 加壽子		山脇高等 女学校			○	梅小路加壽子嬢は子爵梅小路定行氏の令嬢で、山脇高等女学校卒業。目下家庭にありてピアノを学ばれつつあります。	学ぶ
25	232	1925.2.	井上高子嬢	文学博士	井上哲次郎	井上高子	20	跡見女学校			○	井上高子嬢（二十）は文学博士井上哲次郎氏の令嬢で、跡見女学校を卒業され、目下家庭にありて家事の実習をされつつあります。趣味としてはピアノ、生花など。	趣味

表 3-1　キャプションにおける音楽をたしなむ令嬢の紹介のされ方②

ID	巻号	発行年月	記事タイトル	父親職業	父親氏名	氏名	年齢	学歴	箏	三味線	ピアノ	紹介され方	たしなみの表現
26	232	1925.2.	西川保子嬢	政治家	西川甚五郎	西川保子	20	京都府立第一高等女学校	○		○	西川保子嬢（二〇）は貴族院議員西川甚五郎氏の令嬢で、京都府立第一高等女学校を卒業され、目下は近江八幡町の自宅にありて、琴、ピアノ、花、茶等を、学ばれつつあります。	学ぶ
27	232	1925.2.	河村菊江嬢 尾竹博子嬢	画伯	尾竹国観	尾竹博子	19	跡見女学校	○	○		尾竹博子嬢（十九）は尾竹国観畫伯の令嬢で、跡見女学校を卒業された純江戸趣味の方です。日頃父君の感化を受けて繪筆に親しまれ、長唄、茶、琴、三絃にも造詣深く、殊に長唄は杵屋勝五郎の秘蔵弟子であります。	造詣
28	232	1925.2.	雪のきさらぎ		小山秋作	小山佐和子	22	女子学習院			○	小山佐和子嬢（二二）は小山秋作氏の令嬢、北小路喜勢子夫人の令妹で、女子学習院卒業、ピアノに堪能な方です。	堪能
29	233	1925.3.	雨宮京子嬢	医師	雨宮直	雨宮京子	18	お茶ノ水高等女学校		○		雨宮京子嬢（十八）は、医学士雨宮直氏の令嬢で、お茶の水高等女学校に在学。学業の傍ら、吉住小三枝につき長唄をならはれ、近来はめきめきと上達されました。	習う
30	233	1925.3.	津軽富貴子嬢	男爵	津軽承靖	津軽富貴子	18	女子学習院			○	津軽富貴子嬢（十八）は男爵津軽承靖氏の令姉で、女子学習院に在学。音楽に趣味をもたれ、ピアノは殊に堪能であられます。	趣味を持つ
31	234	1925.4.	まがきに匂ふ花一枝	医師	林蓮太郎	林雪枝	21	佛英和高女			○	林雪枝嬢（二十一）は医学博士林蓮太郎氏の令嬢で、佛英和高女を卒業され、目下家庭にありて家事にいそしまれてゐますが、和歌にも秀で、茶道もたしなまれ、ことにピアノその他の音楽には深き趣味を持たれてゐます。写真は麹町富士見町のお宅における雪枝嬢のいろいろ。	趣味を持つ
32	234	1925.4.	岸上美代子嬢	実業家	岸上由蔵	岸上美代子	20	府立第一高女		○		岸上美代子嬢（二十）は実業家岸上由蔵氏の令嬢で、府立第一高女卒業で、華道、茶の湯、三味線など純日本式の趣味を持たれた才媛です。	趣味を持つ
33	235	1925.5.	松方富子	会社社長	松方正雄	松方富子	廿3	三輪田高等女学校			○	松方富子嬢（二十三）は福徳生命大福海上保険会社社長松方正雄氏の令嬢、故松方公爵の愛孫で、三輪田高等女学校卒業後、山脇高等女学校専修科を卒へ、目下家庭にあつて家事の実習かたがた学芸の修養に励んで居られます。ことにピアノは神戸絢子女史に就て学び堪能の聞えあります。	学ぶ
34	235	1925.5.	雨宮等子嬢	医師	雨宮直	雨宮等子	21	府立第一高等女学校		○		雨宮等子嬢（二十一）は医学士雨宮直氏の令嬢で、府立第一高等女学校を卒へ、家庭にありて家政、割烹、茶、花などを修められ、長唄を吉住小三枝について修行中であります。	修行
35	235	1925.5.	六角忠子嬢			六角忠子	23	女子学習院高等科		○		六角忠子嬢（二十三）は子爵六角英道氏の姉君で、女子学習院高等科卒業。諸藝を修められる傍、長唄を杵屋勘治について学ばれ堪能の聞えあります。	修める
36	235	1925.5.	岩本八重子嬢	実業家	岩本藤吉	岩本八重子	19	跡見女学校	○		○	岩本八重子嬢（十九）は実業家岩本藤吉氏の令嬢で、跡見女学校卒業、目下家庭に在りて、家政にたづさはられる傍、ピアノ、琴、生花などを学ばれ、運動としては水泳がお達者であります。	学ぶ

37	235	1925.5.	安田久子嬢	実業家	安田松慶	安田久子	22	東京女学館	○	○		安田久子嬢（二十二）は実業家安田松慶氏の令嬢で、東京女学館を卒へ、現に家事実修をされつつ趣味として謡曲、仕舞、琴、長唄などを学ばれて居ます。	学ぶ
38	237	1925.6.	長岡せつ子嬢	銀行	長岡長	長岡せつ子	19	女子大学付属高女			○	長岡せつ子嬢（十九）は、前日本銀行計算局長長岡長氏の令嬢で、女子大学付属高女卒業、趣味としてはピアノ、茶など、ことに習字は深く研究されつつあります。	趣味研究
39	237	1925.6.	鈴木壽子嬢	会社社長	鈴木三郎助	鈴木壽子	17	府立第三高女		○		鈴木壽子嬢（十七）は、味の素本舗社長鈴木三郎助氏の令嬢で、府立第三高女に在学中。学業の余暇に長唄を吉住小初に、盛花を夏目氏に就いて修められつつあります。	修める
40	237	1925.6.	武田正子嬢	工学博士	武田恭作	武田正子	19	東京女学館			○	武田正子嬢（一九）は、工学博士武田恭作氏の令嬢で、本年東京女学校卒業、ピアノ、絵画等に深き趣味を持たれてゐます。	趣味を持つ
41	237	1925.6.	大橋静子嬢	実業家	大橋光吉	大橋静子	19	府立第二高等女		○	○	大橋静子嬢（十九）は、実業家大橋光吉氏の令嬢で、昨年府立第二高女を卒業、現に日本女子大学に在学。趣味としては三味線、ピアノ、茶道、華道等をたしなまれて居ます。	趣味たしなむ
42	238	1925.7.	三井祥子嬢	男爵	三井八郎右衛門	三井祥子	19	女子学習院			○	三井祥子嬢（一九）は男爵三井八郎右衛門氏の令嬢で、本年三月女子学習院卒業、引続いて同院高等科に在学中、ことに語学の研究に熱心で、趣味としてピアノに堪能であります。	趣味研究
43	238	1925.7.	山田壽子嬢と茂子嬢	実業家	山田英太郎	山田壽子	22	東京女学館	○	○		山田壽子嬢（二二）と令妹茂子嬢は実業家山田英太郎氏の令嬢で、二嬢とも東京女学館卒業、目下家庭に在りて、茶道、生花、琴、長唄等を修められつつあります。	修める
44						山田茂子		東京女学館	○	○			
45	239	1925.8.	南部・毛利・日比谷三嬢	伯爵	南部利淳	南部瑞子	18	女子学習院			○	南部瑞子嬢（一八）は伯爵南部利淳氏の令嬢で、本年女子学習院卒業、目下同院高等科に在学されてゐます。学業の傍ら、洋書、ピアノ、茶の湯などを修められつつあります。	修める
46	239	1925.8.	南部・毛利・日比谷三嬢	実業家	日比谷任次郎	日比谷とよ子	20	九段精華高等女学校	○		○	日比谷とよ子嬢（二〇）は、実業家日比谷任次郎氏の令嬢で、九段精華高等女学校卒業後、家庭にあつて琴、茶、裁縫などを修められ、ことにピアノと書道には堪能であります。	修める
47	239	1925.8.	南部・毛利・日比谷三嬢	男爵	毛利五郎	毛利幸子	18	女子学習院			○	毛利幸子嬢（一八）は、男爵毛利五郎氏の令嬢で、本年女子学習院卒業、現に同院高等科在学、佛蘭西語にピアノに洋書にいづれも達せられ趣味ゆたかな方です。	趣味豊か
48	240	1925.9.	桔梗と月見草	医師	雨宮直	雨宮等子	21	府立第一高女		○		雨宮等子嬢（二一）と京子嬢（十七）は医学士雨宮直氏の令嬢で、姉ぎみは府立第一高女の出身妹ぎみにお茶の水高女に在学、家事や学業の余暇お二人とも長唄を吉住小三枝について修められてゐます。	修める
49						雨宮京子	17	お茶の水高女		○			
50	240	1925.9.	ピアノとヴイオリンの二才援伊達直子嬢と佐藤豊子嬢	実業家	佐藤得四朗	佐藤豊子	18	聖心女学院			○	佐藤豊子嬢（一八、実業家佐藤得四朗氏令嬢）は聖心女学院五年に在学されてゐますが、ピアノが何よりもお好きで幸田延子女史に就いて修業中でありますが、この頃はめきめきと上達され師も舌をまいて居ます。	修業
51	240	1925.9.	唄に三味に繪にいそしむ杉野きよ子嬢	実業家	杉野喜精	杉野きよ子	23	日本橋高女		○		杉野きよ子嬢（二三、実業家杉野喜精氏令嬢）は日本橋高女卒業、長唄に堪能、唄を吉住小三蔵に三味線を杵家和十郎について修められ、尚日本画にも趣味を持たれ鈴木けん子女史に就いて研究されつつある才色兼備のお嬢さんです。	修める

表 3-1　キャプションにおける音楽をたしなむ令嬢の紹介のされ方③

ID	巻号	発行年月	記事タイトル	父親職業	父親氏名	氏名	年齢	学歴	箏	三味線	ピアノ	紹介され方	たしなみの表現
52	240	1925.9.	教へられずに琴の天才今井静枝嬢藤間の秘蔵弟子踊りの天才島澤よし子嬢			島澤よし子	9	大森の小学校		○	○	島澤よし子さん（九）は藤間静枝さんの秘蔵弟子で大森幼稚園主島澤雅子さんの令嬢、目下は大森の小学校に在学。藤間さんに就いて舞踊のお稽古の外、ピアノを弘田龍太郎氏に、その外英語や長唄のおけいこをしてゐらつしやいます。	稽古
53	240	1925.9.	あざやかな手ぶり三令嬢のをどり	呉服店	永井甚右エ門	永井雅子	12			○		永井雅子さん（十二）は銀座の越後屋呉服店主永井甚右エ門氏の令嬢で、踊りを藤間勘十郎に、長唄を岡安やす子さんについて稽古されてゐます。	稽古
54	241	1925.10.	晴れやかな平井梅子嬢	実業家	平井忠五郎	平井梅子	19	山脇高等女学校			○	平井梅子嬢（一九）は実業家平井忠五郎氏のお嬢さんで、山脇高女卒業の晴れやかな美しい方。諸芸を修められつつありますが、ピアノはことにお上手といふことです。	修める
55	241	1925.10.	ピアノに秀でた宇野田鶴子嬢	教授	宇野朗	宇野田鶴子	22	お茶の水高女			○	宇野田鶴子嬢（二二）は帝大名誉教授宇野朗氏のお嬢さんで、お茶の水高女出身の才媛、ピアノその他諸芸に秀でた美しい方です。	秀でる
56	241	1925.10.	家事にいそしむ星野和子嬢	会社社長	星野治作	星野和子	20	三輪田高女	○		○	星野和子嬢（二〇）は日本マルセル石鹸社長星野治作氏のお嬢さんで、昨年三輪田高女を卒業され、生花や箏曲に堪能な方、ことに家事むきのことには熱心で、日ごとに何くれとなくお母様のお手傳ひをされてゐます。	堪能
57	242	1925.11.	林壽美子嬢	銀行重役	林健	林壽美子	25	東京女学館			○	林壽美子嬢（二五）は、三井銀行重役林健氏の令嬢で、東京女学館を出られてから、お宅で家事にいそしんで居られます。音楽は大変お好で、ピアノは殊に堪能でいらつしやいます。	堪能
58	242	1925.11.	財部豊子嬢	海軍大臣	財部彪	財部豊子	20	聖心女学院			○	財部豊子嬢（二〇）は、海軍大臣財部彪氏の令嬢で本年聖心女学院を出られました。聡明な明るい眸の持主、美しくて快活なお方で、殊にフランス語とピアノには堪能の聞えがあります。なほ豊子嬢はさき頃御来朝のジヨジ殿下の舞踏の御相手を申上げる得難い光栄を担はれました。	堪能
59	243	1925.12.	橋本妙子嬢	画伯	橋本関雪	橋本妙子	16	京都府立第二高等女学校			○	橋本妙子嬢（一六）は京都橋本関雪画伯の令嬢で、京都府立第二高等女学校に在学中、ピアノ語学、茶ノ湯、生花のお稽古に励んで居られます。	稽古
60	243	1925.12.	青木醇子嬢	貴族院議員、子爵	青木信光	青木醇子	18	女子学習院			○	青木醇子嬢（一八）は、貴族院議員子爵青木信光氏の愛嬢で、女子学習院在学の才媛です。鶺鴒のやうに快活で軽快な美しい方。ピアノに御堪能ですが、スポーツにもなかなか御熱心で、取り分け乗馬がお好き、休の日には凛々しい乗馬姿で鮮やかなお手並を見せて居られます。	堪能

注）以下、本文中で上記に言及する際は、ID を用いて「令 ID」と表記する。

3　論説記事にみる

論説記事に目を向けると、名家の娘の音楽のたしなみが時代を追うごとに和洋折衷化した背景として、まず、親の立場から娘の「趣味の偏りを防止する」という論理を見ることができる。

例えば、海軍少佐松本胖氏夫人の松本俊子は、娘に箏を習わせる背景として、以下のように述べる。

趣味の無きは、乾ける土の如しとや、行の粗暴に成り易く、言語亦、身の所作に伴ふ習ひ、人は嗜と云ふことを忘れてはならないと思ひます。或る一方に、技能を有する者、又一つの技能を以て、世に立たんとする者は別として、普通家庭の人となる可き娘には、余り片寄りたる教育は避けねばなりますまい、と申して何ぞ一事は、彼岸に近きまでの技倆を磨いて置きたいもので御座います。（「名流令嬢の嗜みと読書（諸家回答）」『淑女画報』一九一六年一〇月）

また、法学博士の粟津清亮は、娘に三味線を習わせる理由として、「拙女は未だ十五歳で学課に忙しい時代でありますから取立てて嗜みと申す程の仕込は致して居りませぬが私の考では普通の婦人はなるべく広く色々の心懸けのある方が狭く深いよりも善いかと思ひますから、時を見計らつて何でも行らして置かうと思ひます」と述べる（同上）。

武けふ子や巌谷小波は、結婚後の生活に言及している。武は、娘に箏、長唄を習わせる理由として、「音楽趣味なきための離縁」を挙げている。

先頃もわきで承はつたことですが、ある立派な家庭の令嬢が、ある学士の方に嫁がれました。お婿様は趣味が多い方ですのに、お嫁様は音楽のことなど丸でお心得がなかつたので、外には欠点もなかつたさうですが、御夫婦仲が面白くなく、遂に御不縁になつたといふことでございます〈婦45〉

また、巌谷は、家庭音楽会の不振を例に、「趣味の一貫」の必要性を説く。

その家庭の者が打揃つて、共通の興味を感ずる所に眞の娯楽が見出されるのである。して見ると、第三者から家庭の娯楽はかうあるべきだとか、こんな物が上乗だと云つた所で、それに趣味を解しない向きには、所謂猫に小判であらう。試みに西洋の家庭を見るのに、なるほど日本のそれに比して、やや調つて居る様にもある。随つて家庭の娯楽としては、晩餐後の団欒の間に、種々な遊戯が行はれる様だ。大抵な家にはピヤノがあるから、その側に群がつて、甲が弾けば乙が歌ひ、果ては丙丁がダンスを演ずる事がある。〔中略―引用者〕此間もある家の家庭音楽会に招かれたが、その時のプログラムを見ると、主人公は謡曲をやる親類の中老夫人は、昔取つて杵屋物を出す、嫁付いた長女は琴を弾ずる。之等純日本風の出し物に対して、金釦の子息は、その友人等と四部合唱をやる。マンドリンを鳴らす、若い娘さん達は、ピヤノを弾く、唱歌をうたふ。それ等が皆舶来物許り、第一部と第二部との間に、殆んど世紀を隔てた観があつた。その代り、古い連中が旧式の音楽を奏して居る間は、若い仲間はコソコソ内證話をして居る。若い仲間が新しい演奏を初めると、古い連中が座を立つと云ふ風に、二部共通の興味は感じなかつたらしい。これ等は過渡時代の現象として、強ち咎めるには及ぶまいが要するに理想としては、一家の老いたるも若きも、等しく興味を感ずる所に、眞の娯楽が求められるのではあるまいか。父が謡曲の稽古をして居るのを、子供はお経だと笑つたり、娘がバイオリンを弾きはじめるのを、これはたまらぬ歯が浮きそうだと、親が眉を顰める様では、とても眞の家庭娯楽は望まれない。〔中略―引用者〕かう云ふ風に考へると、所詮家庭の娯楽なるものは、その家庭の各分子を通じて趣味の一貫した場合でなければ、之を望む事は出来ない事になる。然し又不思議なもので、愛は時に趣味と平均させるものだ、妻の手蹟か自づから、夫のそれに似て来るのや親の癖が子にうつるなども、確かにその証拠である。して見ると、眞の家庭の娯楽なるものは、夫婦や親子の間の皆愛によつて結ばれて居る、楽しい家庭に於てのみ、初めて行はれ得るものであるまいか。（巌谷小波「眞の家庭の娯楽とは」『婦人倶楽部』一九二二年五月号）

武や巌谷の主張は特別なものではなく、桑原桃音によれば、大正期の『読売新聞』の「身の上相談」においても、結婚相手に「趣味の一致」を求める投稿が寄せられていたという（桑原 2017: 146-147）。

そのような「趣味の一致」の実現のために、田邊八重子は、長唄のたしなみの必要性に触れながら、以下のように述べる。

今の日本のやうな世の中には、次のように致すのが最も広く行ひ易いかと存じて居ります。それは女の子は、娘の時代に成るべく広く、色々な趣味を沢山持たせるやうに致すのであります。一芸に秀でるよりも万芸に通ずるように致して置きまして、それで嫁入りましてから、その中で夫の趣味と一致する部分丈けをそれから先きに特に発達して行くやうに致したならばよろしいかと存じます。そうして尚ほ合せて自分の広い趣味を以て、夫の趣味をも拡めて行くやうに致したいと存じます。（田邊八重子「長唄と舞踊」『婦人画報』一九二二年三月）

ここで言及されている「趣味」について、夫ほど「趣味の数が多くないこと」、すなわちホビーの少なさへの懸念が示されている点が着目される。(5)

このようなホビーとしての長唄の準備により、円満な夫婦生活が送れることを強調する記事もある。

今一人は或会社の重役の奥さんですが、これも御主人が職業上或は社会の地位の上からも今日は何処の宴会、明日は誰の送別会と云つたやうな風でとかく花柳の人々と交渉の多いところからいつとはなしに放蕩気分に耽溺して内を外のお遊びが日に増しはげしくなりました、そこで奥さんが一方ならず心配してどうしたらよかろうかと毎日毎日心を悩やまし思案せられた結果、小言や意見では到底治るものではないといふことを覚り、すこし素養のあるのを幸、近来紳士間に流行する長唄を一心に習つて晩酌のお相手に弾かれました、御主人は「これは意外」と驚いて大そう面白がりそれからは師匠をたのんでお二人で習はれて家庭の楽しみはつきず大満足を得て以来他の遊びはふつつりと止まつたとの事。この外にも御夫婦で謡曲をお稽古なさる方もあり、書道に、絵画に、何でも主人と共に主婦も興味をもつて助けるやうに致しますれば他に心を向けるやうなことはまづまづ少いと思ひます。（大妻コタカ「夫が放蕩を始めた時はどうしたらよいか」『婦人倶楽部』一九二二年一一月）

資料 3-2　高澤初風「家庭音楽としての長唄」（『婦人グラフ』1924 年 5 月号）

注）キャプションには、「この写真は大森に住はれる、さる大會社の専務さんの御家庭です。芳紀二十歳の令嬢が日本式のおたしなみに、お母さんから長唄を習っていらっしゃるところ。お名を出すことはどうしてもおゆるしになりません。」とある。

出典）能澤慧子監修・解説『婦人グラフ　復刻版』第 1 巻、東京堂出版、2015 年より転載。

また令嬢訪問記事では、令嬢が和洋の音楽をたしなむ様子が紹介される（以下引用、および資料３－２）。

> 折悪しくお嬢様は、まだ学校からお帰りになりませんので、暫らく奥様とお話をして、お帰りをお待ち申してをりました。お愛想のいい奥様は、「大分手間がとれますこと。どうも琴のお稽古は手間がとれましてね。それに分教場の方も、なかなか時間がいるものでございますから、毎日燈火がついてからではなくては帰つてまゐりませんので、お前のお稽古は一日がかりだねと申すのでございます。夕方になりますと、女中でも迎ひにやることにいたしております。〔中略――引用者〕

音楽はもう大好きでございます。只今は頼母木先生について、頻に勉強してをりますが、いかがなものでございますか。音楽会へはまゐりたがつてをりますが、夜が多うございますので、どうも思ふに任せませぬ。（水島幸子「令嬢訪問『堀越歳子嬢』」『婦人世界』一九一一年二月）

このように、日露戦争後から第一次世界大戦後にかけ、「令嬢」のたしなみとして期待される音楽として、ピアノの存在感が大きくなったが、同時に、長唄を中心とする三味線のたしなみも重視された。「趣味の偏り」への懸念は、「ホビーの量的確保」という発想につながり、令嬢のたしなみ像は、和洋折衷化したのである。

三　「少女」としてのたしなみ

次に、「少女」というジェンダー規範との関係において音楽のたしなみがどのように位置づくかを検討していく。

二において、『婦人画報』における令嬢のプロフィールを検討したが、同時期に同社から発行されていた『少女画報』一九二二年一月号から一九二四年一二月号には、愛読者欄が設けられ、愛読者の顔写真とプロフィールが掲載されていた(6)。確認できた巻号に掲載された愛読者二一九名のうち、プロフィール上で「好きなもの」として「音楽」と回答している愛読者は六〇名だったが、具体的な音楽ジャンルとして挙げられたもののうち上位五位は、ピアノ一一名、箏九名、ヴァイオリン五名、ハーモニカ、マンドリン三名、琵琶・三味線二名であった。また、二一九名のうち、将来「音楽家志望」の愛読者が二二名存在し、少女雑誌上では、特にピアノのプロへの憧れが表現される傾向にあった。

このように明治後期から大正期における「少女」の洋楽志向の高さと音楽家志望が示唆されるが、より長期的なたしなみ像の変遷を確認するために、本節では別のヴィジュアル・イメージや論説記事に着目したい。

1　資料

本節では、明治後期から大正期の、女性雑誌の付録絵双六および少女雑誌の論説記事およびを分析の素材として用いる。「雑誌付録絵双六」を分析の素材として用いる理由に関して、以下、①「付録」、②「絵」を含むヴィジュアル・イメージ、③「双六」、という側面から説明する。

①に関して、雑誌の売り上げを伸ばすための「付録」が、雑誌の編集者や知識人が考える少女の規範のみならず、読者が憧れるジェンダー規範が少なからず反映されると考えられるためである。上笙一郎によれば、付録の添付は、婦人雑誌、児童雑誌に顕著であり、「大正末期以後の日本では、

付録なしでは婦人雑誌と児童雑誌は成り立たぬまでになっ」た（上 1971: 6-8）。

②に関して、「絵」を含むヴィジュアル・イメージがもつ、a ジェンダー規範が身体的特徴やふるまいに典型的に表出する、b 大衆雑誌が提示するヴィジュアル・イメージが無意識に大衆の意識に入りこみ、大きな影響力をもつ、といった特徴（今田 2007: 57-58）から、「少女にふさわしい音楽のたしなみ」をめぐるイメージを抽出する際に明らかにする上で有効であるにもかかわらず、先行研究において活用されてこなかったためである。(7)

③に関して、双六が、a メディアとしても付録の一部としても歴史が古く、通時的な分析に適している、b「コマ」として、楽器が複数描かれている、c 楽器の位置が「振り出し」と「上がり」の間に段階に位置づけられている、といった特徴が、音楽ジャンル別にたしなみ像を把握しようとする本節の趣旨に適するためである。(8)

以上の理由から、本節では、女性雑誌付録絵双六を分析の素材として用いる。具体的には、同時期の女性雑誌付録絵双六資料が最もまとまっている学習院大学史料館（2006）所収の絵双六を用いる。岩城紀子によれば、学習院大学史料館（2006）には、同編纂所に勤務していた小西四郎が収集した絵双六のコレクション一〇一三点（近世二四点、明治期一一九点、大正期七四二点、昭和期一二四点、平成期四点）の情報が収められている。岩城によれば、このコレクションは、「全体に占める大正期の双六の割合は際立って高く、まとまったコレクションとしては他に類例を見ない」ものであり（岩城2006：352）、本節が対象とする明治後期から大正期の「少女にふさわしい音楽のたしなみ」をめぐるイメージの考察に適している。また、コレクションの収集は、小西が古書店から取捨選択をせずに購入する方法で行われたことから、資料の網羅性も高いことが予想される（同上：350–351）(9)。

手順としては、まず、学習院大学史料館（2006）所収資料七三五タイトル（日露戦争期から大正期）について、絵双六一タイトルを一単位とし、楽器や音楽に関するコマが描かれているか否かを判断し、結果の概要をまとめる。続いて、上記から判明した、楽器や音楽にまつわるコマが含まれる女性雑誌絵双六について、楽器ごとに意味づけの異同を検討する。

ここで、絵双六選定の際に基準となる「女性雑誌」の範疇について説明しておきたい。本節で対象とする日露戦争後から大正期にかけては、中上流階級女子は、婦人雑誌、少女雑誌双方の読者層となっていた。また、本節では雑誌の「付録絵双六」を分析の素材とするが、婦人雑誌の付録絵双六も、その読者のうち、とりわけ「女子」、もしくは読者となった主婦の子ども向けであったことは容易に想像がつく。したがって本節では、付録絵双六の選定に際しては、少女雑誌のみならず婦人雑誌も含めることとし、婦人雑誌と少女雑誌を総称して「女性雑誌」とする。

以上の基準において選定した女性雑誌付録絵双六を、テーマおよび「振り出し」「上がり」の内容から、(10)「出世系」双六（以下、「出世系」と略記）と、「生活系」双六（以下、「生活系」と略記）に分類する。その上で、①絵双六のタイトル、②コマの名称、③遊び方の説明、④「振り出し」「上がり」の内容を総合的に判断し、楽器に対する意味づけを確認していく。

ただし、本節で扱う雑誌付録絵双六は、作案者や作画者が異なるため、①絵双六に描かれている楽器の種類等が変化した際に、その背景までは絵双六それ自体から読み取りづらい、②絵双六に描かれていない楽器が存在する場合、その不在の要因を絵双六それ自体からは読み込むことはできない、といった限界が生じることになる。

そこで本節では、右記のような雑誌付録絵双六の内容の変容への解釈に際し、「少女にふさわしい音楽のたしなみ」について論じた少女雑誌記事を合わせて参照する。ここで雑誌記事を参照するのは、雑誌付録絵双六と雑誌の論説記事が、双方とも編集者の意図が反映されやすい点において親和性が高いと考えられるためである。具体的には、日露戦争後から大正期までの代表的少女雑誌『少女之友』『少女界』『少女世界』『少女画報』の目次から、「音楽」、各楽器名、音楽家名に着目して記事を抽出した。

2 女性雑誌付録絵双六にみる

日露戦争期から大正期の学習院大学史料館（2006）所収資料全七三五タイトルのうち、一般・男性向けの絵双六は、五三九タイトル、女性向け雑誌付録絵双六は、一九六タイトル[11]（雑誌種別ごとの内訳は、婦人雑誌二八タイトル、少女雑誌九一タイトル、幼女雑誌七七タイトル[12]）で、女性向け雑誌

振り出し	上がり	楽器						意味づけ
		和楽器		洋楽器			その他	
		箏	三味線	ピアノ	ヴァイオリン	マンドリン		
〔誕生〕	「嫁入り支度」				「都会」			結婚準備
〔誕生〕	「結婚」				「音楽」			結婚準備
「女工」「令嬢」「女学生」「女中」	「一家団欒」	「稽古」						結婚準備
〔きょうだい〕	「婚礼」	「日本音楽」			「西洋音楽」			家庭生活
「令嬢」	〔家庭〕				「声楽家」			職業的成功
「時間をきめて乳をのませる」	「嫁入支度」	「趣味を養ふ」						家庭教育
「お宮詣」	「十六の春」			「ピアノ独奏大好きなベートウベンのソナタが弾けて、うれしい」				才能の発揮
〔女学生〕	〔結婚〕			「ピヤニスト」				職業的成功
「学校」	「成功会」			「音楽家」				職業的成功
「学校時代」				「音楽家」				職業的成功
「新入学」	「卒業式」			「学芸会」				学校での発表
「自動車」	「披露会」	「おさらひ」			「音楽会」			当時の流行
「結婚」	「一家団欒」「子孫繁栄」			「音楽の稽古」				家庭生活
「開門」	「お休みなさい」	「お琴」						家庭生活
「お友達」	「たのしき春」			「ピアノ」				当時の流行
〔友達と雑誌〕	〔家庭〕	「琴」						家庭生活
「新年絵」	〔家庭〕				「音楽」ここでは唱歌を唄つて下さい。			家庭生活
〔遊び〕	〔カルタ〕	「お稽古」						家庭生活
「人さまざまの生れ」	「開運」			「多芸多才」				家庭生活
〔七福神〕	〔天女〕					「音楽好き」		少女の趣向
「いらっしゃい」	〔踊りの披露〕	「合奏」	長唄	「ピアノ」		「合奏」	「つゞみ」	家庭生活
「花の日会」	「楽園」				「音楽家」			職業
〔出発〕	〔友達〕	「おけいこ」						女学校生活
「□さんの羽根つき」	「おめでたう」	「房江さんのお琴」		「かをるさんのピアノ」				才能の発揮
「学校へ」	「優等卒業」	「お琴」		「ピアノ」				学校
「お目ざめ」				「ピアノのお稽古」				家庭生活
「お友達」		「お稽古」		「唱歌」		「マンドリン」		家庭生活
「入学試験」	「卒業式」			「音楽会」				学校での発表
						○		
「お支度」				「音楽会」				街での発表見学
「料理」	「裁縫」			「音楽」				少女の能力
〔挨拶〕	「福笑ひ」	「ひきぞめ」						家庭生活
				○				

表 3-2 検討対象絵双六一覧

ID	年月日	タイトル	考案者	絵師・作画者	発行社	掲載誌
【出世系】						
1	1908.1.1	少女出世双六	巌谷小波	鏑木清方	博文館	『少女世界』3-1
2	1909.12.18	婦人風俗双六		武内桂舟	博文館	『女学世界』10-1
3	1910.1.1	新案　明治婦人双六		樹本杭生	実業之日本社	『婦人世界』5-1
4	1912.1.1	新案家庭双六　娘の一生	笹木幸子	井川洗涯	同文館	『婦女界』5-1
5	1915.1.1	双六遊び　姿見かゞみ		橋本邦助	博文館	『女学世界』15-1
6	1915.1.1	家庭教育双六		川端龍子	実業之日本社	『婦人世界』10-1
7	1920.12.6	少女生立双六	大井冷光	津田茂	時事新報社	『少女』97
8	1925.1.1	現代女子風俗双六		宝野素月	主婦倶楽部社	『主婦倶楽部』3-1
9	1927.1.1	少年少女出世双六		花村喜代三	小学館	『六年生』6-10
10	1927.1.1	少女運だめし双六	石黒露雄	川上千里	博文館	『少女世界』22-1
【生活系】						
11	1909.12.13	女学校すごろく	巌谷小波	岡野栄・榊原蕉園	博文館	『少女世界』5-1
12	1910.12.18	現代流行双六		平福百穂	博文館	『女学世界』11-1
13	1911.1.1	新案　結婚双六		桐谷洗鱗	同文館	『婦女界』4-1
14	1912.1.1	二十四時家庭双六		川端龍子	実業之日本社	『婦人世界』7-1
15	1914.1.1	大正少女すごろく	巌谷小波	太田三郎・渡辺文子・吉田秋光	博文館	『少女世界』9-1
16	1916.1.1	新案少女双六		池田輝方	東京社	『少女画報』5-1
17	1917.1.1	少女画報双六		小林永二郎	東京社	『少女画報』6-1
18	1917.1.1	少女学校家庭双六	巌谷小波	渡辺文子・吉田秋光・吉岡千種	博文館	『少女世界』12-1
19	1918.1.1	家庭開運双六	羽仁もと子	君嶋柳三	婦人之友社	『婦人之友』12-1
20	1918.12.6	少女大好き双六		吉田秋光・広島新太郎	時事新報社	『少女』73
21	1919.1.1	お客様双六		森田久	東京社	『少女画報』8-1
22	1920.1.1	花少女双六		河畠義一	東京社	『少女画報』9-1
23	1920.1.1	少女通学すごろく		本田庄太郎・吉岡千種・村田米四	博文館	『少女世界』15-1
24	1920.1.1	少女お得意双六		本田庄太郎	小学新報社	『少女号』5-1
25	1922.1.1	少女時代双六	横山美智子	武谷芳穂	キンノツノ社	『少女界』2-1
26	1922.1.1	少女一日すごろく	石黒露雄	本田庄太郎・伊藤孝・吉川保正	博文館	『少女世界』17-1
27	1923.1.1	少女遊戯双六		寺内万次郎	ポケット講談社	『少女物語』2-1
28	1924.1.1	女学校生活双六			正光社	『少女の花』3-1
29	1924.1.1	少女花物語双六	横山美智子	須藤しげる		『少女界』3
30	1925.1.1	少女よそゆき双六		宮地志行	時友社	『少女』150
31	1925.1.1	新案少女手芸競べ双六	青山眉水	岡本帰一	大日本雄弁会	『少女倶楽部』3-1
32	1926.1.1	少女初春双六		岩岡友枝	研究社	『小学少女』8-1
33	1928.1.1	少女画譜双六		加藤まさを	博文館	『少女世界』23-1

注 1）本節において、双六の引用に際しては、表中の ID を用いて「双六 ID」と表記する。
注 2）「　」はそのままの引用を、〔　〕は筆者の解釈の結果を示す。空欄は解釈不可能なことを意味する。
注 3）「楽器」欄において、楽器が描かれているが、解釈が不可能な場合は「○」で表記した。

付録絵双六が約二六・七％の割合を占めている。

続いて、一般・男性向け絵双六と、女性向け雑誌付録絵双六における、楽器や音楽に関わるタイトルの割合をみると、一般・男性向け絵双六では、五三九タイトル中四タイトル（〇・七％）であるのに対し、女性向け雑誌絵双六の場合、一九六タイトル中六一タイトル（雑誌種別ごとの内訳は、婦人雑誌二八タイトル中一〇タイトル、少女雑誌九一タイトル中二七タイトル、幼女雑誌七七タイトル中二四タイトル）と、約三一・一％を占めていた。楽器や音楽に関わる六五タイトル中六一タイトル（九三・八％）が、女性向け雑誌付録ということになり、同時期において、楽器や音楽のイメージそれ自体がジェンダー化されていたことがわかる。

以下では、楽器や音楽を直接のテーマとしないものの、楽器に関するコマを含んだ女性雑誌付録絵双六について検討する。

表３－２は、女性雑誌付録絵双六と楽器の出現状況、意味づけを整理したものである。

表３－２の結果から、本節では、楽器として登場する頻度が高い、もしくは当時の東京府内女子の稽古事の対象となる割合が高かった箏、三味線、ピアノ、ヴァイオリンを検討していく。

（１）箏

「出世系」を検討すると、二〇世紀初頭にかけて箏が描かれた双六は双六３、４、６の三点であ

資料 3-3　双六 6 の一コマ

出典）小西晃氏所蔵史料。川端龍子作画「家庭教育双六」『婦人世界』10 巻 1 号（1915 年 1 月）附録。

り、双六7以降では出現していない。双六3では、「活花」と共に「稽古」のコマとして、双六4では、日本髪に着物の女性が取り組む「日本音楽」として、双六6では、娘が「趣味を養ふ」手段として登場する（資料3－3）。

一方、「生活系」を検討すると、箏は、日露戦争後からコンスタントに登場する（双六12、14、16、18、21、23～25、27、32）。双六12では、日本髪で着物の女性が「おさらひ」するものとして、双六14では、少女が学校から帰宅してから兄弟と「お八つ」を食べる間の一四時三〇分ごろに取り組む日課として、双六18、23、25、27では少女が取り組む「お稽古」として、双六16では、友達と取り組む楽器として登場する。また、双六24では、少女の「お得意」の一つとして登場する。さらに双六31では、年始の「ひきぞめ」として箏が登場する。このように双六31以外は、日常生活の中での箏の習得過程が中心に描かれていると言える。

(2) 三味線

全33タイトルの中で三味線が登場するのは、双六21のみであり、「少女」らしき女子が成人女性の演奏を傍らで拝聴しているコマとなっている。

(3) ピアノ

ピアノについて、「出世系」を検討すると、日露戦争後から大正期にかけて、ピアノが描かれた双六は双六7〜10の四点であり、いずれも一九二〇年代の双六である。双六7では、「大好きなベートウベンのソナタが弾けて、うれしい」という「少女」の気持ちが説明されている。双六8〜10はそれぞれ、「ピヤニスト」「音楽家」「音楽家」というコマにピアノが描かれており、双六9では、大人の女性が少女にピアノを指導する絵に、「絵の女は少女時代より音楽に天分を見出されて大いに励んだ効あつて遂に天才音楽家として世に立つことが出来た」と解説されている。また、双六10では、「学校時代」を共通の振り出しとし、上がりは各自が希望する職業となっているが、「音楽家」を選択した場合、「卒業」のほかに、「海外留学」、「音楽会」での発表を経ることになっている

資料 3-4　双六 10

出典）吉田修氏（築地双六館）所蔵史料。石黒露雄考案・川上千里作画「少女運だめし双六」『少女世界』22 巻 1 号（1927 年 1 月）附録。

（資料3－4）。このように、「出生系」において、ピアノは、習得の結果や将来像がコマとして描かれている点に特徴がある。

一方、「生活系」を検討すると、ピアノは、日露戦争後からコンスタントに登場する（双六11、13、15、19、21、24～28（資料3－3）、30、31、33）。箏と同様に、稽古事の対象として描かれたコマも存在する（双六13、15、26）が、双六11、28では、女学校の行事の伴奏楽器として、双六19では、「多芸多才」のコマとして、双六24では、少女の「お得意」の一つとして、双六27、30では、友達と取り組む「唱歌」「音楽」の伴奏としてもピアノが登場する。このように「生活系」において、ピアノは、その習得過程よりも、学校の生徒や家族といった身近な他者を意識した才能の披露の手段として描かれている点に特徴がある。

(4) ヴァイオリン

「出世系」を検討すると、双六1、2では、生誕から婚姻に至る少女の「音楽」のコマとして、双六4では、束髪に袴姿の娘が取り組む「西洋音楽」として、双六5では、声楽家の伴奏楽器として登場する。双六1は、コマを「都会」と「地方」の二通りに分かれており、競技者は予め二つの組に分れ、おのおのその組で順次に上っていくが、途中で「都会」と「地方」を移動できるルールになっている。「音楽」は、「都会」に属している。

一方、「生活系」においては、双六17では、「音楽」のコマとして、双六22では、「音楽家」の伴奏楽器として登場する。

3　論説記事にみる

(1)「出世系」「生活系」に共通する傾向

本節では、少女雑誌の論説記事を参照しながら2の背景について考察していく。まず、「出世系」「生活系」双方において、女子自身が三味線を演奏しているコマを発見することはできなかった。三味線や三味線師匠は、性的放縦さのイメージが持たれており、特に「家庭」論を啓蒙していた女性雑誌ではやはり忌避されていた（第二章を参照のこと）。とりわけ、異性との接触を禁じられていた「少女」をはじめとする女子の規範（今田 2007）からして、三味線は厳しく遠ざけられていたことがうかがえる。[13]

（2）「出世系」の傾向

続いて、「出世系」の傾向を見てみる。

まず、第一次世界大戦前後を契機に職業的成功の象徴として、ヴァイオリンではなく、ピアノ演奏やピアニストが描かれ始めたことを挙げることができる。これは、第一次世界大戦期頃、特定の女流音楽家の活躍を反映したものと考えられる（第四章を参照のこと）。

一方、箏については、職業人としての箏曲師匠は登場することがなかった。一九二六年の『警視庁統計書』によれば、東京市部の洋楽、箏の教授者の数は、それぞれ一〇八名、三一七名である（塚原 2005: 458）ことを踏まえると、女性雑誌付録絵双六における箏曲師匠の不在は、「出世系」の特徴の一つであると言える。[14]

（3）「生活系」の傾向

最後に、「生活系」の傾向を見てみると、箏、ピアノについて、家庭での演奏や稽古の様子がコンスタントに描かれているが、ピアノの方が、学校の生徒や家族といった身近な他者を意識した才能の発揮を示す点が特徴として挙げられる。

箏に比べピアノの方が、学校生活の一場面として描かれやすいことに背景としては、仲（2011）、古仲（2015）が指摘するような、高等女学校における音楽科教育や音楽会、学芸会等の発展を挙げることが可能であろう。

それでは、家庭におけるピアノ演奏のコマが存在する背景は何だろうか。

第一に、「少女」として洋楽のたしなみを発揮して家庭音楽を実践することが推奨されていたことが挙げられる。

少女雑誌記事に目を向けると、一九一〇年代当初、音楽のたしなみそのものに対する、教育家からの懸念が示されていた。

例えば、東京府立第三高等女学校校長の小林盈は、「茶湯、生花、さては琴曲などの事は余技に数ふべきもので〔中略─引用者〕正課に何か不充分の点があつても尚ほ余技に亘つて研究するのはいはゆる本末を失してる」と述べる（小林盈「斯様でなければならぬ事」『少女画報』一九一二年一二月）。また、東京女学院学監の三谷民子が、「理性を用ひて一家の中心となり、慰安者となり又働き人ともな」るために、「ピヤノの手をすぐ糠味噌に突込むだけの覚悟はもつて居なければならぬ」としたように、ピアノ習得が奢侈として捉えられることもあった（三谷民子「女学生と家事」『少女画報』一九一四年五月）。

過重な稽古事とみなされる一方で、家庭を彩る趣味としては容認されており、例えば、下田次郎は、「趣味をつくる上からは学校のみでは足りないやうですから、出来るならば家庭に於てもピアノとか琴とか云ふ楽器を備へて置いて食後に之を奏して一家が楽しむと云ふ風にありたい」と述べている（下田次郎「女学生の趣味」『少女画報』一九一四年五月号）。

また、少女雑誌の記事では、音楽一般ではなく、とりわけ洋楽と「少女」としての規範の関連について積極的に言及された。コールマン夫人は、日本とアメリカの少女の違いについて以下のように述べている。

家庭にもピアノやヴァイオリンのない家はありません。夕飯後の一時、或はお友達の集まつた時など、いつも合唱や演奏で賑はひます。皆さんのお家にもきつと琴や三味線はおありでせう。けれども亜米利加のやうにそれらの音楽は盛んでないと思ひます。それは日本では学校や集会でやる音楽と、家庭でやる音楽や楽器と違ふことが多いやうです。全くないお家も可なりあるやうです。もつと音楽が盛んになつたら皆さんもどんなに幸福でせう（コールマン夫人「アメリカの少女

（世界の少女）」『少女画報』一九二〇年八月）」

同様に、山脇房子は、「少女は家庭の光」として、以下のように述べる。

一体日本では、娘を人の前に出すと云ふことを何だかきまりの悪がる習慣がありますが、西洋では少女は家庭の中の花であつて、お客様などが来た場合には少女が一番先に出て応接をいたします。それで若しピアノが奏ける人であれば直に心持のよい美しい声に合はせてピアノを奏くし、ダンスが踊れる人であれば、お客様の前でダンスを踊つて見せますので、非常にお客様もよい気持になるのであります。（山脇房子「少女時代」『少女画報』一九二四年六月）

第二に、洋楽器は、「少女」を感傷に浸らせる道具としても描写された。東京音楽学校の村上直次郎は、「少女のころは、ことにやさしい、そして美しい感情をもつてゐる頃だけに、音楽はもつとも必要なお友達でもあり、立派な乳母である」と述べる（村上直次郎「少女と音楽」『少女之友』一九二一年九月）。また、音楽家の頼母木こま子は、「少女の頃」は「静かな月の夜、遠くからきこえてくる笛の音、あるひは西洋室のカアテンからもれてくるピアノのしらべなど、みな、人なつかしくいいものです。過ぎ去つた日の遠い思出をさそふやうなさうした楽器のメロデイは、少女時代にはことにうれしく、美しく思はれるものであります。」として、ピアノの習得を勧めている（頼母木こま子「音楽つれづれ話」『少女之友』一九二一年九月）。(15)

楽器習得のための、稽古事一般に関しては、一九二〇年代以降も依然として注意が促されることもあった。高峰博は、「私の愛する少女」として「たとひ已が遊芸を知り、又それが上手であっても、之を行ふのは、自分の趣味の為か、又は自分と多くの人と倶に相ひ娯む時のみで決して其の技芸を以て、他のおなぐさみになる余興だの座興のためには、断々乎として応じないといふやうな見識があり、しかも可愛くておとなしい性質の人」を挙げている（高峰博「私の愛する少女」『少女画報』一九二二年二月）。また、東京府立第一高等女学校校長の市川源三は、「余り多くの知識を取り入れると云ふ事は又一面に於ては種種なる弊害を伴ふ」として、「一人の少女が女学校に於ては、オルガン、ピアノと云ふやうな洋楽をやり、家庭に於ては三味線、お琴と云ふやうな和楽を一様に稽古」することは、「何も徹底して出来るものはない」ことにつながるため、「能力をも節約」する必要性を述べている（市川源三「個性の発揮」『少女画報』一九二二年一一月）。

このように、過重な稽古事としての注意は続いたが、「家庭音楽」論が盛んだった一九一〇から二〇年代において、女子教育家や東京音楽学校関係者によって「少女」の洋楽習得の意義も具体的に論じられていた。

なお、より時代が下ると、家庭での洋楽器演奏のみならず、演奏会での発表に関する記事も登場している。弘田龍太郎「音楽の聴き方―そのお部屋、服装、態度の御注意」(『少女画報』一九二六年三月号)では、そのタイトル通り、少女の音楽発表にまつわる諸注意が掲載されており、演奏会での服装について、「学校へ行つておいでのお方は学校の服が一番よろしく、さうでなければ余りけばけばしい風は避けたい」としている。

このように「生活系」においては、学校や家庭といった身近な他者の前での成果披露が想定されていたピアノと、家庭生活の一場面としてのみ登場していた箏との対比を見ることができる(16)。

本節では『少女画報』愛読者欄における「少女」のプルフィールの傾向を確認した上で、女性雑誌付録絵双六の描かれた楽器への意味づけと少女雑誌の論説記事から、「女子にふさわしい楽器」のイメージおよびその変容過程を楽器の種類(とりわけ邦楽器か洋楽器か)ごとに明らかにした。

まず、「出世系」「生活系」双方において、三味線が女子のたしなみとして描かれているコマを見ることがなかった。この点から、「家庭」論を啓蒙していた女性雑誌というメディア、子ども向けの玩具である絵双六というメディア、いずれの観点からしても、当時、遊芸のイメージが強かった三味線を位置づけづらかったことが示唆される。

次に、「出世系」においては、邦楽器に比べて洋楽器が、(ヴァイオリンからピアノへという変化を伴いつつも、)全時期に渡ってコンスタントに登場し、なおかつ女流音楽家像も描かれていた。この傾向を、メディアの内容分析の観点から再度位置づけ直せば、今田(2007)が指摘する「芸術主義」

とも一致している。逆に、今回検討した女性雑誌付録絵双六には邦楽器の師匠は全く登場しなかったことからすると、箏、三味線の習得は、「少女」の職業達成としては想定されていなかったことが示唆される。

最後に、「生活系」においては、邦楽器、洋楽器ともに、全時期にわたってコンスタントに登場した。ここでは、楽器の意味づけに対する時代的な変化よりも、「稽古の対象としての箏／学校の生徒や家族に対して成果を披露する手段としてのピアノ」という対比が強調されていた。先の「出世系」の傾向と合わせ見れば、洋楽器の習得は、社会的にのみならず、女子の生活圏内においても、重要な文化資本としてイメージされていた。ただし、このような洋楽器の威信の高まりの中においても、絵双六の限られたコマ数の中に、正月の弾き初めに限らず、箏の習得に関わるコマが登場し続けたことにも留意が必要だろう。

四　結婚準備としてホビーを増やす令嬢／洋楽への憧れを温存する少女

本章では、主に日露戦争後に雑誌メディア上に出現し始めた女子像である「令嬢」「少女」という観点から、たしなみとして音楽習得が必要になる理由を、音楽ジャンルの違いに着目して検討してきた。

同時期に女子に向けられた家庭音楽論は本来、洋楽のたしなみを意味し、箏、三味線のたしなみはテイストの涵養の一手段として容認されている程度であった（第二章を参照のこと）にもかかわらず、日露戦争後から第一次世界大戦期において、「ホビーの蓄積」という「令嬢」の規範によって邦楽習得も推奨された。同時期の「家の娘」にとって、まだ見ぬ夫やその家の「趣味」への適応のために、洋楽のたしなみの台頭の中でこそ、なおさら邦楽のたしなみが重視される、という逆説が生じていたことが見て取れる。

沢山美果子によれば、近代化過程の中で、配偶者選択の責任が増大する一方で、配偶者選択の指導の機関が消滅することで、一九一〇から二〇年代には、「高等女学校を卒業し、高等教育を終えた男性と結婚適齢期に結婚し、性別役割分担家族を形成して、良い子を産み、子育ての『才』を発揮する」というような結婚モデルが強く要求されるようになった（沢山 1996: 177-187）。この妙齢期の「令嬢」にとって、「趣味」は新たな結婚モデルの中で、結婚に至るまでにテイストの質やホビーの量として段階的に蓄積する能力として位置づいていったことも示唆される[17]。

一方「少女」としての音楽のたしなみ像には、ピアノを中心とした洋楽への志向性が明確に表れており、東京音楽学校関係者らが中心となって啓蒙していた洋楽中心の家庭音楽論がストレートに反映され、また社会的成功者としての女性音楽家が理想的職業とされていた。

「令嬢」が家の娘として、将来の夫やその親族との相性が重視されたために、趣味の偏りが懸念されたのに対し、異性性から遠ざけられた「少女」にとって、箏、三味線といった邦楽のたしなみの表象はさほど重要でなかったと言えるだろう。

注

(1) 「令嬢」として本居長世の娘に注がれた社会的まなざしについては、周東(2015: 201-158)に詳しい。

(2) 本節では「少女雑誌」と「婦人雑誌」の違いに着目している。日露戦争後から大正期において、婦人雑誌は、既婚女性、未婚女性の双方を読者としていたが、少女雑誌は既婚女性を読者としていなかったことから、提示されるジェンダー規範は異なっていたと考えられる。赤枝香奈子によれば、「当時の婦人雑誌においては〈異性愛〉が前提であるのに対し、少女雑誌では〈異性愛〉はタブーとされていた」(赤枝 2011: 143)。

(3) 『淑女画報』のグラビア写真は、投稿に依っていた。同誌第一巻第一号においては、「良家の夫人、令嬢」「結婚記念」「家庭に於ける婦人の動作」「婦人の諸芸並に職業」「婦人の集会」「女学校の記念写真」「室内装飾」の他、「婦人の一日の行動を数葉に分ちて撮影したるもの、或は様々に仮装したる婦人」といった、「凡て婦人に関する一切の動作を撮影したるもの」が募集されている(「写真募集」『淑女画報』一九一二年四月)。一方、『婦人画報』のグラビアがどのように作成されていたかは定かではないが、「令嬢」関連の写真に関しては、一九三〇年に東京女学館を卒業した生徒が、「当時『婦人画報』等の雑誌に女学館の人達が沢山載りました。卒業してから或いは高等科時代に先生からお声がかかり先生を通して雑誌社に写真が渡されました」と述べていることから、女学校関係者の協力を得ながら収集されていたと予想される（東京女学館百年史編集室 1986：81-82）。

（4）少女雑誌、婦人雑誌ともに、国立国会図書館、国際児童文学館、お茶の水図書館、日本近代文学館、神奈川近代文学館、三康図書館にて収集可能な雑誌を用いた。

（5）ただし、男性の側からは、家庭における趣味の発揮が常に推奨されるわけではなかった。斎藤茂吉は、「私の家では、妻が音楽を好いてゐるやうだが、家庭で読書でもしてゐるとき、ああいふ余計な音響が禁物であります。私は子どもを相手に遊ぶのは『家庭の娯楽』の全部と看做してよいと思ふので、ピアノとかヴァイオリン其他の楽器の遊は禁止する方がよいと思うてゐます。近頃西洋音楽趣味とか何とか云つて、余計な音響を家庭内に入れるのは悪いことであります。子供は相撲でもとつて遊べばそれでいい。」と述べている（「どんな娯楽が名流の家庭に行はるるか」『婦人倶楽部』一九二二年五月号）。

（6）『少女画報』10（1、3－9、12）、11（1－3、5－12）、12（1－8、10、11）、13（1－6、8－11）

（7）音楽史研究のみならず、従来の女子教育史研究において、表紙やグラビア、論説、小説、投稿欄等が分析の素材とされてきたのに対し、付録や付録の絵双六は断片的な例示に留まってきた。

（8）このような双六の特性に着目した教育史研究として青山（2008）が挙げられる。

（9）データとしての全体性が恣意的に操作されてしまうことから、本節では、分析の素材を学習院大学史料館（2006）所収の史料に限定している。ただし、以下、双六資料の転載に際しては、資料の保存状態の観点から、一部、吉田修氏（築地双六館）所蔵史料で代用している。

（10）絵双六の分類方法に関しては、加藤（2002：290-293）に詳しいが、従来の分類方法を踏襲する場合、女性が主題となった絵双六はすべて「女双六」「女礼式双六」「女性双六」などに分類されてしまうため、本節では、女子の人生の時間的経過を示す「出世系」双六と、それ以外の多様な生活場面を描いた「生活系」双六の2種類に分類した。

(11) ここで述べる「女性向け雑誌」には、幼女雑誌も含んでいる。

(12) 婦人雑誌、少女雑誌の区別に関しては、坂本（2000）、今田（2007）を参照した。

(13) 例えば、森（1921）、宇（1929）等で、遊芸師匠の性的に放縦なイメージが語られている。

(14) 少女雑誌の記事としては、松島糸壽が「琴を習ふ苦心」（『少女画報』一九一四年一二月号）にて、自身の半生を綴っているが、読者に遊芸師匠への道を勧めていない。

(15) 他にも、小松玉巌「音楽のお話（1）」（『少女画報』一九二〇年六月号）など。

(16) なお、対象時期は異なるが、家庭への楽器の導入過程について、齋藤（2014）が参考になる。

(17) 「趣味」教育は、当時の「美育論」とも呼応していた。一般に、明治三〇年代以降、教育界で唱えられてきた美育の理念が「趣味」をキーワードに、学校教育以外にも唱えられ始めたことが知られている。渡部周子によれば、日本に先立って近代化を遂げた西洋諸国では、資本制社会の進展、植民地政策、市場競争の激化等が、中産階級の男性が、キリスト教において規定される廉潔で道徳的な行動規範に徹することを不可能にしたため、家族は魂の単一体であるという考えの下、「妻を無垢な状態で家庭にとどまらせ、夫の魂を救う役割を付与するようにな」（渡部 2007：88-89）る。同時に、女性＝優美なる性、男性＝高貴なる性と、感性と悟性の二元論的体系を用いたカントに代表されるように、近代哲学が「仮想としての性的差異を実体化するジェンダー形而上学」（同上書：90）として機能することで、女性役割は一層、「男性に奉仕と安らぎを与え、次世代を育てることに全情熱を捧げ、信仰深く貞操であり続ける美しい魂」（同上書：92）に収斂していった。これらはドイツ哲学を学んだ井上哲次郎、澤柳政太郎、下田次郎等の女子教育家にも多大な影響を与え、明治二〇年代から三〇年代初頭に、主に容貌を「美」しくするための「美育」を奨励していった（同上書：94–112）。

第四章　なぜたしなむ程度に留めるのか——女子職業論を参照に

第二、三章では、何を、なぜ心がけるのかをめぐるたしなみの言説の変遷を見てきた。

ところで、理屈上は、その対象が何であれ習熟が進めばそれを生業とする女性も出現するはずであるが、たしなみがそれとしてあり続けるためには、「職業」とすることとは断絶される必要が出てくる。すなわち、習得をあるところで留め、「たしなむ」程度に留めておくべきとされたのはなぜか。この問いについては、第二、三章の知見からして、割と容易に予想を立てることができそうである。すなわち、中上流階級女子の音楽の習得や披露は、家庭の「趣味」としてであり、職業達成は社会的に期待されなかったためである。

一方で、日露戦争後は戦争未亡人の出現や増税によって、第一次世界大戦期には物価騰貴による生活難といった経済的要因によって職業熱が高まったが、永原和子によれば、生活難に関しては中流以上の女子も無縁ではなく、実際、これに対処するため各種の職業学校への進学、特に地方から遠く家庭を離れて大都市へ遊学することが盛んになった（永原 2012）。その後、産業化の進展や第三次産業の拡大に伴う安価で柔軟な労働力需要の高まりによって量的な拡大を遂げていく「職業婦人」に対しては、当初、「良妻賢母」からの逸脱とみなされる場合もあったが、「第一次世界大戦後に欧米から輸入された『女性解放』を推進させようとする立場からは」肯定的に捉えられ、「職業婦人が社会的に認知されていく過程で、『あるべき理想の女性』イメージをめぐり、『良妻賢母』と『社会的に自立した女性』の対立が顕在化し」（山﨑 2009：94）ていく。

これらの職業婦人イメージ研究の指摘から示唆されるように、日清戦争後の一八九五から一九二五年における女子職業論が提供した経済的自立を図る女子像は、家庭婦人像と緊張関係にあった。それでは、一九世紀末から二〇世紀初頭の女子職業論において音楽のたしなみはどのように位置づいたのだろうか。

本章では、「職業婦人」(1)の量的拡大前にあたる一八九五から一九二五年の女子職業論における音楽のたしなみの位置を検討していくことで、どのような理屈によって楽器の習得や披露が「たしなむ程度」に限定されるに至ったのかや音楽ジャンルによるレトリックの異同等の問題について考察したい。

先行研究を概観すると、戦前期に洋楽プロとして活躍した女性については、玉川（2012）が既に整理しているように、数多くの評伝が存在している。(2)邦楽プロについても家元の評伝等が散見される。[3]

しかし、プロが存在する領域におけるシリアスレジャー（Stebbins 1992）の観点から、邦楽も含めた音楽のたしなみについて考察した論稿は数少ない。管見の限り、既述の通り鈴木幹子が、両大戦間期における（音楽を含む）稽古事と女子職業論の関連について、『主婦之友』の分析から、夫の戦死や病死などの「万が一」に備えて女性の稽古文化が広まったことを指摘しているのみである（鈴木 2000）。

一　資料

本章では、以下の資料を検討していく。

第一に、職業に関わる情報の網羅性を重視し、フォーマルな女子職業論を提供したと予想される職業案内書である。日露戦争後の女子職業論の高まりから、中流以上の女子を含む女性向けの職業案内書（以下、「職業案内書」）の刊行が本格化したが、これらは、執筆者の属性や執筆目的が異なるにせよ、「案内書」として、就学者層女子が就く可能性のある職業を網羅する指向性を有していたことが予想される。そこで本章では、国立国会図書館に所蔵されている職業案内書を蒐集し[4]（表4-1参照）、楽器習得を要する職業の案内がどの程度出現したかを確認し、音楽ジャンルによる[5]

位置づけの異同を検討する（表4－2、4－3）。

第二に、実用性を重視し、インフォーマルな女子職業論を提供したと予想される婦人雑誌である。本章で婦人雑誌を用いるのは、就学者層女子当人のみならず、彼女たちの進路にも影響を与えたと考えられる、親、とりわけ母親にも影響を与えうるマス・メディアとして婦人雑誌が重要だと考えるためである。具体的には、同時期における女性雑誌の歴史的展開を体系的に整理した三鬼（1989）によって、一九〇〇から一九二六年において特定の読者を得た代表的な女性向け総合雑誌として挙げられている『女学世界』、『婦人界』（金港堂）、『婦人画報』、『婦人世界』、『婦人くらぶ』、『婦女界』、『家庭之友』、『婦人之友』を分析の素材とする。具体的な作業としては、上記女性雑誌の目次から、職業と音楽の関係に触れた記事を抽出する[6]（表4－4）。

以上の記事について、まず、婦人雑誌において、楽器習得に関する職業の案内がいつ、どのように展開されたかを、洋楽／邦楽の位置づけの異同に着目しながら確認する。次に、その他の記事を、①楽器習得者としての女流プロ[7]の成功譚、②読者がとるべき楽器習得の態度、の二点から整理し、洋楽／邦楽による位置づけの異同について検討する。

表4-1　職業案内書一覧と音楽に関する記述内容

ID	職業案内書（著者、出版年、書名、出版社）	洋楽		邦楽
		音楽家	教師	師匠
1	民友社（1895）『婦人と職業』民友社			
2	林恕哉（1897）『婦人職業案内』文学同志舎			
3	福良虎雄（1897）『女子の職業』普及社			
4	開拓社編（1900）『如何にして生活すべき乎』開拓社			箏、三味線
5	落合浪雄（1903）『女子職業案内』大学館	東京音楽学校		箏
6	斎藤蜥風（1905）『男女必的就業案内』永楽堂			
7	木下祥真（1905）『女子の新職業』内外出版協会	東京音楽学校		
8	近藤正一（1906）『女子職業案内』博文館	東京音楽学校		箏
9	菅原臥竜（晨亭）編（1906）『新撰女子就業案内』便利堂	東京音楽学校		
10	伊賀歌吉（1907）『婦人職業論』宝文館			
11	手島益雄（1908）『女子の新職業』新公論社・新婦人社	東京音楽学校		
12	巌谷小波・沼田藤次編（1912）「女子職業案内」『最新日本少女宝典』誠文堂	ピアノ、オルガン、ヴァイオリン		箏、三味線
13	（執筆者不明）（1913）『婦人身上内輪の相談法律百般家事職業』実用法律学会			
14	鴨田坦（1913）『現代女子の職業と其活要』成蹊堂	ヴァイオリン	東京音楽学校	箏
15	西川彦市 著 (1916)『たやすく出来る金儲』精文館	ピアノ、ヴァイオリン		箏、琵琶
16	春陽（1917）『自活の出来る女子の職業』洋光社出版部			箏、琵琶
17	木下幹 (1919)『婦人も働け―新しい女子職業案内』日本評論社			
18	樋口紋太（1919）『新時代之婦人生活手引』弘明館書店			
19	東京生活研究会編（1920）『男女職業案内』大声社	東京音楽学校		
20	増井光蔵（1921）『婦人職業問題』宝文館			
21	日本職業調査会（1923）『女が自活するには』周文堂			箏、三味線
22	佐藤文哉（1924）『文化的婦人の職業』白光社出版部	東京音楽学校		箏、三味線
23	坪江一二（1925）『適世男女職業選定知識』宝文館	職業名のみ		職業名のみ
24	東京市役所（1925）『婦人自立の道』東京市社会局			
25	主婦之友社編集局（1926）『現代婦人職業案内』主婦之友社	音楽学校		箏、三味線、琵琶

注1）塗りつぶし部分が案内既述の存在を、文字が、具体的に言及されている楽器習得を表す。

注2）「教師」は小学校教員、中等教員を示す。なお、音楽教員に言及せず、小学校教員一般、中等教員一般に触れた案内書はカウントしていない。

注3）塗りつぶしの罫線のない部分は、同一欄で、もしくは区別なく紹介されていることを示す。

注4）以下、案内書引用に際しては、本表IDを用いて「案ID」と表記する。なお、引用は、同趣旨記事の一部である。

二　職業案内書にみる

表4-1に見られるように、一八九五から一九二六年に発刊された職業案内書二五冊のうち一四冊が、女流プロに関するする職業（音楽家、教師、師匠）の案内を掲載した。

まず、洋楽／邦楽の楽器の種別から案内の記述の有無を見ると、洋楽に関連する職業の案内書は一一冊、邦楽に関連する職業の案内書は一〇冊となっている。

次に職業種類別にみると、音楽家、教師、師匠への案内を掲載した案内書はそれぞれ、一一冊、一〇冊、一〇冊であり、一八九五から一九二六年に出版された職業案内書は、どの時期においても、邦楽／洋楽の習得楽器別、また、師匠／音楽家／教師の職業別の区分のうち、いずれかに偏ることなく情報を提供していたことがわかる。

1　職業像

表4-2は、職業案内書に示された女性音楽家の紹介である。

職業案内書における女性音楽家像は、成功によって多額の収入を得るが、才能が必要であり、また家庭に収まることができない、というものである。

表 4-2　職業案内書にみる女性音楽家像

ID	職業案内書（著者、出版年、書名、出版社）	洋楽			
		記載	音楽家になる手段	女性音楽家としての収入	音楽教師としての収入
5	落合浪雄（1903）『女子職業案内』大学館	「洋楽家」	・東京音楽学校 ・女子高等美術学校		
7	木下祥真（1905）『女子の新職業』内外出版協会	「音楽教員」	・東京音楽学校 ・東京女子高等美術学校		・初任…25～30円 ・上級…6・70円 ・高級者…年俸900円 （※参考：中等教員）
8	近藤正一（1906）『女子職業案内』博文館	「音楽家洋楽家」	・洋楽教授所（東京音楽学校ほか）		
9	菅原臥竜(晨亭)編(1906)『新撰女子就業案内』便利堂	「音楽師」	・東京音楽学校 ・東京女子高等美術学校		
11	手島益雄（1908）『女子の新職業』新公論社・新婦人社	「東京音楽学校」			
12	巌谷小波・沼田藤次編（1912）「女子職業案内」『最新日本少女宝典』誠文堂	「音楽家」	・音楽学校 ・学力は高等女学校程度	有望	
14	鴨田坦（1913）『現代女子の職業と其活要』成蹊堂	「音楽家」	・東京音楽学校 ・私立学校 ・音楽家の私宅で修業	・幸田女史…週2回の教授で月給200円 ・下の下…週2回で25円 ・原のぶ子…上海劇場に週200ドル、一ヶ月90円 ・鉄道唱歌の作曲料…20,000円	・小学校教師…月給20円 ・高等女学校、女子師範教諭…30円ないし40円
15	西川彦市 著（1916）『たやすく出来る金儲』精文館	「洋楽と琴の師匠」	・音楽学校 ・幼稚園、学校教員の職務を通じて自然に上達		
19	東京生活研究会編(1920)『男女職業案内』大声社	「芸術家」			
22	佐藤文哉（1924）『文化的婦人の職業』白光社出版部	「女流音楽家」	・東京音楽学校	・一流…週一回の教授料30円以上 ・声楽家…一回のステージ料50～100円 ・音楽学校教授…個人教授3・400円以上 ・普通…一ヶ月120・30円 ・普通の上…160・70～200円	
23	坪江一二（1925）『適世男女職業選定知識』宝文館	「音楽師」			
25	主婦之友社編集局(1926)『現代婦人職業案内』主婦之友社	「音楽家」	・東京音楽学校 ・私立の音楽学校 ・外人、良教師に就いて6・7年の稽古	・一流…週一回の教授料30円、一回のステージで50～100円	・小学校教師…3・40円 ・中等学校教師…6・70円

収入の点も第一流の人々では矢張琴曲家と同様で未定で、加之も随分多額の収入はあるが、それより以下の人々でも琴曲の師匠よりは遙に好い、これは師範学校高等女学校を始め小学校に音楽科と云ふがあつて其教師となることが出来るからの事で、従つて品格も琴曲の方に比べて遙かに上である。（案8）

音楽家と独身主義

音楽家は男であつても酒と煙草を大禁物としてゐます、それは咽喉其他を痛めるからであります、音楽家は電車でも汽車でも其乗車中すら指頭の訓練を怠らない様に手真似をして練習する位でなければ名手には成れないと申す事で御座います、それですから婦人が妊娠して練習を怠るとか、分娩して楽器に遠ざかるとか致しますと自然に技倆が下ります、この点から真の芸術家として世に立たんと志さるる姉妹方は結婚を避けて独身主義を立てなければなりません、所謂花顔柳腰といふ青春の若さが芸術家の黄金時代であります、幸田延子女史が実兄郡司大尉から「何時まで独身でゐるのか、憲兵でも巡査でも可いから亭主を持て」と皮肉られたと云ふ噂もある、又柴田環女史も藤井軍医と結婚されたが其後忽ち離婚されたと聞きました。（案14）

（幸田延子、安藤幸子、柳かね子、武岡鶴代、神戸絢子、小倉末子などの―引用者）一流大家など言ふものは、日本に何人と言ふ頗る少数の天才的のものですから、これを標準とすることは出来ません、先づ普通の音楽家として、個人教授をしたり、私塾を開いたり、或は出教授をしたりする人々の収入としては、先づ一ヶ月百二三十円なさうです、その上に到つて、百六百七十円から二百円、それから先きに進むには、余程優れて来ないと駄目なさうです。（案25）

なお、女性音楽家と教員の関係については、以下のように述べられている。

職業といふ方面より見ると、今日の処の音楽家は、音楽教員に限られて居ります、（中略―引用者）音楽家の性格について、少しく注意までに卑見を述べんに、一体音楽家は、教員になると、然らざるとを問はず、学校に入りて、音楽を修めんとする者は、先づ学校に入る前に、篤と自己の性格如何を顧ることが必要であらうと思ひます、声律の上に天地の美妙を喜ばんとする者は、性格の之に適する処が無いと、その業に成功することは甚だ心元なく存じます、ですから、音楽も一の職業に相違ありませんが、天才の如何は、その成業に、非常に関係があるらしいですから、音楽に身を入れる前には、篤と考ふべきであります、教員になるのも、同じくそれであります。（案7）

芸術家は教師も致しますが音楽教師は必ずしも芸術家とはいへません、芸術家として世に立つ者を観まするとも多くは血統上の関係を発見いたします、例之ば父母兄姉に音楽家があるとか若くは近隣に音楽家があつて朝夕接近してゐたとかの因縁があります、若し芸術家として教育しやうならば8、9歳の頃から音楽に接近させて其趣味と観念と感興とを与へて置かねばいけません、常磐津でも何でも良いから頭に入れて置かねばなりません、それが証拠には琴の心得が多少ありますとヴイオリンを習います時に非常に受容が早いといふ事でも判るではありませんか。（案14、傍線――引用者）

一九〇〇年代は、音楽家と教員は未分化であったが、徐々に音楽家になるための文化資本の必要性が認識されていったと言える。

続いて、表4-3は、職業案内書における女師匠像を整理したものである。職業案内書における女師匠像は、苦労しながらも、弟子の数によっては成功もつかめる、というものである。具体的な成功像を見てみると、次のように紹介されている。

一流の師匠となれば月謝も多額にあり且つ出入り先も富豪とか華族とかであるから収入も非常に

多いが之等は例外として第二流となつても毎月廿円や卅円の収入は慥かなものである、此外に許し料と云ふ特別収入があつて大抵初手許しをした時に五円位中許しの時に七、八円愈愈奥を許すと云ふ時になると十円か十五円位の謝儀を受くるのが殆んど一般の風習であるそうだ。亦自宅で指南をした外に出稽古として隔日とか二日置き位に弟子を廻つて歩いても一ヶ月三円乃至三円五十銭の教授料を得る外、先に依つては車代とか菓子料とかして余分に一円乃至一円五十銭の収入もあるので内教授の外是等のよい弟子を四五軒も持つて居るとすれば優に門戸を張つて立派に暮して行く事が出来るのである。（案内書16）

あくまで努力次第であることが強調されているが、「二流」であっても自活が可能であり、「一家三人位」を経済的に支えることのできる女性像が描かれている。

一般に、箏・三味線師匠の収入の参考として、一九二〇年代前半における職業婦人調査をみると、「遊芸師匠」は、「上の部」に入り、平均月収は一三〇円となっている（東京市社会局 1924）。これは、『東京市及近隣町村中等階級生活費調査』（一九二二年）の新中間層世帯の世帯主の月収が一〇〇・四四円であることからしても、当時の女性の収入としては高額であったことがうかがえる。

表 4-3　職業案内書にみる女師匠像

ID	職業案内書（著者、出版年、書名、出版社）	邦楽								
		箏の記載	三味線の記載	師匠になるまでに必要な修業	女師匠としての生活					備考
					収入				支出	
					門人（理想数）	月謝	免状料	その他		
4	開拓社編(1900)『如何にして生活すべき乎』開拓社	「琴師匠」		・奥許しと三味線の稽古の計5年位の修業（250・60円） ・箏、三味線それぞれ三挺（50・60円）	15人	計15円	初許し…3～10円 中許し…5～15円 奥許し…10～20円	・出稽古 ・入門料 ・お浚い祝儀 ・初会納会ほか	・家賃 ・糸代 ・お浚い費用 ・免状の巻物及び箱代	三味線修業についても言及あり
5	落合浪雄(1903)『女子職業案内』大学館	「琴曲の師匠」		・指南所へ通うか、出教授 ・金銭的余裕がなければ内弟子をして3～5年		一人1円、上等な弟子で2～5円	初許し…3円 中許し…7円 奥許し…10円	・茶の湯、生花師匠などの兼業		
8	近藤正一(1906)『女子職業案内』博文館	「音楽家　琴曲」		・内弟子を3～5年 ・代稽古を1・2年	13～14人	計15、6～20円	5～10円	・出稽古 ・出演料 ・兼業		相当な収入
12	巌谷小波・沼田藤次編（1912）「女子職業案内」『最新日本少女宝典』誠文堂	「音楽家」		・学力は高等女学校程度 ・師につく						三味線修業についても言及あり
14	鴨田坦（1913）『現代女子の職業と其活要』成蹊堂	「琴の師匠」		・9・10歳で課外の稽古を開始する。遅くとも14・5歳には開始する ・聴覚と咽喉のよさ ・6～7年の修業と4～5年の研究（月謝3円）						
15	西川彦市著(1916)『たやすく出来る金儲』精文館	「洋楽と琴の師匠」		・娘時代より稽古 ・4～5年位の稽古		一人1円				

16	春陽（1917）『自活の出来る女子の職業』洋光社出版部	「箏曲指南」		・内弟子となって3～5年の修業		二流でも計 20 ～30円	初許し…5円 中許し…7～8円 奥許し…10～15円	・出稽古 ・車代・菓子料		
21	日本職業調査会（1923）『女が自活するには』周文堂	「師匠」		・免許をとるまでに3年		一人5円	初伝、中伝、奥伝			
22	佐藤文哉（1924）『文化的婦人の職業』白光社出版部	「琴曲教授」	「各種の女師匠」	〈箏〉 ・東京音楽学校、東京盲啞学校 ・内弟子、通い稽古で皆伝免許取得まで5年（皆伝免許取得の際に100円納入）		一人2円（三味線兼習で3～5円）	初許…10円 中許、奥許…30円	・月さらい ・兼業		
				〈三味線〉 ・通いか内弟子により稽古 ・天才的のものと熱心が必要		一人3～5円		・おさらい費 ・畳替費・炭代		長唄を強調
23	坪江一二（1925）『適世男女職業選定知識』宝文館	「琴曲教授」								
25	主婦之友社編集局（1926）『現代婦人職業案内』主婦之友社	「お琴の師匠」	「遊芸師匠」	〈箏〉 ・東京音楽学校、東京盲啞学校 ・内弟子、通い稽古で皆伝免許取得まで5年（皆伝免許取得の際に100円納入）		一人3円（三味線兼習で3～5円）	初許…10円 中許、奥許…30円	・速束 ・出稽古 ・器用であれば生花、茶の師匠を兼業		
				〈三味線〉 ・通いか内弟子により稽古		一人3～5円				長唄を強調

2　音楽が女性の職業として適する理由

続けて、音楽が女性の職業として適する理由について、案内の記述を見てみたい。まず女性音楽家が女性向けである理由についてみてみる。案内書において、洋楽習得は、楽器名は一部で紹介されるに留まり（案12、案13）、東京音楽学校を始めとする音楽学校の学科紹介に帰せられるか（案5、案7、案8、案9、案11、案14、案19、案22）、以下のように、具体的に言及されない場合があった。

此に余輩が云ふ迄もなく音楽が婦人の天性に能く調和した最上の職業である事は勿論である、日本に於ける洋楽は未だ誠に幼稚なもので、婦人としては二三の胡弓手を出した位の者で目醒ましい大家も出ないのであつて、又社会も現今の処ではねつから、音楽の趣味に乏しい、否洋楽の趣味を感じ得る人が少ないのである、〔中略─引用者〕けれども近時漸く演奏会音楽会が流行する事になつて来たからして漸次に音楽家が世に歓迎される時代の来るのも決して左程に遠い事でもないであらうと思はれるのです、情ない事に現今では、学校の教員より外に音楽家として生計を立つて居る人は殆ど皆無であらうと思はれるのです、けれども世が是等の人の慰藉を必要とする時代が来る時には大に其妙技を振ふ事が出来るのであります（案5）

音楽は天分があり、趣味があってこそなるべき特殊のもので、名声とか収入とかを目的として、なるべきものではありません。ステージに立つ有名な音楽家のみを見て、誰にでも容易にさうなれるものとして、音楽家にならうなどと志望するなら、きつと失敗します。ステージに立つやうになるまでには、普通の人が思ひ浮ばない異常の努力がいります。一人前の音楽家となれば、中等学校か、それ以上の学校に教へたり、個人教授をしたりしてをります。また近頃では、教員の資格を持たない音楽家達は、オーケストラ団等に加入して生計を立ててゐる人もあります（案25）。

このように、社会の慰籍者となり得ることが、女性が音楽家に適する理由とされたが、あくまで才能や天分が必要であるという条件付きの案内となっている。

続いて、箏・三味線師匠が女性向け職業である理由はどのように記述されているだろうか。邦楽習得に関連する職業が案内される際には、必ず箏の師匠が紹介されており、三味線、琵琶の師匠の案内も散見される。

琴の指南と看板掛けたる表は粋な格子造り、奥には絶えず琴三味線床しき音色に乙女子の数を集めて、指南する師匠の内には細君もあり又後家さんもあるなれども、均しく師匠と仰がれて遊芸中には自ら品位も高く其の技も最も美しきものなれば婦人の職業として先づ上乗のものなるべし

（案4）

優しい少女達や、美しい令嬢達を集めて、琴曲を教ゆる事も、婦人の職業としてはふさはしき事でありますす（案22）

茲に女師匠と言ふのは、彼の長唄、常盤津、清元、歌澤、一中節、新内、義太夫、舞踊などを教する、婦人と称するのです、而かして是等のことを職業としてをる婦人即ち女師匠と言ふものは、案外に多いもので、東京のみに於ても、何千人とをるでせう、そして何れも相当に弟子を取つて一個の独立的職業としてゐます。（案22）

職業案内書において、箏曲師匠は一九〇〇から一九一〇年代にかけて独立して紹介されている（案内書案4、案5、案8、案14、案15、案16）。

洋楽が流行になりますと共に琴もだんだん用ゐられる様になりましたのは、一般に音楽趣味が廣く行き渡つて来たからであります、それで今日では中流以上の家庭では是非琴の一面位は備へて、子女にも此の嗜好を作つて置かなければならぬものの様になつて来ましたから、此の後もますま

す盛んになつて行く事と思ひます。（案14）

音楽には色々あるが粛淑で上品と云ふ点から云つて最も吾国の女子に相応はしいものは先づ琴曲であろう従つて一寸市中を散歩して見ても静かな屋敷町なぞを通ると必ずコロリンシヤンの優美な爪音が致る処の間垣から洩れ聞かるる程、斯かく流行を極めて居るのである。（案16）

一九二〇年代以降、箏は中上流女子の家庭のたしなみとして紹介され、それゆえに箏曲師匠が女性向けの職業としてふさわしいことが強調されている。

洋楽とはまた別の趣味を持つてゐる日本のお琴は、幾分廃れ始めた徒輩へ、日本趣味の家庭のお嬢さんや、奥様の間には、かなり一般的に愛好されてゐますので、婦人の職業として相当やつて行けるものです。また職業として看板を掲げなくとも、内職的にも教へられます。（案25）

一方、三味線師匠については、一九〇〇から一九一〇年代においては花柳界のイメージがあり、職業案内書からは意図的に排除されていたことがうかがえる。

茲に云ふ音楽家とは専ら洋楽を指すのである、日本固有の音楽は次に掲ぐる琴曲にのみ止めて他に及ぼさなかつたのは、日本楽が殆ど衰微したと同時に、今は全く芸人の手に落ちて仕舞つて、是を立派なる職業の中に数へ込むのが頗る面白くないと思ふのと、長歌でも清元でも又三味線でも是を研究して芸人的でなく一家をなして行かうと云ふのが到底不可能の事と認めたからであります（案5）

只今の処日本音楽でも三絃などは一般にあまり高尚とは見られて居りませんが、琴丈けは何処へ出しても決して恥かしくないものとなつて居ります（案14）

琴はこれ迄澤山ある仕事であるが、これも月謝一円位で弟子を取る事が出来るし、亦出稽古も出来る、そして此出稽古の方は随分収入の多いものである。〔中略〕尚此外に八雲の師匠などもあるが此頃は一向振はない、三味線やなんかの師匠はまづ茲に書くべき種類でなからう。（案15）

常磐津、清元其他は女弟子よりも男弟子の方が多くなるものです。又弟子の志望者にも色々の男もあり旁々するので、若い女師匠には、聊か危険も伴ふことがありますから、この点も注意せね

ばなりません。（案22）

しかし、一九二〇年代以降、三味線、特に長唄の師匠への道が推奨されるようになる（案22、案25）。ただし、その際にも、花柳界との接近に対する注意も合わせて促されていた。

現在に於て一番に全盛なのは、長唄の師匠です、長唄は新しい家庭和楽として、洋楽と共に上流の家庭に入れられてをります、宮様方にお稽古を申上げてる馬場清子女史などは、月収五百円以上も得てをります吉住派だの杵屋家元の名取連は、家稽古、出稽古、演芸会の出演などで、何百円と言ふ収入があります。（案22）

現在で一番全盛なのは長唄の師匠です。従つて技倆ある人の収入などは大したもので、吉住派だの杵屋家元の女名取連は、家稽古、出稽古、演芸会の出演で何百円といふ収入です。それ等は特別としても、名を取つたばかりの女師匠でも。長唄なら立派に生活が立ちます。〔中略―引用者〕しかしそれぞれ名を取るまでには並々ならぬ苦心も努力もいり、思ひがけぬ誘惑も多いので、余程意志の鞏固な、しつかりした人でなければなりません。（案25）

表 4-4　婦人雑誌記事一覧（職業関連）

1. 天谷秀「如何なる婦人が音楽に成功するか」『婦人界』1909.2
2. あき子「音楽の名手　藤井環女史」『女学世界』1909.5
3. 新保一村「諸芸免許（(つゞき))」『婦人界』1909.7
4. 鈴木鼓村「婦人の職業としての箏曲」『婦人画報』1909.7
5. 山田源一郎「婦人の職業としての音楽」『婦人画報』1909.10
6. 神戸絢子「音楽を学ばんとする者は早くより始めよ（(田舎の天才と器用弾きはあてにならぬ))」『婦女界』1910.3
7. 芙蓉子「音楽界三才媛の応接振」『婦人画報』1910.11
8. 一記者「十六歳にて長唄師匠となりし孝行娘」『婦人界』1910.12
9. 幸田延子「音楽に乏しい家庭の空気」『婦人画報』1911.1
10. 安藤幸子「独逸の三年間」『婦人画報』1911.1
11. 白芙蓉「橘糸重女史にお目かかる記」『婦人画報』1911.1
12. 頼母木こま子「音楽の修行から得た苦しい経験」『婦人画報』1911.1
13. 有隣子「柴田環女史の半面」『婦人画報』1911.1
14. 山室千代子「教授をするのも修業の一つ」『婦人画報』1911.1
15. 町田杉勢「五十年間琴を弾く私」『婦人画報』1911.1
16. 丸田島能「師匠に教へられしまゝを」『婦人画報』1911.1
17. 小井手とい子「早くから抱いた上京の希望」『婦人画報』1911.1
18. 頼母木こま子「バイオリンを習ふ方々のために」『婦女界』1911.1
19. 気駕良次「琴を習ふ人の心得」『婦人界』1911.4
20. 峰の人「新婦人職業鑑　一　琴の師匠」『婦人界』1911.7
21. 鉄拳禅「現代婦人評論其 4　女流音学者」『女学世界』1911.7
22. 山田源一郎「処女と音楽の趣味」『婦女界』1912.5
23. きん子「琴の師匠」『婦人之友』1912.12
24. 壽子「女芸遊芸の師匠となるのには」『婦人之友』1913.11
25. 下田歌子「年若き女流音楽家」『婦人世界』1915.3
26. 婦人記者「職業としての音楽」『婦人画報』1916.3
27. 小夜子「内職に琴を教へて失敗した昔と今」『婦女界』1917.6

28. 婦人記者「琴の稽古〔おけいこ手びき〕」『婦人世界』1918.2
29. （執筆者不明）「婦人職業の手引」『婦人世界』1922.7
30. 桑原樵郎「現代女流音楽家（一）柳かね子夫人」『婦人画報』1922.7
31. 敬亭主「音楽を職業とする人（婦人と職業）」『女学世界』1922.11
32. 桑原樵郎「武岡鶴代嬢（現代女流音楽家）」『婦人画報』1923.3
33. 桑原樵郎「久野久子女史（現代女流音楽家）」『婦人画報』1923.4
34. 桑原樵郎「小倉末子女史（現代女流音楽家）」『婦人画報』1923.5
35. 桑原樵郎「弘田百合子夫人（現代女流音楽家）」『婦人画報』1923.6
36. 桑原樵郎「川上きよ子嬢（現代女流音楽家）」『婦人画報』1924.2
37. 桑原樵郎「宇佐美ため子嬢（現代女流音楽家）」『婦人画報』1924.3
38. 桑原樵郎「上野久子夫人（現代女流音楽家）」『婦人画報』1924.5
39. 桑原樵郎「蜂谷竜子嬢（現代女流音楽家）」『婦人画報』1924.7
40. 桑原樵郎「室岡清枝嬢（現代女流音楽家）」『婦人画報』1924.8
41. 桑原樵郎「渡辺とり子嬢（現代女流音楽家）」『婦人画報』1924.9
42. 秋野弘「令嬢音楽家」『婦人画報』1923.9
43. 花村光「大阪生粋の天才音楽家矢野八重子嬢」『婦人画報』1924.4
44. 山田耕作「音楽を志す人へ」『婦人世界』1925.3
45. 豊多摩里「夫婦唱和　音楽同志の結婚」『婦人画報』1925.5
46. 深澤きん子「長唄から琵琶へ」『婦人画報』1925.9
47. 松尾静子「秘伝を得る機敏さ」『婦人画報』1925.9
48. 杉野きよ子「初めからよい師匠につくこと」『婦人画報』1925.9

（注）以下、以上の記事引用の際には、IDを用いて「記事ID」と表記する。

三　婦人雑誌にみる

婦人雑誌において、職業としての女流プロ、女性教員の途が専門家から促されるようになるのは日露戦争以後である。例えば、山田源一郎は「音楽技芸家、自己の技能を公衆に示すを目的として世に立つて行く人」と「音楽教育家で子弟に教授し、それより俸給を得るなり謝儀を受けるなりして生活して行く者」の双方が社会に必要だが、前者は日本においては「芸人視」され、「況して普通の婦人、動もすれば虚栄に傾き易い婦人には此等の事は決行し難」いとして、音楽教育家の道を勧めている（記事5）。これは、箏、三味線等の遊芸についても同様である。例えば鈴木鼓村は、「婦人の職業として、箏曲の教師は、頗る適当であります。只今では従来の、お師匠さんとはちがつて、世間からも相応に敬はれ、家族の二三人は養なつて行かれる上に、自分の趣味を満足させつゝ、生活して行ける」（記事4）とし、その後、楽器の値段、使用料、望ましい弟子の人数、必要な修業年限や心構えを交えた記事も登場するようになる（記事20）。また、箏、三味線に関して新保一村は、遊芸の免許を「何程教へられても技がその位に至らなければ真似のできないもの」と、「儀式的」で「誰が聞いても出来るやうな事を、たゞ免許の印に教へるのだから、悪く勘繰ると銭を取るだけの仕組みのやうに思はれるもの」に分け、箏、三味線は前者に属すとしており（記事3）、改めて「職業」として準備が必要なものと考えられ始めたことがうかがえる。第一次世界大戦後には、「婦人記者」による、ピアノ、ヴァイオリン、箏等の習得に関する音楽学校の課程や、職業として成功した場合の報酬、生計を立てるために必要な弟子の人数、必要な修業の年数、楽器の値段等のより具体的なハウツー記事(記事26)が登場している(その後の同趣旨の記事として、記事29、31)。

このように音楽に関連する職業(女師匠、女性音楽家、女性教員)の案内は、邦楽/洋楽の区別に関わりなく、職業案内書では、一九〇〇年代当初より、女性雑誌では日露戦争後より登場した。村上信彦が「少くとも働くものがその職業を近代的職業と認めるために必要な条件」として「当事者が自己の意志でその職業についているということ」、「自由意志をもち、転業も廃業も自由であることである」こと、「公私の区別がはっきりしていること」を挙げている(村上 1983: 42-52)が、それ以前から存在していた女師匠も、改めて「職業準備」と認識される余地が生まれたと言える。

三　婦人雑誌にみる

1　女流プロの成功譚

それでは、成功モデルとしての女流プロは誌面においてどのような眼差しを注がれているのか。まず、誌上における女性音楽家への着目には以下の三点の特徴がある。

第一に、楽器習得の動機について、あくまで家庭環境からもたらされたものであることが強調されている。柴田環、幸田延、安藤幸、橘糸重らは、洋楽に専念した動機について以下のように述べている。

メーソンさんや中村さん（高嶺秀夫夫人―引用者）に種々願つて居りまするうち、唯だ何と云ふ気もなしに、私は音楽学校に這入ることになりました（記事9）

私の東京音楽学校へ入学しましたのも、之れぞと云つて、別に深い考へのあつた訳でも無く、唯だピアノでも習はうかと思ひまして這入つたのでした（記事10）

私は高等師範学校の附属学校に居りました。それから、母や兄から申さるゝまゝに、音楽学校へ這入つたと云ふばかりなので御座います。入学当時は勿論のこと、在学当時、卒業当時でさへ、母校で今日までも引きつゞき音楽を教へるやうにならうなぞとは、更々思つて居りませんので御座いました（記事11）

これぞと申す際立つた考へもなく、何の気もなしに東京音楽学校に這入り、何の気もなしに修業を致し、別に望んだわけでもなく、卒業後引きつゞき、今日まで学校を教へて居ると申す他には、私、何とも格別申し上げることも無いので御座います。先輩のお勧めがあつて、そのきつかけに音楽の修業をはじめたと云ふやうなことでも私に在りませば兎も角、私の音楽をはじめましたのは、そんなきつかけなぞの有つた訳では無いので御座います（記事12、傍点―原文）

以上の半生記に見られるように、女性音楽家の場合、家庭環境によって、強い動機を持つことがなく東京音楽学校入学や留学を行うことで洋楽習得を行ったことが示されている（同趣旨の記事として記事2、30、32～41、43）。

第二に、報酬の高さへの着目である。例えば、鉄拳禅は、総説的に以下のように述べている。

職業としての箏曲家はお師匠様也。其の収入の如きも、月謝は一円及至五円に過ぎず。而して公開の楽堂に出づるの機少し、是に反して、洋楽家は常に演奏壇上の花形となる。其の一夜の演奏料の如きも、幸田姉妹及び絢子は五十円、絢子、糸重子、環は三十円、初子は二十円、愛子は十円位なりと聞く。以て社会の洋楽を待つ事厚きを知るべき也（記事21）

鉄拳禅は、「其の技能の如何を問はずして、唯札束によりて観察し、花の如き女流音楽家の誇を傷つけたるを謝す」としながらも、「報酬は或意味に於ける、無言の証明」（記事21）としている。

第三に、婚姻後の家庭状況や、家庭生活と女流音楽家としての職業生活の両立が可能か否かに対する着目である。芙蓉子は、幸田延、神戸絢、柴田環の家を訪問し、それぞれの「応接振」に関して、「いかにもお話振がはきはきとして手取早い」、「やゝ陰気な処のある裡にも、流石に人を逸さぬ愛嬌は幾分備へられて居らるゝ」、「誠に御如才ない」（記事7）と評している。また、記事45では、女性音楽家のイメージは以下のように、伝えられている。

地位が出来、名誉を与へられると、それに縛られて、心では好配を得ない寂しさを覚えながら、『妾は芸術と結婚して居りますもの、少しも寂しいとは思ひませんわ。』と健気なやうであり乍ら、また悲しい諦めのやうにも聞える言葉がその唇から洩れるのである。時は流れても事情は依然として渝らない。年毎に学校を出る人達も、また春毎にはいる人々も生涯の伴侶を同好の友の中に見出して、或は之を得、或は之を失つて喜びと悲しみとを新たにすることを永久にやめないであらう（記事45）。

一方、筝、三味線を中心とする女師匠に関して、山室千代、町田杉勢、丸田島能、小井出とい、櫛田ひろ、北原末子といった筝曲師匠の半生記、人物評では、「十三の時から全くの孤児」で家元の養女となるが、そこに慣れることができず「親類の宅をあちらこちらと廻つてある」いた幼少時代（記事14）や、幼くして天然痘にかかり失明した後、家元に預けられ朝四時から「寒稽古」をした日々（記事15）、天然痘にかかり失明した後、六歳で母親と、三〇歳で父親と死別し、「師の家に厄介にな」りながら生計を立て始めたエピソード（記事16）、また同じく幼くして天然痘にかかり箏、三味線を好き好んで学んでいるものの、「私のやうな不具者の処に立派な男の来る筈もな」いとし、「立派な男でなければ嫌だからと云」いつつ独身を貫きながら上京を目指す師匠（記事17）といったように、幼くして両親を失ったり、失明する等をした後の苦労話が大半を占めている。

また、上記のような著名でない、晴眼者の女師匠についても、両親、妹、弟が病身で、「縦令晨に餓死するとも芸者風情にはさせたく無い」という両親の意思も退け、「怜く」も、家計補助のために一六歳で長唄師匠になった川口まつ（記事8）や、「昔時は旗本のお姫様で、蝶よ花よと世の荒ひ風も知らずにお育ちになつて、女の道何に一つお稽古なさらぬものも無い位」、「幸福」であったが、両親、夫の死後、「泣く泣く昔お嗜みの一面の琴路に、今は淋しく世を送つて居」る山口美野彌（記事20）、父親の事業が失敗、母親が病死し、箏の教習で青少年期から家計を支えた婦人（記事23）、「七歳の時にホンの遊び半分に師匠に通ひ始めて、十一二歳まで〔箏を―引用者〕稽古し」、「家が不運に傾いたので止めて、その後はフッツリと琴のこの字も忘れて」いたが、「人妻となつて間もなく、良人が大病に罹つて、到底見込みがないと医師に言ひ聞かされたのが決心の動機となり、良人の七七日が済むと同時に、或る師匠の許へ通ひ始め」、さらに「知人から話をして貰つて、師匠の家に無給の女中に住み込んで、茶碗を洗ひながら、主人の着物を畳みながら、他のお弟子の稽古に一心に耳を傾け」、上達し免状を獲得した婦人（記事28）、といったように、箏、三味線等の遊芸は、当初から職業として目指すというよりは、否応なく身につけ、「不遇」にあった際に思い出されて役立つものとして紹介されている。

第二章で確認したように、日露戦争後にも婦人向けの職業として箏曲師匠が着目されることがあったが、第一次世界大戦後は、女性が未婚期から箏習得に努力を注ぎ、結婚後にそのたしなみが活かされることが、当事者や婦人記者の立場から強調されている点に特徴がある。

このような職業としての箏曲師匠への再注目の背景として、第一次世界大戦後、ヨーロッパの女性が戦時協力の功に注目が集まり、総力戦体制の構想を立てていた陸軍や文部省も女性の社会進出を奨励し始めるなど、国策としての「婦人職業ブーム」が起こっていた（米田 1994）ことが想定されるが、「内職」としての箏曲師匠への着目に関しては、小山静子が指摘するような、新中間層の生活難に対する危機感の高まりを挙げることができるだろう（小山 1999: 67-76）。小山によれば、第一次世界大戦後、新中間層、特にその大半を占める下級官公吏、巡査、小学校教員、会社員などの中・下層が、好景気と物価の上昇、米価の暴騰に賃金が追いつかず、生活難にみまわれ、その生活難への対処方法として、「これまでの生活のあり方を見直して無駄を省き、生活の改善を図っていくという、いわば節約型の立場」（同上 : 71）と共に着目されたのが「主婦に内職や副業に従事することを勧める、収入増加型の立場」（同上：73）であった。実際この時期、実際に仕事をマスターできるまでの練習期間や得られる収入の紹介、実習を含む内職展覧会が開催されたり（同上：74-75）、同様の趣旨の書物が多数刊行されたという（米田 1994: 182-187）。このような状況下において、箏曲教習は、女性が自宅で稽古場を設けることができ、年齢に関係なく習得する（し直す）ことができる遊芸として再発見されたのではないだろうか。

以上のように、婦人雑誌における女流プロの成功譚の内容について、女性音楽家については、その生まれ育った家庭環境、収入、結婚生活といったように、属性、私生活への関心が高かった。それに対し、女師匠に関してはそれを習得し始めた動機に対する紹介が主であった。

また、女性音楽家と女師匠間では、成功譚の記事の形態も異なり、女性音楽家に対しては、記者が「訪問」する対象となっていた。この点に関しては、秋野弘も以下のように、その様子を述べている。

年々歳々上野の音楽学校を卒業して世の中に花々しい名乗りを挙げて出て行く若い音楽家は女子のみに限つたわけではない。女子なるが故に普通以下の成績の人達でも新聞や雑誌に写真迄も入れて紹介され、訪問記者子の霊妙な筆先に依つて当の本人は夢にも考へた事の無い高遠な芸術上の大理想や、我楽界の将来に対する大抱負などを如何にも当の花子嬢や柳嬢の朱唇から発せられたやうに面白く報道され、皆天才閨秀音楽家、優等卒業生として伝へられる（記事42）。

なお、洋楽に関しても、職業案内書（表4－1）や山田源一郎の見解（職5）においても言及されていたように、社会的要請が高く、教授に特化した職業として、女性教員という選択肢が存在していた。村上信彦によれば、小学校の唱歌科の専科教員になるには、他の科目と同様、高等小学校卒の学歴を前提に、東京府教育会所属の教員伝習所において二年間の授業を受け、準教員になり、さらに検定試験を受けて正教員になる方法の他に、音楽学校の乙種師範科に入学する方法があり、高小卒一六歳以上、高等女学校三年程度の学力及び小学校唱歌集第三編程度の入学試験に合格すれば、卒業年限一年、官費で、義務年限はないという条件のもので、「小学教員の中でも特に割のよい」（村上 1983: 30-31）選択肢であった。高等女学校の教員に関しても、東京音楽学校、東京女子高等師範学校において学費免除や官費支給による免許の取得が可能であった（坂本 2006: 83-100）。

しかし、それにもかかわらず、成功者としての女性教員は、今回検討した範囲では登場していない。婦人雑誌では、同じ教授職であっても、飽くまで専門職たる「教員」で、なおかつ、服務義務によって転任、赴任がつきまとうといったように、実際に「家庭」に収まれる職業ではなかった音楽教師でなく（同上：98-100）、自宅で看板を掲げることの可能な遊芸師匠が現実的な職業として紹介されたと言える。(8)

2　読者がとるべき習得態度

それでは、読者がとるべき楽器の習得態度は、誰がどのように説いていたのだろうか。

まず、音楽家たちからは、洋楽習得と箏、三味線等の邦楽習得との性質の違いが強調される。

音楽の修業は素人の思ふ様に簡易で面白い者では無い。日本の琴三味線ならいざ知らず、洋楽には深遠な楽理があり、是れによつて厳格な教師の指揮の下に技術の練磨をするので、特別の天才なら兎も角も、普通の人では一日に少くも、三、四時間以上の練習を要する（記事1）

日本の音楽と違ひまして、この西洋音楽の方は、取りかゝりが誠に退屈なもので御座いまして、はじめから、これと一つ纏つた曲を初めると云ふ訳には参らず、練習にばかり時を費すので御座いますから、それを能くも御忍耐なすつて皆さんが好くこそお稽古をなさること丶思はれるほどで御座います（記事12）

また、右記と共に、洋楽習得は安易に目指すべきでないものとして、女性音楽家自身から、繰り返し警告が発せられている。

自宅でも四五人の方に稽古をして上げて居ります。〔中略―引用者〕勉強いたせば或る程度までは達しえられるでせうけれど、それ以上の処になりますと天才のある人にはかなひません〔中略―引用者〕専門の音楽家にでもならうといふ人は、まづ自分が其器であるか何うかといふ事を考へなければなりません（記事2）

音楽の天性のある人、無い人にかかはらず、熱心にやれば、誰れでも或る程度までは上達が出来ますが、これも共に同成績を以て行けれるのではありませぬ。孰れ天才のある方は天才の無い人に比べますと、その程度迄行かれるにも、比較的　困難が少いのは明かであります。この時にもう、成功する人としない人とは分る道理で、何は兎もあれ、天才なるものは争はれぬものとお考へ遊ばせ（記事6）

楽才が御座いませんなら、骨を折つて勉強致しました所であまり効がないかとも思はれます（記事12）

何年位習つたら、あんまり恥しくなく弾ける様になるかつて。よくさう云ふ御尋ねがありますけれど、それはもう何とも定められません。天才があつて、熱心に練習をなさる方は、一年位でも

どうやら形らしいものが出来ますが、駄目な方になると、十年習つても一向音が出ませんものね（記事18）

以上のように洋楽に関しては才能の必要性が第一に強調され、その有無に自身や親が気付くことの必要性が説かれる（同趣旨の記事として記事44）。また、以下は、記者の有隣子が柴田環を訪問した記事である。

世の中には、その子供の声が何うであるか。音楽上の天才があるか、何うであるか。音楽の修業に適して居るか、何うか。――そんなことには、一向無頓着で、その大切なお子さんに音楽を学ばされる両親がないでもありません。また、深い考へもなく、一時の出来心なぞで、一かどの音楽家にでもなり終せる気で、音楽の修業をはじめ、修業の途中で、初めて、自分に音楽の才の無いことを発見し、失望して其の修業を中止し、所謂虻も取らず、蜂も取らずと云ふ結果に終らるゝ若い婦人なぞも無いではありません（記事13）

記事13で、有隣子は、「母堂のお話のうちに、環女史のお声が、祖母上そのまゝであると申さるゝ、のを承つて、〔中略―引用者〕成るほど瓜の蔓には茄子はならず、美しい声の子は、美しい声の家から生れるものである。と、斯うしみぐ〵感」じ、「趣味の遺伝」を確認しているように、洋楽習得は安易に憧れるべきではないことを示唆している（記事13）。

また、逆に「自分の天才を頼み過ぎた」ことによって、「堕落」した女性を紹介する記事もある。下田歌子によれば、越路の上層農家に生れた椿子は、小学校、高等女学校で「常に劣等の位置に甘んじ」つつも、「微妙なる旋律をあらはすに最も適」す声も持つことで「天才楽人として郷党の寵児」であり、上京して音楽教習所に通うことを許されるが、「芸術を生命とするものの通有せる一種の空気に包まれて」、次第に「放縦の生活」に押され、「浮いた名を流すことも」多くなる（記事25）。椿子は、ある時、運良く慈善音楽会（「貴婦人紳士たちの居ならんだ、花電燈の眩ゆい大会堂」を思い起こさせる音楽会）への出演を依頼されたにもかかわらず、会に見合う服装がないことに絶望し、某家の令嬢を装って呉服店にて詐欺行為を行うことになったという（同上）。下田は、「虚栄の悪魔」がもたらした事件と締めくくるが、詐欺行為のみではなく、自身の才能への過度な信頼と、東京における洋楽演奏家としての生活の様子もまた「虚栄」の要因と捉えている（同上）。

一方、箏の上達方法に尋ねられることに関して、箏曲家の気駕良次は、次のように述べている。

「兎に角、一心に練習をなさい。」斯う云ふと極めて平々凡々のやうですが、練習は上達の最大秘訣なのであります。音楽は天才に依るとは云ひ條、矢張り熱心な勉強家が最後の勝利を得るので

すから、此『練習』と云ふことを、呉れ呉れも怠つてはなりません（記事19）

既出の、内職に成功した小夜子も「結婚するまでにお琴だけはしつかり稽古して置」いたとし（記事27）、婦人記者も、「琴の稽古は古くからの習慣で、極幼い時分から学業の傍らに習得する事が出来るので、若し後日琴の教授を以て身を立てやうとする方々は、更に其方面に向つて専念に勉強する時には心掛一つに由つて」身につけることができる、としている（記事26）。さらに、箏・三味線に関しては特に「ホンの道楽半分に習ふのと、まさかの時には独立のできるやうにといふ慮で学ぶのとでは、同じ三年の稽古をするにしても、その成績に大した相違ができる」と述べている。具体的には「七歳か八歳から始めて、中絶せずにズッと稽古すれば、女学校の一年生くらゐの頃には、相当に弾けるやうになり」、「女学校をお出になつてから二年ほど十分に本気でお習ひになれば、一人前になるとされる（記事28）。このように、箏、三味線等の遊芸習得に関しては、青少年期からの努力や心がけの重要性が説かれている。

以上のように、女流音楽家と女師匠の成功譚の報じられ方の違いと連動して、邦楽／洋楽間で、読者のとるべき楽器習得態度のあり方も異なる報じ方がなされた。しかも立場上、その楽器習得を促したり、もしくは読者の習得態度を戒めることも想定される音楽家のみならず、婦人記者や女子教育家までもが、習得態度に言及していることは注目すべきだろう。当該雑誌読者にとって良妻賢母主義のイデオローグであったと考えられる彼女達によって、箏、三味線等の遊芸習得は、多分に才能を要する洋楽習得とは異なって、たしなみとしての努力や心がけの度合いによって成果を出すことが可能なもの、すなわち、「最も淑かで且つ品が可く世間体は宜し、年齢には拘はらず、女の世渡としては至極適当」（記事20）、「先づ女の職業の中では体裁がよくて、割合に楽に多くの収入を得られる仕事」（記事24）と無害化されていた。

四　「たしなむ程度」に抑制された楽器習得

本章で明らかにしたことを繰り返すと、音楽の素養を要する職業（女師匠、女性音楽家、女性教員）の案内は、邦楽／洋楽の区別に関わりなく、職業案内書では一九〇〇年代当初より、女性雑誌では日露戦争後より登場した。一方、婦人雑誌においては、女性教員は成功者として登場することはなく、女流音楽家についても、家庭に収まらず、その習得についても、読者が安易に目指すべきでない選択肢、という情報が提供された。一方、箏、三味線を中心とする女師匠に関しては、憧れるべき対象として紹介されるわけではなかったが、その習得については、中・上層女性が青少年期からたしなんでおくことで、世渡りの手段となることが強調されていた。

以上は、次のようにも言い換えられる。すなわち、職業案内書は、音楽のたしなみを要する職業の案内を、邦楽／洋楽の区別に関係なく網羅的に提供しようとしたのに対し、良妻賢母主義的婦人雑誌の情報は、「世渡りとしての邦楽習得／憧れではあるが虚栄を招きかねない洋楽習得」という図式を強調していた。しかし、第二章で明らかにしたように、同時期の邦楽は、「家庭」像と共に欧米から輸入された、家庭音楽としての洋楽演奏の代用として承認されるに過ぎなかった。したがって、女子職業論の隆盛は、図らずも、女子にとって洋楽の代用であった箏の位置を、世渡りの手段、という修養的かつ良妻賢母像に矛盾しない位置に押し上げていったと言える。(9)

このように女子職業論において音楽のたしなみの役割は音楽ジャンルによって大きく異なっていた。洋楽の女性プロは、都市中上流階級の女子の成功像の一つだった。しかし、それは達成困難であるがゆえに憧れの対象であった。玉川（2015）が指摘するように、ドイツにおいては職業音楽家になることが女性には禁じられていたが、日本においても女性の音楽の稽古は、プロにならない程度の心がけとしてのたしなみであることが求められた。というのも、一線を越えて職業音楽家として活躍した戦前期の洋楽の女性音楽家は、経済的に男性を凌ぐことさえあり、そのこと自体が社会的に警戒されたからである。

一方、箏、三味線の場合、その教習が家元制度に基づいて行われてきたために、洋楽ほどには、高女卒や大卒の学歴も必要なく、努力すれば町の女師匠になることは、そう難しいこととはされていなかった。それと同時に、職業としての邦楽の「女師匠」は憧れの対象としては紹介されなかった。戦前期には、夫なくして三味線で身を立てる女性は（やはり）しばしば芸娼妓を連想させ、また夫なくして箏で身を立てる女性には盲者が多かったため、いずれにしても当時としては「家庭」から外れた苦労人を連想させたためである。

注

（1）「職業婦人」は、「戦前期の日本において従来男性の仕事とされてきたやや事務的で専門的な分野や第三次産業の発展に伴い新しく誕生した分野の職業に就いた女性」（山﨑 2009: 93）を指す。
（2）具体的には、幸田延、安藤幸、田中希代子、原智恵子、久野久子、小倉末子、柴田環、柳兼子、吉田隆子など（玉川 2012: 47）。
（3）杵家会（2003）、福田千絵（2012）など。
（4）当時の職業案内書に関する総説として三好（2000）が挙げられるが、本稿では、三好が蒐集した資料に加え、「近代デジタルライブラリー」において、タイトル、目次に、「職業（もしくは就業、自活）」と「女（もしくは婦人、少女）」を含む職業案内書を蒐集した。
（5）本章では、アマチュアであることが前提となる「たしなみ」ではなく、よりニュートラルに「習得」と表現していく。
（6）①「職業」、②「音楽」、「楽器」、芸能名、楽器名など、楽器習得に関わる用語、③「楽壇」、「音楽家」、「師匠」などの楽器習得者に関わる用語。
（7）以下、便宜的に、洋楽教習を生業とする女性を「女性音楽家」、邦楽教習を生業とする女性を「女師匠」、双方を総称して「女流プロ」、初等・中等音楽教員の女性を「女性教員」とする。また、以下女流プロの氏名に関して、本文においては、戸籍名で表記することとする。

(8) このような女流プロに対する、邦楽/洋楽による着目のされ方の違いの背景として、明治末、特定の「閨秀音楽家」に対するスキャンダルが起こったこと挙げられる。職業熱が高まった日露戦争後の一九〇六年、幸田延の年俸が、一八〇〇円のほかにレッスン料等で約二三〇〇円に上り、当時華族女学校学監であった下田歌子に次ぐものであったことは世間を騒がせている(家庭総合研究会 2000: 324、萩谷 2003: 161-180)。また、一九〇八から一九〇九年にかけては、柴田環の破局問題が大きく取り沙汰された。柴田環は、日本人では初めて世界の檜舞台に立ち、二〇年以上欧米で活躍したソプラノ歌手で、オペラ『蝶々夫人』の主役を作曲家のプッチーニから絶賛される程であったが、東京音楽学校進学の条件として、父親との約束に従って結婚した藤井善一との生活は、独唱会や授業、弟子へのレッスン等が重なり、善一の仙台転勤を拒否したことを契機に破局する。その際、新聞各紙に連日報道されたのみならず、藤井との再会を逢い引きと誤報され、また別の男性(東京帝国大学付属医院副手内科医であった三浦政太郎)との再婚が話題になるといったように、芸術家の「品行問題」が浮上していた(萩谷 2003: 175、田辺 1995)。

(9) 本書と対象とする時期は異なるが、この結果は、今田絵里香が述べる「芸術主義」とも合致する(今田 2007: 129-132)。明治後期から大正期において、良妻賢母主義的女性雑誌もまた、女流音楽家への道を積極的に冷却していたと言える。

第五章　行儀作法としての音楽のたしなみ

本書が視点として設定しているたしなみという能力観は、日常的な心がけに基づく技芸の習得に加え、いざとなればその素養を身体的に披露できるような状態を想定している。すなわち、当時でいう「交際」「社交」[1]の場面（以下、「交際・社交」と略記）において、その披露が必要になるのが「たしなみ」である。この行儀作法としてのたしなみという観点から、明治後期から大正期における女性のたしなみ像[2]を明らかにするのが本章の目的である。

本章では、この課題に取り組むために、日常生活における理想的な交際・社交上の振る舞いを体系化したメディアとしての礼儀作法書（以下、「礼法書」）に着目する。

礼法は、「礼の意思をあらわすための、動作に関する式法」（福田ほか 2000: 810）であるが、いわば「個人の心」と「法律」の中間地帯であり（熊倉 2014: viii–ix）、時代的変化に晒されてきた。矢野智司によれば、明治以前において「礼儀作法」は、宗教的・政治的・道徳的・家族的・審美的な身体技法であったが、外発的な西洋化（西洋式マナーの導入）と近代化（学校と軍隊による国民の作法の訓練）によって、マナーという単一の機能へ縮減した（矢野 2008: 249–251）。

礼法・マナーは、守ることもできるし破ることもできる自由な中間領域の準ルールであるがゆえに、それは人柄と品性を映しだす鏡とみなされ、その習得度は階級上の差異化戦略につながる側面がある（矢野 2008: 255–256、矢野 2014: 16–20）。特に、都市新中間層などを含む階層形成がなされた一九世紀末から二〇世紀初頭に整えられていった礼法・マナーが、戦後の新中間層の生活で理想とされた振る舞い方にも影響を及ぼしたことは想像に難くない。

このような礼法・マナーの性質は、殊に近代日本音楽史の問題としてとらえ返す時に、音楽のたしなみが日常生活上のどの範囲に関わってくるべきなのかという論点や、「日本における西洋音楽の導入は、それにいち早くアクセスした中上流階級の音楽に対する振る舞い方に対し、どのような葛藤を生じさせ、そしてその葛藤はどのようなレトリックによって解消されていったか」という論点[3]、逆に家庭における邦楽器に対する扱いはどうすべきなのか、といった多様な論点を生むこととなる。礼法書における音楽のたしなみの披露のされ方を観察することで、身体的規範の観点からそのイメージを把握することが可能となる。

一　資料

戦前期の礼法書の刊行動向については、江口・住田（1983）や山﨑（2010）などの先行研究でも明らかにされている。まず、学校教育との関連としては、文部省の三回の政策転換により、学校向け礼法書の刊行がピークを迎えたという。文部省が、①一八八一年の小学校教則綱領において修身科の一部分に「作法」として礼法教育を取り入れたことで、一八八三年に初めて『小学作法書』を礼法教育の教科書として刊行した時期、②一九一〇年に『小学校作法教授要項』、一九一一年に『小学校作法教授要項』『師範学校中学校作法教授要項』、一九一三年に『小学校作法教授要項』『師範学校中学校小学校作法教授要項』を立て続けに刊行した時期、③一九二九年に帝国教育学会から『〈文部省制定〉小学校作法要項解説』、『〈文部省準拠〉女学校作法要項解説』、一九三〇年に中等教育学会から『〈文部省調査〉〈中等教育〉作法教授要項』を出版した時期、である（山﨑 2010：26）。また、軍・保安向けの礼儀作法書も、一九一〇年に、陸軍礼式の陸普四九〇五号での改正、内務省訓令第十号乃至第十二号の発布、が重なったことで、その直後に刊行がピークを迎えている（同上：26-27）。しかし、これらにも増して戦前期を通じて刊行数が多かったのが、上記以外の家庭一般向けの礼法書であったという（同上：25-26）。

本章では、陶・綿抜（2006）に紹介されている礼法書を収集する。陶・綿抜（2006）は、戦前期（明治初年から昭和二〇年）において日本国内で出版された礼法・礼儀作法・マナー等を主な内容とする著作物（芸道、神道など特定の専門領域のものを除く）四〇一点の書誌情報を収録したものである（同上：4）。具体的には、①標題、②刊行年月日、③叢書名、巻次、④編著者名、⑤出版地、⑥出版者、⑦頁数、⑧冊数、⑨判型、⑩装丁、⑪形態、⑫付録、⑬定価、⑭郵税、⑮量目、⑯書誌情報収録書誌、⑰所蔵館、⑱解題、⑲序文（諸言、端書など）、⑳目次、の二〇項目が整理されている（同上：4）。

山﨑（2010）が指摘するように、戦前期に出版された礼法書は、陶・綿抜（2006）に収録された礼法書に限られるわけではない（同上：23）が、同事典は、「⑱解題」「⑳目次」なども記載されているため、礼法書の内容やその変容の傾向を把握するのに適している。(4) ここでは、書誌情報として「⑳目次」に音楽関連の記述がある礼法書(5)（目次が省略されている礼法書はのぞいた）のうち、国立国会図書館所蔵、(6) 筑波大学附属図書館、三康図書館において入手可能な明治後期から大正期に発行された礼法書（男性向けのものを除く）中の記述を分析していく。

二　礼法書にみる

表5-1は、一八九〇年代から大正期までの、音楽関連の記述がある礼法書一覧である。この表から読み取れる通り、同時期に一貫して女性が作法を求められた楽器は基本的に箏であった。

以下、「楽器に関する知識」「演奏方法」「進撤」「来客」「音楽会」といった分類ごとに実際の記述内容を検討していく。

1　楽器に関する知識

記述内容の第一分類として、楽器の各部の名称や附属する道具に関する知識の提供が挙げられる。例えば以下は、箏のジャンルに関する説明である。

琴には一絃琴二絃琴或は月琴木琴などの種類あれども先づ普通に琴とし云へば須磨琴をさすものにて音楽中最とも優美なるものなり（礼4）

また、同礼法書においては、「今はまたオルガン、バイオリンなどの西洋音楽も行はれて其数多けれども必要少なければここには畧しね」（礼4）というように、省略されている（資料5-1）。

しかし、大正期には、洋楽器の説明の前置きとして、女子によるピアノやヴァイオリンといったたしなみの必要性が説かれている。

表 5-1　1890 年代から大正期における礼法書と音楽のたしなみ

ID	タイトル	編集著者	発行年	出版社	進撤			音楽会	その他
					箏	三味線	ピアノ		
1	日本の裁縫と女礼〈上〉／〈下〉	中島知子著、岡田広鶴画	1892	中近堂	○				
2	日本諸礼独稽古	岡野英太郎	1892	松栄堂（柏屋）、井冽堂	○	○			
3	〈新撰〉男女諸礼式	井上勝五郎	1893	薫志堂	○				（婚姻の礼）小謡 小謡の曲と座席との関係
4	〈閨秀錦嚢〉日本女礼式〈一名婦人一代重宝鑑〉	坪谷善四郎	1893	博文館	○				琴のたしなみ
5	日本女礼式	国分操子	1896	大倉書店	○	○	○		音楽史
6	〈新選挿画〉日本諸礼式	佐藤勉	1898	偉業館	○				
7	新撰小学女礼式	中島義弌	1899	博文館	○				琴の装束飾
8	〈内外交際〉新礼式	平田久	1899	民友社				夜会（或音楽会）	
9	〈女子〉普通礼式	下田歌子	1900	博文館	○				
10	日本女礼式大全	坪谷善四郎	1901	博文館	○				琴の心得
11	日本女礼式	中川愛氷	1902	明昇堂	○				琵琶糸包
12	〈新編〉普通礼儀作法	竹園樵史	1902	井上一書堂	○				
13	日本礼儀作法	柴垣馥（蜃城）	1902	柏原圭文堂	○				
14	女子容儀作法	女学誘掖会	1903	武田福蔵	○				
15	新撰女子作法書	中島義弌	1903	大橋省吾	○				
16	普通女礼式	香雲軒	1903	盛林堂	○	○			
17	新撰日用女礼式	中島義一	1906	博文館	○				
18	西洋男女交際法	宮本桂仙	1906	博文館			○		（訪問及談話）音楽
19	女子礼法の栞	大谷貞子	1906	修学堂	○				
20	〈修正〉女子作法書〈実習之部〉	佐方鎮子、後閑菊野	1907	目黒書店、成美堂	○	○			
21	新編礼式	嵩山堂編輯局	1907	青木嵩山堂	○				
22	和洋礼式	大橋又太郎	1907	博文館					（舞踏の礼）音楽
23	女子礼法教科書〈高等小学校高等女学校家庭教育用〉	中島義弌	1908	博文館	○				
24	〈女子〉礼式作法及家訓	深谷斗奈子	1908	広文堂書店	○				
25	〈正式〉男女諸礼図解	津田房之助	1909	小川尚栄堂	○				謡曲の事

26	明治の礼式作法	松岡止波子、石井泰次郎	1909	弘学館	○				
27	明治諸礼式	礼法実習会	1909	中川明善堂	○	○			
28	作法書	小田切浦乃、法貴すゑ共著、後閑菊野校閲	1910	元元堂書房	○				
29	欧米礼式	石川義昌	1911	博報堂				音楽会招待状	
30	〈文部省令適用〉 国民礼法講義	松崎双葉	1911	隆文館	○				
31	家庭節用	女子裁縫高等学院	1912	女子裁縫高等学院出版部	○				
32	礼式と作法	佐方鎮子	1914	博文館	○				
33	国民作法要義	甫守謹吾	1916	金港堂書籍				芝居・寄席・講談会・音楽会等に出席したるとき慎むべき作法	「君が代」を唱ふる時の心得
34	礼法の巻	下田歌子	1917	実業之日本社				音楽会	
35	〈図説〉 女子作法要義	甫守謹吾	1917	金港堂書籍				講演会・音楽会等に出席したる時の心得 芝居・寄席・講談会・音楽会等に出席したる時慎むべき作法	歌舞音曲停止の心得 外国の国歌を奏する時は其の外国人と同一の態度を執りて敬意を表すべきこと
36	女用訓蒙図彙　五巻	奥田松柏軒	1917	だるまや書店	○				
37	普通女礼式	梶山彬	1918	盛林堂	○	○			
38	〈最新〉 欧米礼儀作法	立川文夫	1920	隆文館				音楽夜会	
39	現代の礼式作法：男女社交一般	大畑匡山	1920	岡村書店	○				
40	作法と婚礼式	原田春雨	1921	立川文明堂	○				
41	〈新撰〉 日本諸礼式大全	日本礼節会	1922	昭文館本店	○				琴の遣ひ方
42	〈女子〉 作法教科書	法貴末子	1923	元元堂書房	○				
43	礼儀作法の栞	礼法実習会	1924	交友堂書店	○	○	△		楽器の話
44	現代作法精義	甲斐久子	1925	平凡社	○		○		洋琴風琴の弾奏を請ふ場合 蓄音機

注）「△」は、表記があったものの、省略されていたことを意味する。

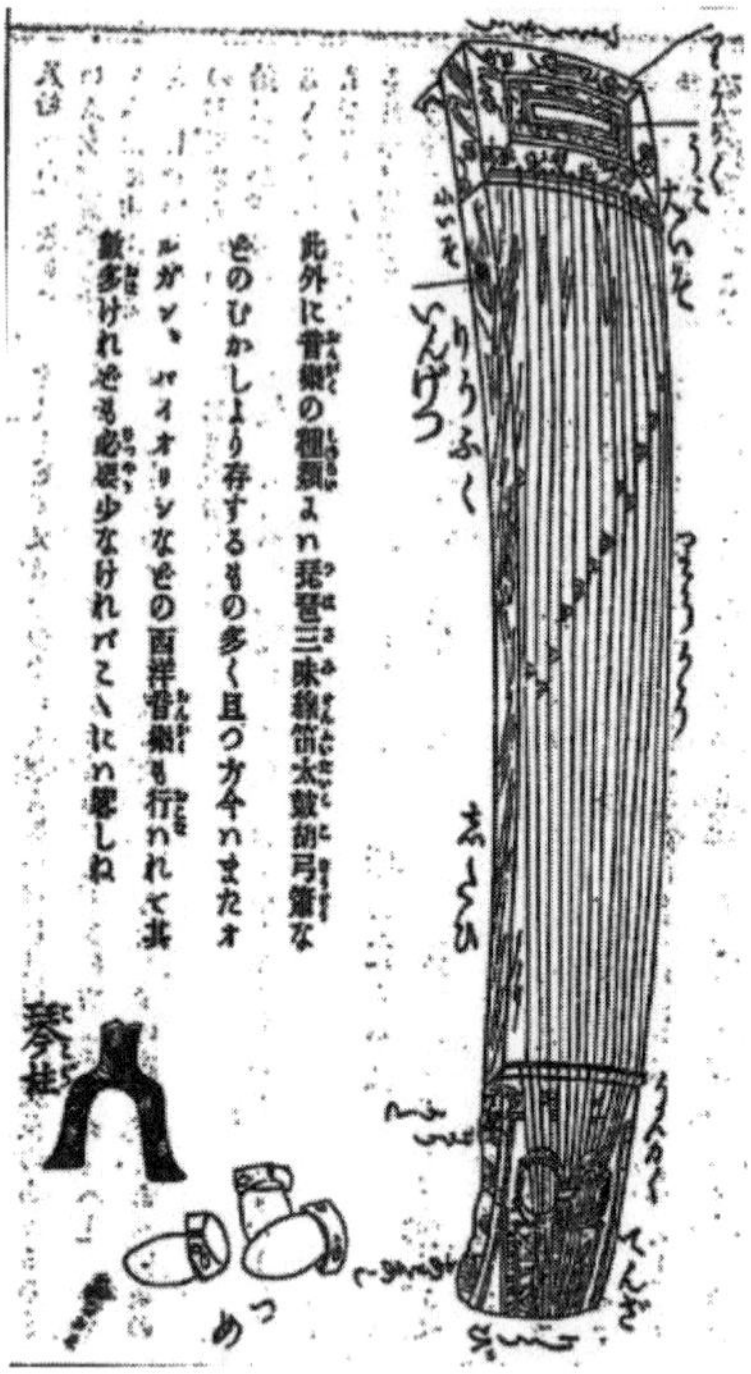

資料 5-1　礼 4

出典）坪谷喜四郎（1893）『〈閨秀錦嚢〉日本女礼式〈一名婦人一代重宝鑑〉』（博文館）より転載。

抑々欧米人の音楽思想に富み、之を愛賞することは到底邦人の夢想だもせざる所である。されば如何なる貧乏人の家庭にてもピヤノの一台位備へ置かざる所はなく、止むを得ざれば蓄音機位の設備は必ずあるものである。故に欧米にては幼少の時より規則的に音楽を学ばしめ、特に女子に取つては結婚要素の第一として、日本における裁縫、茶湯、活花の如く必要欠く可らざるものとなされてある。されば各都市の公園には音楽堂の設なき所無く、公開音楽堂、オペラハウス等の如きもの又到る所にある。其他家庭的たると社交的たるとを問はず、舞踏会音楽会の盛大なるを見ば亦以て其の一斑を察する事が出来るであらう。（礼38）

今やピヤノとかバイヲリンとか云ふて種々の洋楽が流行てゐる、音楽は其何種にかかはらず、精神をして爽快ならしむるところの徳あるものにて女子の此を弾奏し能はぬまでも、其の種類に就ての、一ト通は是非とも、心得をかざるばからざる必要があるのであるからして、左に楽器の事につきて少しく述べましやう。（礼43）

このような記述内容の変化は、第二章で検討した洋楽器導入を理想化した家庭音楽論とも呼応している。

2 演奏方法

記述内容の第二分類として、演奏方法に関わる教示や留意点を挙げることができる。以下は箏に関する記述である。

箏を弾くには右の手の親指、食指、中指の三所に義甲とて長き爪をはむべきものとす尤も三指ともそれぞれ称へありて親指を前の爪、中指をを向ふ爪、食指を脇爪といふ。（礼5）

琴の心得　熟練の人はさることもなけれど、慣れざるうちは、轍もすれば、狼狽へて過不及の度に迷ひ変調となり、或は柱を倒し、片手にて立なほすこと能はず、面を赤くして、気を揉み、益ます取りのぼせて平生弾くことの出来る曲までも忘れ、又は弾き損ふて面目を失ふことあるものなれば、必らず始めにひき試ることを忘るべからず〔中略—引用者〕箏は高尚優美の技芸なれば、弾ずるに当りて其の態度は必ず正しくすべし、而して幼き人には向へ手の届かざる為に、知らず知らず自ら膝にて箏を押出し、益ます届かぬまゝに、また膝を進めて押出し、又進みて、又押出し一曲の中に始めに坐したる所より一尺も前に出づることあり、斯かる場合には膝を進めずして箏を引よせる様に注意すべし（礼10）

同様に、洋楽器の仕組みと合わせて演奏方法を紹介する礼法書もある。

洋楽「オルガン」は空気の作用にて足にて之を踏み指頭にて音階の定まりたる箇所を押すものなり。「ピアノ」は其構造法「オルガン」と少しく異なれども使用法は甚しき大差あることなし（礼5）

3 進撤

記述内容の第三分類として、進撤を挙げることができる。

まず、箏については、その授受の方法に加え、爪を始めとする付属物の扱い方や、持ち方に関しての記載がある。

其れから大勢さまの前へ、琴や鼓や太鼓を持出すことがございます、是れは御婦人方のお道具でございますから、出し方をお知りなさらないとは言られません、能く覚でお置なさいヨ、琴は左のお手で琴の腹の中程の下を持ち、右のお手で龍角の本を抱へて持出し、弾く者の少し手前で下に置きまして、龍角の方を向けて出すのでございます、若し柱も脱したのでございましたら、柱袋も懐へ入れて琴の下に置き袋の口を先へ向けて、箱と供に龍舌の方へ置くのでございます、若

資料 5-2　礼 11

出典）中川愛氷（1902）『日本女礼式』（明昇堂）より転載。

しお席が狭うございましたら、直ぐ弾勝手に持て出るのでございます（礼1）

右の手に真中を下より抱へ、左の手にて龍舌の所を持ちて出て、下におきて客の弾かるるやうになし、足の所をすこし進めてまゐらすべし、又琴爪は懐中して出て、少し右の方に向いて取出し、客の右の方にまゐらすべし、琴は長きものなれば二人して持出づる方よろし、二人して持出づるには、横におくり足るべし、貴人の琴爪は台に載せて持出づるをよしとすれば、琴を据えて後持出づべし（礼11、資料5-2）

琴・三味線の進め方

花のあした、月のゆふべなどに親しき友垣が相会して、四方八方の楽しき物語りの序でに、糸竹の一節を奏で合せんなどいふことのあるものなれば、琴や三味線などの取扱も常に心得おくべき作法の一つであるに、若し其の心得なきが為め、思はぬ恥を蒙ぶるものである。（礼37）

琴を進められたる時は、先づ会釈して後弾きよき位置に直し、爪をかけて調子を試み、然る後に弾じ初めるのであります、爪は自分が予て要意して居つた時は、それを使用するのは勿論の事であるが然らざる時は一応挨拶して後、先方の物を用ゆるのです、さて弾じ終りたる時は、自分の物なれば元の如く懐中に納め、先方の物ならば丁寧に袋或ひは箱に納め、挨拶して元の位置にさしおき、さて琴を少し前の方に押し出し、自分は少し引き下りて会釈するのであります。（礼41）

ところが琴を弾ずる人が身分ある、貴き人でしたらば、琴を先に出し爪を盆に載せ袋ならば緒を解き、箱なれば蓋を取つて盆に載せたままにて、其人の右の方へ両手で差し出すのが作法であります。（礼43）

なお、三味線については、ヴァイオリンや琵琶等の楽器とまとめて、その授受の方法が記載されている。

竿物　附ヴワイヲリン
三味線、胡琴杯の類は竿の方を先方の左になし進むべし
「ヴワイヲリン」は糸を上になさずして胴を横に置くべし（礼2）

三絃及び月琴
　出し方　三絃及び月琴の類は撥を胴の所に挟み轉軫の下即ち棹の上部を左手にて持ち右手を添へて持ち出て跪きて之を取直し人の弾かるるに便りよきやうにして進らすべし
　受け方　左手にて棹を受け右手にて胴の邊を抱へ会釈して此方へ引き寄せ調子など試みて後に弾くべし但し何れも場合によりては下にさし置くも妨なし
引き方　弾き終りて置かれたる時は左右の手にて少し引き下げ右手にて棹を持ち真直に立てて左手にて持ち出だし時の如く持ちて立ち帰るべし（礼20）

琵琶の出し方
琵琶は撥面即ち其胴に撥を挟み棹の先……琵琶首の部を左の手にて持ち、胴を右の手で下より抱えて、我が方に少しく向て持ち出て、客前に跪きて琵琶をその儘客の方に向けて手を延して差出すと同時に、頭を少しく下て、客の受取を待つて其ままで二膝後へ下つて両手を突き、軽く一礼

して立上りつ退りまするのです。
注意　月琴、三味線の類も琵琶の通りの作法に依て持ち出るがよろしく、二絃琴などの種類は琴と同一の作法でよろしいのです、併し此れ等の物が箱に蔵められてましたらば、箱のままで両手で持ち易いやうに持て、客の右の方へ差し出すがよいのです。（礼43）

4　来訪時の礼法・マナー

前項の進撤は、楽器の授受のうち、物の取り扱いに重点を置いたものだが、より明確に、来訪時への配慮を表す記載内容を第四分類として挙げることができる。
例えば次のように、箏の演奏を請われた際の手順が記載されている。

来客のうちにて音楽に堪能なる人ある時は場合によりて一曲をなど所望すること無きにあらず此の際これを進むる方法を左に記るすべし。
出し方　〔中略…引用者〕
受け方　客は再三辞退の後会釈して後先づ琴を弾きよき位置に直し爪をかけ調子を試み然る後に弾ずべし爪は己れ予てより用意して懐中し居りたる時はそれを用ゐるのは勿論の事なれども然らざる時は一応挨拶して後先方の物を用ゐて差支なし〔以下略―引用者〕（礼32）

資料 5-3　礼 44「洋琴の弾奏を請ふ図」

出典）甲斐久子（1925）『現代作法精義』（平凡社）より転載。

上記の礼法・マナーは、大正期末に登場したピアノのマナーにも引き継がれている。下記では、主人は客よりも簡単な曲を弾くように促している。

挙止動作
洋琴の弾奏を請ふ場合
洋琴・風琴等の弾奏を乞はうとするときには、先づ蓋を開き、椅子を正しくして下座に立ち、慇懃にその弾奏を乞ふ。客の弾奏中は己れ下位にあつて謹みて拝聴する。また客若し主人に弾奏を乞ふときは一二回辞退の後弾奏するもよい。その際客の弾かれた曲よりも簡単な曲を奏するがよい。（礼44、資料5－3）

5　音楽会

最後に、記述内容の第五分類として、音楽会を挙げることができる。

ここで述べる「音楽会」は、礼法書の基調が欧米式か日本式かで、その催しの性格が異なる。前者において、「音楽会」は以下のようなホームパーティーを通じた社交も含むことを意味している。

夜会（或音楽会）

夜会は通常夜八時半より九時半の間に始め、散会の時間は其の場合により遅速あるべければ予じめ之を定め難きも、大抵十二時過より二時頃に終るものとす。此の会の主とする所は食卓の饗応よりも寧ろ賓主互に快談し旧友を温め新友と親しむにあれば、会集中に衆客の気を養ひ慰さめん為め茶或は酒を供すと雖、其の饗具食卓の布設は晩餐会に比すれば簡易を旨とし、通常食卓上に殺数品を陳列し羹汁の類を用ゐす（舞踏会には羹汁を用ゆることあり）、而して賓客には一一椅子を供するを要せず、又給仕をして客毎に食品を配せしむるにも及ばず、主客共に其の好む所に随ひ擇む所に任せて立食す。但し飲料の類は給仕人をして衆客の求に応じて供給せしむべく、余興として舞踏、音楽、若しくは煙火等の設けあるも可なるべし。（礼8）

西洋では音楽が盛であるから中等以上は申迄もなく下等の中等位までの家には大概ピヤノやバンジョー等の楽器を備ふ故に三四人の友人が会するときは早速音楽を奏し歌を唄ふ其の時には主人

の勧めを待たずしてピヤノを奏し歌を唄ふべからず若し進みて之を欲せば先づ主人の許可を請ふべし。又若し自分が真に之を厭はざれば主人の請求を拒まず早速謠ひ奏すべし是れ礼なれば決して躊躇すべからず若し客が第二回拒みし時は三度の請求をなすべからず是れ客に対して無礼なればなり。（礼18）

音楽会に人を招待する場合には左の如き文例に依る。第一例は正式の招待状の認め方を示し、第二例は略式でアット・ホーム・カード流に認むる方法を現はしたるものである。又た更に簡単なるは第三例の如く夫婦名刺若くは主婦名刺の左の下隅に『木曜日、一月十日、自午後四時至午後七時―音楽』と附記して送るものもある。（礼29）

音楽夜会　夜会舞踏と同方法なるも一方は舞踏を主とし、他は音楽を以て主意とする点の異なるのみである。されば舞踏に於けると等しく、非公式は家庭にて催し、公式社交的又は研究的にして多人数なる場合はホテル大広間、会堂又は劇場等に於て催すものである。（礼38、傍線―引用者）

一方、後者の日本式の礼法書では、音楽会に関する礼法・マナーは講演会等と同分類とされ、静粛を守ることを重視している。

一、講演会・音楽会等に出席中半途に於いて其の席を退く時は、既に其の講演者・演奏者に対して無礼なるに、跫音を高くして退席し、他の人々に別れの挨拶を述ぶるなどは、聴衆に対して不徳の行為たり、故に已むを得ず途中退席する時は、甲の講演終りて乙の講演に移る際、静かに其の席を離れ、講演者及び聴衆の妨げにならざる様にすべし。

一、芝居・寄席・講談会・音楽会に於ては、来会者互に秩序を正し、静粛を守り、他人の妨げにならざる様に注意すべし、例へば隣人と私語し、或は高声を放ち、或は著帽のために後人の目を遮ぎるなどの如きは不作法なり。慎むべし。（礼33）

各種の風雅なる会に往く事は、大概斯道に入つて学んで然る後に会するのが普通でありませうから、茲に多くを贅言するを要しますまい。併しながら自分は未だ斯道に入らぬけれ共、是非長者に随伴しなければならない事情で往つたとか又はふと其の会の席に往き合せたとかいふ様な、已むを得ぬ場合に到達した時の為に、一寸注意の、一端を記して失礼にならぬ丈の心得にもと書き加へました。〔中略―引用者〕音楽会は華やかな会合ですから幾分か前者の注意とは違ひませう。例之ば多少言語を交へる位は差支ありますまいが、演奏中は最も静粛にあらなければなりませぬ。（礼34）

三　西洋化が模索され続けた音楽のたしなみの披露

本章では、行儀作法としてのたしなみの観点から、一九世紀末から大正期の礼法書の記述を検討してきた。ピアノのたしなみを通じた交際・社交に関する記述は、大正期末の一件のみしか確認できなかった。第二章で確認したように、同時期における家庭音楽論では、ピアノをはじめとする洋楽のたしなみを通じた一家団欒が目指されていたが、礼法書の記述状況を見る限り、身体的なレベルでは、洋楽を通じた交際・社交のあり方は模索期にあったと考えられる。また、欧米式の礼法書では、一貫して、ホームパーティー風の音楽会も射程に入れられており、そこにおける音楽のたしなみを通じた振る舞い方について記述があったが、日本式の礼法書では、大会場における公衆マナーに重点が置かれていた。第二章で確認したように、家庭音楽論では、家庭音楽会の開催等が謳われることがあったが、日本においては、音楽のたしなみを通じた（家族も含む）公私の領域の中間領域による「市民音楽愛好家」のあり方が議論されず、披露の観点からみた場合、大正期末までに、たしなみ像の西洋化は十分に果されなかったと考えられる。

注

（1）伊藤かおりによれば、明治中期から大正期の修養書や小説では「交際」「社交」はほぼ同義で使用されていたが、後者が社会での個人間のつきあいを意味するのに対し、前者は社会的なつきあいから親族間のつきあいまでをふくみ、指し示す意味の射程が広い（伊藤 2015: 32）。

（2）本章では、資料上の制約から女子のみのたしなみの抽出が困難なため、女性のたしなみを考察対象とする。

（3）この点については、竹内里欧による「紳士」の表象に着目した礼法書の研究（竹内 2002、2003）が参考になる。

（4）同様の研究の例として、呑海（2011）、呑海・綿抜（2012）など。

（5）ここで述べる「音楽関連」とは、「音楽」、「唱歌」、「国歌」、楽器名、楽器使用に必要な道具名、「ラジオ」、「蓄音機」を含む記述であり、厳密に音楽を指すか定かではない語（「公会堂」「遊芸」）を目次に含む礼法書は考察の対象から外した。

（6）NDL-OPAC（最終アクセス日：2014/09/03）参照。

（7）玉川（2015）は一九世紀市民の音楽文化と女性の音楽実践の場として、公開・見ず知らず・提供音楽という特徴を持つ「公開音楽会」、私閉・顔見知り・社交音楽という特徴を持つ「市民家庭における音楽実践」、その中間の性質を持つ「市民音楽愛好家の集い」を挙げている。

第六章　花嫁修業というイメージ
――「趣味」の和洋折衷化と結婚準備のための修養化

一　女子のたしなみが遭遇した「趣味」

1　音楽のたしなみ像の変遷

本書で明らかになったことをまず、音楽のたしなみ像の変遷の観点からまとめてみよう。明治後期から大正期にかけ、箏、三味線、ピアノなどの音楽をたしなむ理由、程度、身体的規範のあり方が女子教育家等を中心に活発に論じられていた。そのたしなみ像は以下のような変容を遂げていった。

まず、心がけの点から音楽のたしなみ像を確認する。

家庭婦人像と音楽のたしなみの関係は、「家庭」の構成要素としてメディア上で語られ始めていた家庭音楽論から説明することができる。基本的には家庭への洋楽の導入を想定していた家庭音楽論は、音楽雑誌に登場するのみならず、婦人雑誌や家政・修養書における箏、三味線に対する議論にまで影響していた。「家庭音楽」の登場によって、一家団欒という目的達成のため、女子の音楽のたしなみの社会的位置づけが総体的に向上し、箏や三味線といった邦楽のたしなみも、妻、母、娘が「家庭音楽」を実践するための「趣味」や職業準備として再定位されていったのである。女子像の観点から音楽のたしなみを検討すると、「令嬢」にとって、「趣味」はテイストとして涵養するのみならず、ホビーとして量的確保する対象へと変質しており、洋楽のみへの傾倒を避け、三味線をはじめとする邦楽のたしなみの表象を必要とした。それに対し、少女雑誌上の「少女」は、ピアノをはじめとする洋楽を通じた家庭音楽を天真爛漫な態度で実践し、もしくは音楽家になる夢を抱く存在として表現された。同年代の女子であっても、「家の娘」としてのジェンダー規範と、そこから抜け出し、女学校や雑誌で活躍する「少女」としてのジェンダー規範では、求められる音楽のたしなみ像が異なっていたと言える。

女子職業論の観点から習得程度について検討した結果、ピアノを始めとする洋楽の「女性音楽家」、箏や三味線の「女師匠」の途のいずれもが、中上流階級女子にとっての現実的な選択肢にはなりづらかった。洋楽の女性プロは、女子の「成功」像の一つだったが、それは達成困難であるがゆえに憧れの対象とされていた。一線を越えて職業音楽家として活躍した戦前期の洋楽の女性音楽家は、経済的に男性を凌ぐことさえあり、そのこと自体が社会的に警戒されたことも背景となっていた。一方、邦楽の場合、その教習が家元制度に基づいて行われてきたために、洋楽ほどには高女卒や大卒の学歴も必要なく、町の女師匠になることは、努力すればそう難しいこととはされなかった。しかし戦前期には、夫なくして三味線で身を立てる女性はしばしば芸娼妓を連想させ、また夫なくして箏で身を立てる女性には盲者が多かったため、いずれにしても当時としては「家庭」から外れた苦労人を連想させ、職業としての邦楽の「女師匠」は憧れの対象とはされなかった。このように、ジャンルを問わず、音楽を生業とすることは、中上流階級女子の選択肢として現実的でなく、あくまで「たしなむ程度」に留めておくことが求められたのである。

一方、行儀作法としてのたしなみの側面から検討するために礼法書の分析した結果、明治後期から大正期の礼法書において、ピアノのたしなみを通じた交際・社交に関しては、殆ど記述がなかった。既述のように、同時期における家庭音楽論では、ピアノを始めとする西洋音楽のたしなみを通じた一家団欒が目指されていたが、礼法書の記述状況を見る限り、身体的なレベルでは、西洋音楽を通じた交際・社交のあり方は模索期にあったと考えられる。また、家庭音楽論で謳われた家庭音楽会の開催等も、日本式の礼法書には登場せず、日本においては、音楽のたしなみを通じた家族も含む公私の領域の中間領域による「市民音楽愛好家」のあり方が議論されず、女性にとっての音楽のたしなみは専ら習得面が強調された可能性が示唆された。

　このように、明治末期から大正期において、音楽のたしなみのジェンダー化は、心がけの面においては基本的に「家庭」導入によって促されていたが、「家の娘」「少女」といったジェンダー規範によって、望ましい音楽ジャンルは異なっていた。近い将来に結婚を意識すべきとされた「家の娘」としては邦楽の趣味も必要とされたが、そうではない「少女」は洋楽への憧れを抱き続ける存在として表現され、そのたしなみの効果は家庭音楽から職業達成にまで及ぶかのようだった。ただし、習得程度として、ジャンルを問わず、たしなみが高じて音楽を生業とすることは望まれなかった。また、音楽のたしなみを通じた交際・社交術の議論は十分展開せず、専ら趣味として修養する態度が望まれたと言える（表6－1）。

　本書の知見を近代音楽史の知見としてみれば、明治末期から大正期の日本において、ピアノ、箏、三味線といった各音楽ジャンルが、近代化するジェンダー規範との関係によって遂げたイメージの変化を把握することができる。同時期において、ピアノをはじめとする洋楽が女子のたしなみの対象として理想化されていったが、遊芸的イメージが強かった三味線（長唄）も、結婚生活における家族への慰労の意識を強く持つべきとされた家庭婦人や「家の娘」の趣味の対象として挙げられた。一方で、どのジェンダー規範とも矛盾を来さないジャンルとして、箏が再発見されていったのもこの時期であったとも言える。

　なお本書の知見を、音楽をめぐる学校教育史研究の知見と比較しておきたい。土田陽子は、女子

表6-1　本書のまとめ

<table>
<tr><td colspan="6"></td><td>ピアノ</td><td>箏</td><td>三味線</td></tr>
<tr><td rowspan="5">音楽のたしなみ像</td><td rowspan="4">心がけ</td><td rowspan="3">理由</td><td colspan="2">家庭婦人</td><td>第二章</td><td>理想的な家庭音楽</td><td colspan="2">実用性ある家庭音楽</td></tr>
<tr><td rowspan="2">女子</td><td>家の娘（「令嬢」）</td><td rowspan="2">第三章</td><td colspan="3">趣味</td></tr>
<tr><td>「少女」</td><td>家庭音楽実践／職業的成功</td><td>稽古事</td><td rowspan="3">（ほとんど言及なし）</td></tr>
<tr><td colspan="3">習得程度</td><td>第四章</td><td>成功か虚栄か</td><td>修養</td></tr>
<tr><td colspan="4">行儀作法</td><td>第五章</td><td>西洋における交際・社交</td><td>日常生活</td></tr>
</table>

教育（高等女学校）における音楽教育の必要性をめぐる議論を検討している。土田によれば、女子にとっても、家庭の主婦としての生活に資さない音楽は、昭和戦前期までさほど重要な学科目とは捉えられておらず、ピアノやヴァイオリンなどの器楽教育に対しては「生意気」「虚栄心」に繋がると否定的な意見を投げかける者さえいた（土田 2014: 197）。しかし、一九二〇年代から一九三〇年代については、①一九二〇年代以降、音楽教育関係者たちが、都市部を中心に沸き上がった新しいタイプの大衆音楽、すなわち下品で軽薄な流行歌（＝「正しくない音楽」）から児童・生徒たちを守り、自分たちが認める芸術的な「正しい音楽」を通して〝円満な人格〟と〝豊かな情操〟を育もうとした、②一九三〇年代以降、皇室女性の音楽会への出席が増えたことで、「正しい音楽」を嗜むことが中・上流女性にふさわしい高尚な趣味としてお墨付きを与えられるようになり、さらに女学生たちは、将来的に主婦・母として「一家団欒の演出者」となること、「情操教育を掌る」ことが期待されるようになった、③一九三〇年代中盤以降に「音楽の社会化」が進められる

中、男女で音楽活動が分化し始めた、という状況が明らかにされている（同上：198-200）。

この土田（2014）の知見と、たしなみという学校外の教養も視野に入れて分析した本書の知見を比較すると、大正から昭和戦前期の高等女学校における女子の音楽をめぐる議論は、女子教育界において大正期末までに既に一巡していたことになる。本書で明らかになったように、大正期末頃までには、箏、三味線、ピアノのいずれをとっても、「家庭婦人」「家の娘」「少女」等の多様なジェンダー規範との調整がなされていた。また、本書の過程で、音楽のたしなみに対して、従来の芸能史研究が想定してきたような高等女学校での科目採用を根拠として習得が促される論理はほとんど見ることがなかった。

2　女子のたしなみ像の変遷

次に、本書の知見を第一章で紹介した教育史の先行研究の知見と比較しながら、理想的女子像の形成過程の問題として再整理しておきたい。

東京において、女子の箏や三味線等の遊芸のたしなみは近世以来の「娘の慣習」であり、良妻賢母論が唱えられ始めた一八九〇年代から一九〇〇年代には「嫁入り前の手すさび」程度として認識されていた。この間、高等女学校の発達や東京音楽学校の存在により、女子はピアノを始めとする洋楽をたしなむことが可能になり始め、欧米にならう形で、家庭における女性のピアノの披露が理想化された。この家庭音楽論の進展の中で、箏や三味線のたしなみも、家庭婦人のテイスト涵養として容認されるようになる。「家庭」で求められる「趣味」としては、基本的にはピアノのような西洋的な趣味が望ましいとされつつも、実用性や中間文化の創出の観点から、箏や三味線といった伝統的教養も包摂されることとなったのである。近代日本において女子は、近い将来「良妻賢母」になることが社会的に期待されていた（小山 1991）にもかかわらず、料理や裁縫に勤しむ以外には良妻賢母になる具体的手段が示されず、結婚準備の意味が曖昧にならざるを得なかった（本田 1990、渡部 2007、稲垣 2007 ほか）が、その空白に多様な「趣味」が嵌り込んだことが推測できる。「家庭」登場・普及に伴う「一家団欒」の重視により、家庭婦人が「趣味」を持つことへの公的な意味が与えられたと同時に、良妻賢母としての家庭婦人を目指す（ことになっている）女子の「趣味」涵養にもキャリア形成上の意味が与えられたのである。

次に、女子としてのジェンダー規範の観点から音楽のたしなみ像について検討した結果、「少女」は今田（2007）の知見とも合致する形で、近代西洋芸術であるピアノへの憧れを読み取ることができ、家庭音楽を実践する西洋風の少女像や女性音楽家としての職業的成功も雑誌中で温存されていった。異性性から遠ざけられていた「少女」にとって、どのように結婚するかや、（そもそもなぜ「家庭婦人」と「職業婦人」が相いれないのかも含め）妻・母としてどのように振る舞うべきかよりも、まず西洋の表象を身にまとうことが重視されていた。

一方で、結婚を意識すべきジェンダー規範であった「家の娘」としては、「少女」と同じく、娘として一家団欒に寄与するために趣味を持つことが促される一方で、一つの趣味に熱中する（テイストを深める結果、ホビーが一つとなる）ことで、将来嫁することとなる「家」との不仲を招いたり、結婚相手の選択肢を狭める点が懸念されていた。無論、熱中の結果、趣味が職業につながることも家庭婦人像から外れると考えられた。この結果、「家の娘」にはホビーの量的確保が求められ、趣味が和洋折衷化、修養化することとなった。「家庭婦人」「少女」というジェンダー規範としては、西洋風の「家庭」像を理想としつつ、現実との調整のために「家の娘」というジェンダー規範も変化を遂げたとも言えるだろう。南博は、「趣味」を「明治末にはっきりあらわれてきた、家庭生活への懐疑、家制度の否定、その文学的表現としての自然主義、その女性の側での実践としての、『新しい女』による『青鞜』の出現、などに対する保守的な防波堤として登場し」（南 1965: 51）たものと捉えているが、この「防波堤」は、「家庭」内でも築かれ、とりわけ婚姻前の女子の趣味涵養という形で現れることとなったのである。

このように「家庭」登場・普及によって、心がけとしてのたしなみが基本的には西洋化を果たしていった一方で、披露を通じた交際・社交像は西洋化を果たさなかった。家庭音楽論は、家庭婦人が音楽を心がける理由を与えたが、実際に妻や娘が家庭の一家団欒を実現するために食後に演奏したり、ホームパーティーや来客時にたしなみの成果を披露するための行儀作法論は、今回検討した時期の日本において、十分確認できなかった。女子にとって「趣味」は、さほど披露を期待されずに、専ら習得に励む対象としてのイメージが定着していったことが予想される（図6－1）。

3　花嫁修業というイメージの原型

本書が掲げた課題は、今日の私たちが近現代の女子の稽古文化を、武家奉公から連続する花嫁修業として捉える見方の検証であった。確かに、「女子が婚姻前に箔付けに何かをたしなむ」という文化資本戦略という意味では花嫁修業としての連続性があるように見える（図6－1の網掛け部分参照）。そのたしなみの対象にピアノ等の近代的教養が加わり、たしなみそれ自体がホビーに包摂されていったようである。

しかし、明治後期から大正期におけるたしなみと当時台頭し始めた多様なジェンダー規範との関係性に着目すると、①（武家奉公のような）地域の風習や個々の家の教育方針の下に重視されていたたしなみが、国民国家の基礎単位となる「家庭」形成に必要な家庭婦人の素養としてのテイストとして位置づけ直され、同時に女子のテイストの涵養にも公的な意味が付与されたこと、②日本に西洋文化が移入される只中にありながら、家の娘としての女子にとってテイストが、量的に確保すべきホビーとしても捉えられ、和洋折衷化と修養化を果したという構造、③①②の背景で、女子については、たしなみを通じた家族・友人との交際・社交像の西洋化が果たされなかったため、披

図6-1　たしなみ像の変容

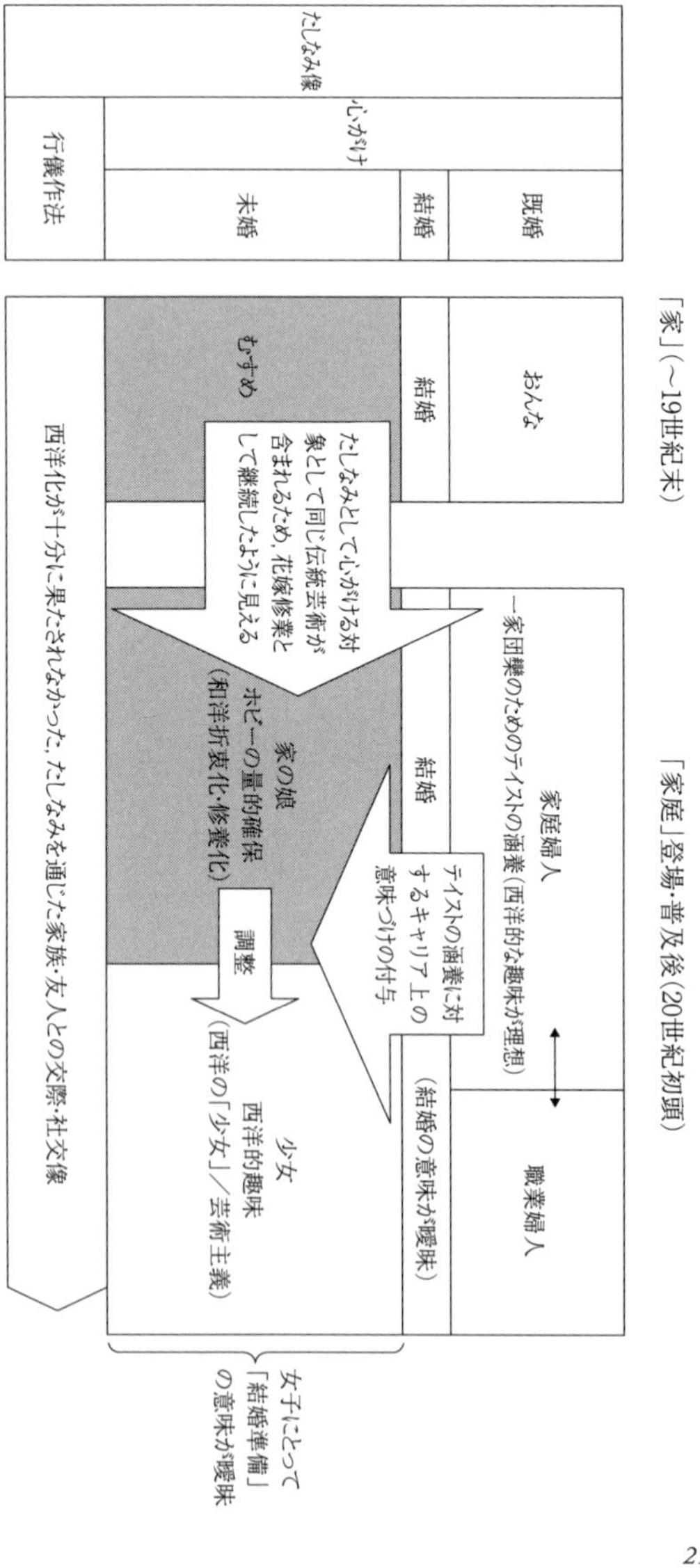

露より習得を重視する趣味像が普及した可能性を指摘することができる。

この時代に生きた旧華族の「令嬢」の興味深い回想がある。旧熊本藩主家・細川侯爵家当主護立の二女、寺島雅子（一九一六―二〇〇五年）は、ピアノ、箏などをたしなんだ華族の一人であるが、伯母のエピソードを以下のように述べている。

父がよく話してくれた。

新坂町の伯母さん（父の兄で先代に当る護成侯の夫人で、戸田伯爵家から嫁いで来られ、新坂町に住んでおられた方）はピアノがとてもお好きだった。あの新坂町にあるピアノは勿論、お嫁入り道具としてお持ちになったものだ。だが伯父さんがピアノが大きらいで、あんな不愉快な音を家では決して出してはならぬ、と黒いカヴァーを掛けてしまわれた。伯母さんは非常に淋しく思われたが、お留守の時弾いても大勢の使用人に聞えてしまう。それでとうとう弾くのをあきらめられた。そして伯父さんが亡くなられてからも、ずっと弾かれなかった。その時代は偉いもんだ。よく我慢された。然しオレは、本当にお気の毒だったと思う。お前達が嫁に行って、何が婿さんや、姑さんに好かれるか、きらわれるか分らぬから、なるべく色々の事を稽古させたいと思う。但しあまりうまくなると、又わずらわしがられるかも知れぬので、適当に出来ればよい。つまりお前達自身の教養になればよいのだ。……と、今様の考え方からすれば、随分変な考えだ。何か一つ優秀なものがあれば、生活の足しにもなるし、と言いたい所だが逆であった。父としては、兄嫁の嘆きが余程心に重い陰を落としていたのだろう（寺島 1985：67–68）。

寺島が「随分変な考え」と回想する父親の言葉は、しかし、本書の検討を踏まえればそこまで「変」ではない。「花嫁修業」という概念こそまだ登場していなかったが、「家庭」が生成しつつあった明治後期から大正期、中上流階級女子向けに、ホビーの広さ（量）を示すために敢えて伝統芸術の趣味を強調しその修養に励むという規範が作り出されたのであり、研究者も含め今日私たちが女子の稽古文化の歴史に対して素朴に抱く花嫁修業というイメージの原型が成立していたのである。

二　今後の課題

本書の知見は、教育史で考察されてきた理想的女子像に関する研究に、以下の点で再考を迫ることになる。

第一に、都市新中間層を含む中上流階級女子の教養における、伝統的教養の位置づけの再考である。従来の女学生研究において、女子の伝統的教養としての「たしなみ」「つとめ」の存在が指摘されてきた（第一章二）。しかし、伝統的教養は、中上流階級の生活に残存した慣習として言及されてきたのみであり、近代化に伴う女子の伝統的教養に対しての社会的認識の変容については十分論じられてこなかった。史料上の制約があることは言うまでもないが、今後、裁縫などの家事や茶の湯、生花といった他の遊芸のイメージの変容と合わせて、伝統的教養とジェンダー規範の関係性をより詳細に明らかに検討していく必要がある。

第二に、近代日本の「子ども」のジェンダーを考察する際に、「少年／少女」という枠組みに加えて女子に関しては、結婚を控え、和洋の趣味に修養として励む家の娘としての側面からも検討する必要がある。例えば今田（2007）は、昭和期以降の少女雑誌上の「少女」を都市新中間層の女子の意思を反映させたものと想定しているが、実際には、メディア上の「少女」ほどに西洋の表象を身にまとうことをしなかった（もしくは、できなかった）家の娘像自体の変化にも目を向ける必要がある。

第三に、これらの背景を踏まえた上で、日露戦争後から起こったテイストからホビーへという日本における趣味概念の変容を、学校内外の教育史上の問題として詳細に明らかにしていく必要がある。本書で明らかになったように、近代日本において女子が和洋折衷化した多様な趣味の修養に励まなければいけないというたしなみ像は、顕示的閑暇（Veblen 1899〔1961〕＝小原 1999）というよりも、当時の女子が置かれていた、女子にとっての結婚準備の意味の曖昧性、近代化に伴う西洋文化移入の中での中間文化の創出の必要性、といった状況によって生み出されたものであった。趣味概念の変容の問題を、学校外の、消費文化論、余暇・娯楽史の問題としてではなく、学校教育も含む教育史の問題として引き取った上で、性・年齢カテゴリー別に趣味概念の受容の異同等を検討する必要があるだろう。

補　論　昭和戦前期の「令嬢」のたしなみ
——『婦人画報』にみる「花嫁修業」と日本趣味

序論で述べたように、戦後「花嫁修業」として括られるたしなみとしては、主として茶の湯、生花等の日本趣味のイメージがもたれやすい。本書では専ら明治後期から大正期の「趣味」の受容との関連から女子の音楽のたしなみのあり方を検討してきたが、ここでは、「花嫁修業」という概念そのものが登場する昭和戦前期の動向を確認したい[(1)]。結論を先取りすれば、昭和戦前期には本書で確認されてきた言説のパターンが継続、固定化することで、音楽のたしなみについても箏や長唄などの日本趣味と文化ナショナリズムが結合し、さらには結婚準備としての時間枠（高女卒業後のモラトリアム）も明確になったことで、戦後に伝統芸術のたしなみを強調した「花嫁修業」像が残存したと考えられる。

何度か触れてきたように昭和戦前期の女性一般の稽古文化については『主婦之友』を分析した鈴木（2000）、『新女苑』を分析した小平（2016）等の知見がある。女子に着目する本章では、本論においてテイストとホビーの関係を考える上で鍵となった「令嬢」像とその周辺に再度着目していきたい。

一　『芳紀集』にみる

明治期からいち早く「令嬢」欄掲載に乗り出した雑誌『婦人画報』（第三章を参照のこと）で掲載者を募集した令嬢集『芳紀集』（一九三八年、婦人画報社）の「趣味嗜好」をみると、当時東京都内在住の令嬢（複数回答、六九七人）の趣味は、ピアノ一三二人、ヴァイオリン七人、箏六六人、長唄九五人で、箏と長唄の回答割合が高く、高月・能澤（2003）の結果と類似しており、昭和戦前期においてピアノと共に、長唄、箏といった邦楽のたしなみが「令嬢」像にとって重要だったことが示唆される（歌川 2015b）。第三章でも示したように、昭和戦前期の令嬢のプロフィールに着目した研究においては、いずれもピアノと長唄のたしなみの威信の高さを指摘している。この昭和戦前期の令嬢のたしなみとしての長唄イメージの向上については、秩父宮妃勢津子（松平節子）やその妹松平正子が長唄をたしなんでいたことや、同年四月に東京音楽学校に長唄科が新設されたことが一般的に想定されている（同上）。

さらにこれを居住地域ごとに整理したのが表補－1である。

表補 -1　『芳紀集』にみる東京市内居住地域ごとの音楽のたしなみ（%）

	ピアノ	ヴァイオリン	箏	長唄	合計
山の手	58（20.9）	3（1.1）	19（ 6.8）	44（15.8）	278（100.0）
下町	6（ 9.8）	0（0.0）	4（ 6.6）	17（27.9）	61（100.0）
新興	68（19.0）	4（1.1）	43（12.0）	34（ 9.5）	358（100.0）

出典）歌川（2015b）より転載。

ピアノは、山の手（麹町区、芝区、麻布区、赤坂区、四谷区、牛込区、淀橋区、小石川区、本郷区）、新興地区（品川区、荏原区、目黒区、大森区、世田谷区、渋谷区、中野区、杉並区、豊島区、滝野川区）の令嬢の、長唄は下町（神田区、日本橋区、京橋区、下谷区、浅草区、向島区、深川区）の令嬢のたしなみであったことがうかがえる。しかし、地域ごとに見た場合、山の手では、長唄が箏の倍以上の回答数となっており、新興地区でも箏、長唄の回答者は少なくない。昭和戦前期において、都市部に居住する中上流家庭の女子のたしなみは「山の手は洋楽、下町は邦楽」というように完全に棲み分けられていたわけではないことがわかる（同上）。

この頃、東京府立第二高等女学校卒業の山川菊栄は以下のように回想している。

近頃日本的教養といふことがしきりにいはれるやうになつた。昨年、三十年前に出たきりの女学校をたづねた時、そこの女学校での調査表によると、百人中九十人までは課外にさういふ稽古事を習つてをり、中でも踊り、三味線、ピアノが最も多かったし、殊に『好きなもの』のなかに『芝居』をあげてゐる者の多いのが目についた。私などの在学中、日露戦争前後には、琴を習つてゐる者が一級中三分の一、他に二三人が図画や習字の稽古に通つてゐた位で、課外に物を学ぶのはまづ無かつたし、殊に芝居の話などは出たことがなかつた。これは山の手のサラリーマンの家庭から来てゐる娘ばかりで、その頃のさういふ家庭では、殆ど何処も一様に謂ゆる質実剛健の勤労一点ばりといつてよく、同じ東京でも、江戸の名残を留めた下町とは全く違ふ対照をなしてゐた。下町が江戸の町人文化を代表してゐたとすれば、山の手はお上りさんの田舎の気質を代表してゐたといつてよかつた。私は専門学校へ入つて後、始めて他の女学校出身者の江戸ッ子的、又は都会人的な華やかな空気にふれて、同じ東京でも、かうも違ふものかと驚いたことだつた。その位だから私の子供の頃には、琴や生花は上流婦人の嗜み、踊りや三味線は下町娘の趣味と限られたやうな気がしてゐたもので、我々程度のサラリーマンの娘の生活には、縁もゆかりもない贅沢であると考へてゐた。〔中略─引用者〕さういふ点で明治時代の貴族的な特殊のものが、大正から昭和にかけて著しく大衆化したとも思はれ、また大衆の生活程度がそれだけ向上したとも考へられる。尤もさうした方面に限らず、いかに多くの所ゆる日本的なことについて、私などは何も知らずに来たことだらう。西洋的なものについてそれ以上知らないのはいふまでもない（山川 1940: 74-80）。

山川の回想は、大正から昭和戦前期を経て、サラリーマン層の女子の稽古事の対象が「山の手／

下町」の地域性を超えて多様化したことを示している。

二　「令嬢」関連記事にみる「日本趣味」

昭和戦前期において「令嬢」の音楽のたしなみのあり方はどのように論じられていたのだろうか。『婦人画報』（東京社）一九二六年一月号から一九四〇年一二月号（二四四〜四四二号）[2]における「令嬢」のたしなみとしての音楽に着目し、①画報欄の「令嬢」の音楽（箏、三味線、ピアノ）のたしなみを紹介しているグラビア記事、②読物欄のa　音楽に関する記事、b「令嬢」をタイトルに含む記事、c　名士・名流婦人が自身の娘の教養のあり方に言及する記事のうち、女子の音楽のたしなみに言及している記事を経時的に検討する。[3]

1　令嬢の箏、三味線のたしなみ

『婦人画報』では、一九三〇年代に入っても第二章でみたような家庭音楽論が継承される、「趣味の一致」の必要性が強調されると同時に、[4]箏、三味線、ピアノのたしなみは「令嬢」の生活の一部として描写されている。例えば「令嬢のいち日——鈴木壽子嬢」（1926.1〔二四四号〕画）、「令嬢写真日記（一）」「同（四）」（1930.8〔三〇一号〕画）があるが、「令嬢の時間表　医学博士峯正意氏令嬢菊枝さん」では、「モダンで教養なくては感ぜられぬ趣味のよさを感じさせ」る稽古事の一つとして、時間割風にピアノのたしなみを紹介している（1933.5〔三三五号〕画：117）。

また、直接的に音楽のたしなみをテーマとする令嬢紹介グラビアもある。「音楽と令嬢」（1929.2〔二八三号〕画：8-15）では一七名の令嬢が（長唄一〇名、ピアノ七名、謡曲三名、鼓二名、洋楽二名、箏一名、音楽一名）、「音楽に堪能」（1929.4〔二八五号〕画：7）では三名の令嬢が（長唄、ピアノ、箏、謡曲　ヴァイオリン各一名）、「春を歌ふ」（同上：27）では三名の令嬢が（ピアノ二名、箏二名、長唄、ギター、マンドリン各一名）、アマチュアとしてたしなむ様子が紹介されている。次のような個々の令嬢の技巧を強調した記事もある（「琴に秀でた今西千代子嬢」（1926.7〔二五〇号〕画：13）、「ピアノの上手」（1928.4〔二七二号〕画：6-7））。

実業家藤山映氏の令嬢英子さん（十五）日本女子大学附属高等女学校一年に在学中でありますが、進歩の速いのには先生伊藤貞雄氏も驚いてゐられます。（同上：6）

音楽にまつわる令嬢紹介で特徴的なのは、箏、三味線をたしなむ令嬢を紹介する際に「日本趣味」として形容され始めた点である（「音締の音」（1929.1〔二八二号〕画：42）、「日本趣味の」（1929.11〔二九二号〕画：25）、「日本趣味」（1930.1〔二九四号〕画：14））。(5)

実業家手塚常次郎氏の令嬢喜美子さん（二十）は日本趣味のお方、長唄がお上手であります。東京女学館の御出身。（1929.1〔二八二号〕画：42）

一九三〇年代に入ると、令嬢の箏、三味線等の技巧の高さは「古代趣味」「幽玄」「嬌艶」等の表現と関わらせながら紹介されるようになる。

床しい古代趣味のお部屋に、おつとりと三味線をおとりになつて今しもお稽古をお始めの麗人の名は、柳生綾子さん―元台湾銀行総裁柳生一義氏の令嬢でゐらつしやいます。御趣味の長唄は、既に師（稀音家四女壽）の折紙のあるものですが、ゆかしい御謙遜で「雨垂れ三味線ですの……」など、ユーモアに富んだことを仰言つてゐました。（「長唄をたしなむ人」1933.3〔三三三号〕画）

幽玄といつていゝか、玉を転ばすといつていゝか、弾ずる令嬢たちの手は十三の糸の上を、三つの糸の上をするするとかけめぐるのですが、口はきつと結ばれ、姿勢正しい上体は微動だにしないのです。芸の巧みと、平素からの修業による精神統一のできてゐることには、曲のわからない私たちにまで、何となく荘厳を感じさせられたほどです。（「嬌艶・日本音楽の麗花」1934.12〔三五

八号〕画）

一九三〇年代後半には、読物欄においても次のように三味線のたしなみは妙齢期に再発見される対象として紹介されている。

お母様のお胎にゐる中から三味線に聞き飽きた私、学校を出るまでお三味線を手にした事もなかつた私、そのくせ歌舞伎が何よりの趣味であつた私、おそまきながら十九歳でやつと初めて手ほどきをして頂いた私は、色々の意味でその奥深さに驚かされましたが、〔中略―引用者〕そして日本の人と三味線とはどうしても放れがたい存在である事を、しみじみ感じさせられる様になりました。（赤星明子「三味線を知つて…」1938.3〔四〇九号〕：161）

2　偏らせない趣味

このような一九三〇年代における文化ナショナリズムの高揚や日本趣味の強調は北河（1982）、井上（2009：75–111）でも指摘されている。

ただし、一九二〇から三〇年代に徐々に強調された前項のような令嬢の日本趣味は、あくまでもまだ見ぬ夫との趣味の一致を前提としたものである。したがって、日本趣味を強調しながら敢えてモダン・西洋趣味を強調する記事を見ることができる。

松平節子の存在による昭和戦前期の長唄の流行については歌川（2015b：220-222）でも触れたが、一九二八年の「特輯アルバム　松平節子姫」（1928.3〔二七一号〕：25-36）では、長唄とピアノのたしなみのあり様について詳述されている。

▽音楽のお嗜み△

御十一歳の時に吉住小常さんについて、姫は長唄と三味線の手ほどきを受けられました。それに前後して、謡曲も親戚筋にあたる松平俊子夫人に弟子入りなされました。姫は音量は豊富、音楽は美しく、然も三味線の撥さばきも巧みに、ずんずん上達されました。小常さんは、『もし高貴の方でなかつたら、弟子として、その道を踏ませたいと考へたほどでした。』と云つてゐるくらゐです。仕上げられた段数は五十を数へ、「鶴亀」「吾妻八景」は、お得意のものであります。

▽楽しい集ひ△

姫が「鶴亀」をあげられた年のクリスマスの夕べの楽しい集りに、一門の方々が姫の邸に集まりました。その席には御伯母君にあたられる梨本宮妃殿下も、二三の侍女を従へられて、御台輪あらせられました。その時、姫は「鶴亀」を師匠の介添えで唄はれましたが非常にお美事な出来栄えで、妃殿下も御感心遊され、お賞めのお言葉を賜り、姫は大いに面目を施したことでありました。

▽音楽の御才分△

アメリカに御出発なさる前にお上になつたのが「吾妻八景」で、まる七年間、長唄の道にお励みになつたのでしたが、十年も習つた人以上のお腕前に進んでをられました。またピアノは、最初は正式に御練習なされませんでしたが、いつか学友との間に交つて修得なされて、御近親の方の前で、団欒の一夜に興をそえられたこともおありで、当時、みんなはその御楽才に驚かれたといふことです。

〔中略…引用者〕

▽日本趣味を忘れぬやうに△

だが、姫はワシントンで、アメリカ風に生活していらつしつても、日本趣味をお忘れにならず、お茶とお花の稽古をなさいました。三味線も、つれづれのままに、お弾きになります。あくまでも、姫の日本的なやさしいお心は、ワシントンの生活に、日本の趣味のうるほひを、つけずにはゐられないのであります。（同上：27-31）

第四章でも確認した通り、邦楽の習得は修養的に描写されるのに対し、洋楽の習得は才能の発揮の象徴として描かれるという構図は、明治後期から大正期の婦人雑誌にもみられたが、ここではさらに、「日本趣味を忘れぬ」ことが強調されている点に特徴がある。

一九三〇年代の画報欄において、令嬢の箏、三味線の免状の取得状況や技巧の高さを紹介するグラビアにおいても、以下のように、モダン・西洋趣味との両立が示されている。

浅草の橋場河岸に或る堂々たる日本家屋、二階の大広間に座ると隅田川が白い帆掛船を流して何となく懐かしい江戸趣味を展開してくれます。此の御家が正江さんの宅、歌澤をおやりになるのも無理もないと思はれる程ぴつたりした展開です。〔中略―引用者〕純然たる江戸趣味なのにガルボがお好きだなんて自分でも解せないわ、と不思議がつて居らつしやいました。（「うたざは―名取の令嬢　実業家林友吉氏令嬢正江さん　歌澤名―寅松和歌」1932.8〔三二六号〕画）

まだ双葉高女五年に在学中なのに既に名を取られた天才的なお嬢さんです。踊の方も名を持つてゐらつしやいます。非常にピチピチした明朗な近代型の性格なのにシブイ歌澤が何よりも好きなんださうですから奇異の感にうたれます。（「うたざは―名取の令嬢　実業家升本喜兵衛氏令嬢喜代子さん　歌澤名―佐久水」1932.8〔三二六号〕画）

たゞ今丁度「若葉」なる、初夏の候にふさわしい古曲の一調がお済みになつたところ……お箏（山田流にて師は谷口清照氏）の他に、茶の湯、生花長唄などもなさり、豊かな日本趣味の持主でゐらつしやいます。が一方洋楽にも相当な理解をお持ちでした。それから素晴らしいコレクションに、数知れぬ豆人形を拝見いたしました……といふ実に多趣味の麗人でゐらつしやいます。

（「箏曲に聴く令嬢　荒木南都子さん」1933.6〔三三六号〕画）

日本女子大附属高女の御出身、昨年以来御両親の御慈愛のもとに、家庭婦人としてのあらゆる教養の為に精進していらつしやいます。近頃のお嬢様には珍しいほど純日本趣味の方で、日本髪がよくおうつりになり、長唄やお茶のお稽古もこの方にこそ本当にふさはしく見えます。そしてその一面に洋裁にも興味をお持ちだといふことです。（「日本趣味の令嬢」1933.8〔三三八号〕画）

3　女学校卒業後の結婚準備というモラトリアムへの社会的関心の高まり

一九三〇年代は、高等女学校進学率の上昇[6]と満洲事変後の結婚難（高田 2005: 208–219）により女学校卒業後の結婚準備に社会的関心が高まり、女学校卒業後の過ごし方の一つとしての趣味の修養・教養が推奨される。

趣味としての修養は、オルガンと、三味線とを習はせて居ります。ピアノをやらせてはどうかと云ふ人もありますが、ピアノは日本では現在の所贅沢品であると思ひます。オルガンの程度なら、一寸他家へ運ぶ事も出来ますが、ピアノとなると、今の日本の家庭にピアノを置けるだけの家は極少数だけと思ひます。ピアノが買へないわけではないが、嫁に行く時にピアノを持つて行くとなると、どうしても相手に金満家を選ばねばならなくなります。然し私は娘の相手としては、むしろ何もない、たゞ人物だけにほれこんで行くと云ふ位の所へ、やり度いと思つて居りますので、勿論そんな借家にはピアノは持ち込ませません。自然習つたピアノも弾けないとなると、不平も起らうと思ひますので、この意味からピアノは控えて居ります。三味線は昔は芸者等がひいた為に、いやなものだと誤解されて居りますが、しかし私はこれこそ日本普通の音楽だと考へて居ります。（相馬愛蔵「女学校卒業後の家庭教育を如何にするか――自主自立の力を持たすために」1929.3〔二八四号〕: 90）

学校生活を離れた娘達、お母様と家庭で大部分の時間を送る娘たちは何処に生活の焦点を見出したらいゝのでせう？　お母様は家政万般の実施教育をなさるお考へで、あれ、これと一々おつしやる。又女には趣味がなければと云つてお料理やお裁縫の外に、ピアノだ、長唄だ、舞踊だ、手芸だ、お花だ、お茶だと所謂お稽古ごとがはじめられる。（平塚明「女学校卒業より結婚までの娘

たちへ」」、1933.5〔三三五号〕：84）

女学校を卒業してから結婚をするまでには、お裁縫やお料理の、実習も必要なことであるが、それ等実習に足けてゐるだけではどうしてももの足りない、現代人の家庭又は夫婦間の生活にとつて是非必要なものは趣味の教養である――それには、絵を学び、歌を詠み、或は手芸を嗜む等、種々の道はあるが、最近は、和洋音楽又は舞踊等の遊芸を嗜むことが非常に流行してきた。――長唄、清元、歌澤、常磐津、或ひは謡曲等の日本趣味のもの、又はピアノ、ヴアイオリン等の洋楽など……（「女芸は何を選ぶ」1933.5〔三三五号〕：103）

一九三〇年代後半になると、たしなみをめぐる音楽の和洋は、女学校卒業後に本人や家庭の嗜好によって選択することが肯定されていく。森田草平は、「娘を持つた両親への注文――娘の為に家庭を楽園とせよ」（1936.3〔三八四号〕：60）の中で、「女学校を卒業してからは、お茶、活花、琴、長唄、踊、ピアノ、洋裁、絵画、料理等々、それぞれのお嬢さんと趣味と嗜好とによつて稽古に通はせる。そのお稽古の往来にも間違ひのないやうにと祈るのは、何時の時代にも変らぬ親心である」（同上）としている。また、金澤うきは「適度のモダン味を娘にもたせよ　昔風に育て過ぎての苦労――こうして結婚せよ　良縁苦心談四十八例」（同上：197–198）の中で、「常磐津も私が下町つ子ですので、上の男の子達に反対されながら、矢ちばし続けさせたお蔭で、お師匠さんの秘蔵っ子になつたのです」とし、古風な教育の象徴として常磐津を挙げている。一方、帝大教授桂弁三氏夫人桂けいは、「同じ境遇を続けさせたい――娘さんを嫁がせた経験ある母さん」（1936.10〔三九三号〕：93）の中で、「花嫁教育」としての西洋音楽の効果に触れ、以下のように述べている。

花嫁教育はどちら様でも同じやうでございませう、一通りのお稽古に通はせ、殊にお料理と音楽に最も重点をおきまして、日本料理、支那料理、西洋料理とも専門的に勉強さしてをきましたが、これはみな喜んでをりますし、本当に必要なことだと思うてをります。音楽も、みな西洋音楽が好きでしてピアノかヴァイオリンをやつておきましたが、皆音楽好きの主人をもちましたので役立つたと思つてをります（同上）。

「花嫁教育」の他に、「結婚教育」と表現している記事もある。「結婚教育一三　たゞ美しいだけでなく彼と共通のものを持つこと」（1938.10〔416号〕）では、「男子と共通できるものを持」つためには、「彼が楽器を愛してゐたら自分もそれへの趣味を養ふ」ことで、「結婚行進曲を奏でるまでに」至るとしている。音楽を含む趣味を結婚準備として捉える趣旨の記事として、菊池寛「幸福なる結婚」（1938.1〔四〇七号〕、100–103）がある。

なお、『婦人画報』は「女芸相談」「講習所常設」「読者女芸発表会」「音楽映画の鑑賞会」「演芸関係諸施設見学」「近郊ハイキングを兼ね出先にての女芸講習」「読者家庭の園遊会等開催についてのプラン御相談に応ず」「女芸師家の相談機関」「女芸各師へ入門者御紹介」「授産事業」等の「女芸協会」としての事業を誌上で展開した。女芸協会編「女芸は何を撰ぶべきか」（1936.3〔三八四号〕: 102–103）の冒頭は以下のようになっている。

> 女学校を卒業して結婚するまでの二三年の間は娘時代の最も楽しい、そして尊い期間でありませう。学窓を出て、直接世間の娘としていろいろな見聞や経験をしたり、或は趣味才能の好むところに従つてそれぞれの途に専念することは、誰しもの大きなあこがれで、さうした希望には家庭でも可成に自由が認められるので、或は音楽の修業に或は洋裁の研究その他の女芸のお稽古に親しんで情操や技能を豊かにしておくことは来るべき幸福な結婚の基礎となるものでこの期間こそ最も有意義に送らねばなりません（同上: 102）。

ここまで見てきた通り、令嬢の音楽のたしなみは、一家団欒のための家庭音楽の実現→夫婦間の趣味の一致→女学校卒業後をはじめとする妙齢期の多様な趣味の修養・教養の推奨、という論理の中に位置づき、同パターンの言説が繰り返されてきた。

一方、上記が専ら修養・教養の内容や対象についての議論であったのに対し、その目的や態度については以下のような批判もあった。

まず、山田耕平は「音楽と生活」（1939.4〔422号〕: 135）において、令嬢たちに稽古事の「正道」を以下のように説く。

あなた方は、お稽古をなさってゐるのだが、お稽古をしてゐる人は何でもいゝから、苦しくても正確な途を通る。それを覚えてしまふ迄やる。どんな時でも嘘が出来ないやうに、正しくやるのです。これは同時に、人生に対する態度を研ぐことにもなり、人生に対して一つの余裕を発見する立場をもつことになるものです。

また、結婚を控えた青年の視点からは、家庭生活につながる稽古事の「精神」の獲得や趣味を持たないことによる夫への順応が説かれている。以下は、大学生と大学出の社会人からなる「青年」の座談会の一部である。

記者　ぢや次に移りますが、結婚の相手として女の人の趣味とか稽古事のことをどう思ひますか？

有福　僕は女の人がお茶だのお花だのお稽古事をするのはとてもいゝと思ふな、映画だのレヴユウなんかに夢中になるのは困るけど、お花を活けてくれたり、たまの日曜日には琴でも弾いて楽しませてくれるのはいゝね。

松田　ぢや貴方が尺八で合奏しますか！〔笑声〕……

有福　いや僕は尺八やらんです。

稲葉　琴とか花をやるのにその精神を会得してくれたらいゝと思ふね。精神が大切なんだ。〔中略―引用者〕

近藤　女の人はお稽古事に通ふと、時間的にも家庭から解放されていろいろ抜け道になるらしいですね、なかなか精神の会得まではゆかないでせう。僕は女の人は何でも自分の好きなことをやればいいと思つてます。何かやれつて親から奨められてやるんぢやなくて絵でも音楽でも自分の好きなものをやつた方がいゝ。

武川　僕は自分が音楽をやつてるもんだから反つて音楽の趣味のある人は煩いね知識として持つてゐるのはいゝが実際にやるのは困る。〔中略―引用者〕

三輪　音楽でも絵画でも、芸術をやつて精神を掴んでゐれば、ネクタイ一つ買ふんでも家具一つ買ふにしても、旦那様に気持のよい感じを与へるものを選べるんだが、実際はさういふことをちつとも考へてゐない。〔中略―引用者〕

武川　僕は一緒になるまでは順応性のあるい丶素質さへ持つて丶くれたらい丶と思ふね。始めから全然自分で教育しようと思ンだ。音楽なんか生半可な下地があるのは却つて困る。

（「一　どんな結婚を求めてゐるか　青年ばかりの座談会」1938.11〔417号〕: 124–125）

三　伝統芸術のたしなみを強調した花嫁修業像とそのアンビヴァレントなニュアンス

このように昭和戦前期『婦人画報』においても、当時妙齢期とされた「令嬢」には、家庭婦人の理想的生活の一部を成していた家庭音楽や将来嫁する夫や舅姑との趣味の一致という規範の下、「日本趣味／モダン・西洋趣味」のどちらにも趣味を偏らせず、熱中もし過ぎないことが求められた。高等女学校進学率の上昇と事変後の結婚難を迎えた一九三〇年代は、「女学校卒業後の結婚準備」というモラトリアムへの社会的関心が高まり、それまでに確立していた「令嬢」の芸術・芸能のたしなみは改めて「結婚のための／花嫁になるための」趣味の「修養／教養／教育／準備」として、明確な時間枠を与えられたジェンダー規範となったと考えられる。(7) 第三章で確認したように、「令嬢」の規範として、テイストの深さよりもホビーの広さ（量）を確保しておくという言説が大正期には登場していたが、昭和戦前期においてはこの規範に、「モダン」な文化の威信が確立する中での「日本趣味」の強調という文化ナショナリズムが結合し、さらには結婚準備としての時間枠が後付けされたことになる。戦後に残存した、未婚期の女性が敢えて伝統芸術のたしなみを強調する花嫁修業像はこうして形作られてきた。

一方でこのような花嫁修業像は理想の家庭婦人像から演繹的に鋳造されたものであり、「夫婦間の趣味の一致を望まない（結婚後に模索すればよい）」「趣味の修養を通じてより高度な精神性を身につけるべき」といった批判を招きやすいものともなった。昭和戦前期においてその言葉とともに輪郭がはっきりした「花嫁修業」は、同時に、高度経済成長期に宮坂（1970）が報告したような、「おしとやかで、何でもハイハイということをきく女性」を連想させる一方で、結婚生活に「実用的価値はあまりな」いと（当人や男性側が）認識しつつも一応は伝統芸術の習得に励むという、ディレッタンティズムやスノビズムとも受け取られかねないたしなみ像の一種となった構図を見て取れる。(8)

注

（1）序論の注7を参照されたい。

（2）臨川書店編集部（2004）を参照した。なお、同資料中において原本所在不明号（三四七、三五二、三五六、三五九、三六三、三六六、三六八、三七三、三七四、三七六、三七八、三七九、三九二号）は検討できなかった。

（3）なお本章では、キャプションのプロフィールにのみ音楽のたしなみに関わる情報が提示されているグラビアは考察対象としなかった。茶の湯、生花等のたしなみの紹介のされ方とも合わせ、今後の課題としたい。また、「令嬢」と称されていても音楽家・邦楽師匠として生計を立てていると判断される人物の記事や音楽学校在学中の「令嬢」については検討の対象から外した。
（4）詳細は、歌川（2018a: 77-79）を参照されたい。
（5）「日本趣味」（296: 25）では謡曲、太鼓をたしなむ令嬢が紹介されている。
（6）高等女学校の進学率の推移は、一九二五年（一四・一％）→一九三〇年（一五・五％）→一九三五年（一六・五％）→一九四〇年（二二・〇％）（『文部省年報』各年度参照。）
（7）高等女学校卒業後の趣味を偏らせないための花嫁修業のイメージは対外的にも喧伝された。「Life Being at Eighteen（十八歳で始まる生活）」『アサヒグラフ海外版』（一九三七年八月号）には、「So the Ojosan（young miss）must take piano lessons on one hand and samisen or koto lessons on the other. Not only must she be able to sing the songs of her own country but the songs of the West as well. Her parents and relatives may believe that things Japanese are of paramount importance, but her future husband may place greater stress on the etiquette and culture of the Occident.（お嬢さんは三味線や箏に加えてピアノのお稽古も受けなければいけない。日本の唄だけでなく西洋の歌もうたえないといけない。両親や親戚が和物を至上の価値のように思っていたとしても、まだ見ぬ夫は、それ以上に西洋風のマナーや文化を好むかもしれないからである—筆者訳。）」とある。
（8）昭和戦前期には、「少女」の理想的な音楽のたしなみ像にも変化が見られる。同時期の代表的な『少女倶楽部』派／『少女之友』派少女小説における音楽のたしなみの表象を検討すると、両派において洋楽への憧憬は共通しているが、前者が洋楽のたしなみが成功の結末に結びつき、邦楽が登場しないのに対し、後者は、日常生活の中の稽古や社交のための音楽のたしなみが表現され、邦楽のたしなみが洋楽のそれとの差異化を示す役割を担っていた。地方型の前者では、洋楽の才能を足掛かりとした上京や出世、ライバルとの立場逆転が、都市型の後者では都市内でのたしなみの差異化や社交への貢献に重点が置かれ、登場人物の音楽のたしなみをめぐる目的、態度、対象等の描写は二派の違いを際立たせる有効な道具立てとして機能していたとも言い換えられる。詳細は歌川（2018b）を参照されたい。

あとがき

本書は二〇一六年一二月に東京大学大学院教育学研究科より博士（教育学）の学位を授与された博士論文『近代日本における中上流階級女子のたしなみ像――一九世紀末から二〇世紀初頭東京の音楽文化に着目して』に、その後執筆した関連論文、書き下ろしを加え再構成したものである。

「あなたはなぜこのテーマに拘るのか」という趣旨の質問をされることが多く、本書を手に取っていただいた読者の方も不思議に感じるかもしれない。言い訳だらけの「あとがき」と映れば興ざめかもしれないが、稽古文化も含む、学校外教育研究やアマチュアの芸術文化活動の研究は、どの分野でも傍流として扱われやすいため、似た関心を持つ読者との情報共有の意味も込めて、着想の経緯をやや長めに書かせていただくことをご容赦いただきたい。

私がこのテーマに取り組み始めたのはちょうど一〇年前に当たる修士課程半ばである。学部時代から引き続き、社会教育学、生涯学習論の研究室に所属することにしたが、研究業界では実際には多様に展開している趣味、レジャー活動等の研究が主流ではない状況を不自然に感じていた。その不思議を抱えながら、ひとまずカルチャーセンターに関する研究レビューに着手し、同時に近現代日本の稽古文化の歴史を遡ろうとした。調べてみると近現代の稽古文化については、「わざ」「徒弟制」「正統的周辺参加」等をめぐる哲学、文化人類学的研究や階層格差論に結びつけた学校外教育の機会をめぐる社会学研究が蓄積されている一方で、教育史の基礎研究が思いの外少なく、そのことが教育学界隈での趣味、レジャー活動等の位置付けを難しくしている一因のように思えた。私自身、学部生時代の前半はサークル活動として始めた生田流箏曲の稽古に嵌まって部室にひきこもっていた経験もあり、もう少し何かを稽古する当事者の視点に近い教育史研究ができればと思った。とは言え、稽古に励んだ特定の個人の自己形成史や、それを可能にした特定の団体の活動史を描くイメージも浮かばなかった。このあたりから、どうやら自分の関心、というか違和感は、稽古文化にまつわる教習論ではなく、日本の「趣味」が抱えている教育性・倫理性のようなものにあるのではないか、と思い始めた。

そんな模索をしているうちに修士論文執筆の時期が迫り、結局、研究対象は「女子」の「音楽」の稽古に絞ることとした。研究対象が「女子」になったのは、学校教育やしつけ、稽古事、小説等の文学、少女雑誌上での交際等の多様な学びの機会に触れながらも、どれにも没入しない（本書で指摘した通り、社会が没入させないという側面もあるが）「女学生」「少女」等の女子像を知り、その軽やかさそのものが教育とそうでないものの境界を考える上で重要に思えたからである。考察対象として、稽古の内容を音楽に限らず、茶の湯、生花、その他の遊芸を加えるか、もしくは「趣味」言説そのものを検討しようかと悩んだ。しかし対象を音楽に限定することで、西洋芸術の移入やそれと伝統芸術との威信上のせめぎあいが観察しやすいのではないかと考え、明治後期から大正期の婦人雑誌の記事を用いて、家庭音楽論における音楽ジャンル（邦楽／洋楽）の位置付けの異同を分析した。

修士論文執筆時に時代や考察対象をかなり限定したことで、博士課程に進学してからは細々した研究は進みやすくなった。その半面、ジェンダー、芸術・芸能、メディアといった歴史学の諸分野や社会学の領域に踏み込まざるを得なくなり、初発の関心と関わらせて最終的にどのようにまとめていくべきか、「趣味」「稽古事・習い事」「教養・修養」「花嫁修業（行）」、そして「たしなみ」といった用語が頭の中を駆け巡る日々が続いた。また、関心に任せて研究しているうちに、一体自分の仕事は何で、自分のプライベートな趣味こそ何なのか、ということも一層ごちゃ混ぜになった。本研究に取り組む途中で運よく大学教員としての職を得たが、教職課程の授業や運営に携わることになり、「『教育学』の名のつく学部・大学院で育ったはずなのに、なぜもっとオーソドックスな、学校教育に関するテーマで研究していないのか」と自問自答する機会も増えていった。

授業準備や慣れない管理運営業務で忙殺される中で博士論文をまとめようと奮起できたのも、本書のテーマと地続きの関係にある、旧制高等女学校の文化史や現代のアマチュア芸術文化活動の実証研究に取り組んだことが大きい。それらの共同研究を通じて、学校・社会・家庭という教育機会の領域で区切らずに、女子のたしなみを軸に教育文化史を描きたいという気持ちに自覚的になり、何とか博士論文としてまとめるに至った。

博士論文の作成にあたっては、審査をお引き受け下さった先生方から、非常に丁寧で的確なご意見をいただいた。修士課程から指導教官としてお世話になり主査を務めていただいた牧野篤先生（東京大学）は、程よい距離から、大局的に研究を意義づけることの重要性を教えて下さった。先生からは「このテーマが教育学研究としてどのような意義があるのかを明確にして下さい」というご指導を終始いただいていたが、博士論文をまとめる過程でようやく噛みしめることができた。本書のテーマは、結果的には社会教育・生涯学習行政論とはほど遠いものになったが、それらに触れることなくしては生まれない問題意識だった。辛抱強く私を研究室に置いて下さったこと自体に感謝したい。審査委員をお引き受け下さった稲垣恭子先生（京都大学）、小国喜弘先生、仁平典宏先生、浅井幸子先生、新藤浩伸先生（東京大学）には、概念の使用や、問題設定から結論に至るまでの論理性の精緻化のための貴重なアドバイスをいただいた。本書のテーマは稲垣先生が明らかにされた女学生文化の一部を成すものでもある（と思いたい）。学部生時代に稲垣先生の講義を受講したこともあり、私が所属していた生涯教育学研究室と研究室も隣だったが、学部生の私は、稽古文化の歴史を研究する際に女学生研究が鍵になるというところまで、よく掴めていなかった。京都の地を離れてから先生の研究会等に参加させていただけたことは幸運だった。

音楽学に関して、「女性と音楽研究フォーラム」代表の玉川裕子先生（桐朋学園大学）は、門外漢の私をフォーラムに受け入れて下さり、研究発表の機会を与えて下さった。プライベートでも、吉川（深海）さとみ先生（東京藝術大学）は、学部時代に関西の地で箏曲の師匠として知り合い、大学院進学後も指導を受けるとともに博士論文執筆をいつも応援して下さった。

博士論文執筆中に職場だった学習院大学、名古屋女子大学の教職員の方々の温かいお言葉や学生の応援も背中を押してくれた。現職場で同僚となった小川豊武先生（昭和女子大学）は、ご多忙のところ本書の初稿にも目を通して下さり、社会学の立場から貴重なアドバイスを下さった。また、日々接している「先生」をめざす真摯な学生の存在が、授業はもちろんのこと、実は間接的に研究の後押しにもつながっているのだと痛感する。この他にも、資史料蒐集にご協力頂いた方々、投稿論文の査読をして下さった匿名の先生方など、感謝すべき方々は尽きない。

共働きだった両親は、私の大学卒業前に定年を迎えたが、流転しがちな息子を常に気遣ってくれた。父は、「研究職に就けるか否かは別として、好きなテーマで博士号を取ってくれ」と、研究活動を静かに見守ってくれた。元小学校教諭の母は、長い目で見れば生真面目さが周囲からの信頼につながる、という教員としての姿勢を身をもって示してくれている。そして気づけば本書は、生まれてから小学校高学年まで私の面倒を見てくれた大正生まれ、高女卒の父方の祖母の世代の研究となった。祖母は二十年前に鬼籍に入った。私自身、戦前期の女性のたしなみのあり方を賞賛する気も批判する気もないつもりだったが、結局のところ、約一世紀前の資料に登場する「女子」の姿に、祖母から漂っていた気品や気概を見出したくてこのテーマに拘ったのかもしれない。

最後になるが、教育文化史研究に携わり、日頃、先行研究としても触れることの多い勁草書房から出版することは念願でもあった。編集者の藤尾やしおさんに博士論文の出版化についてご指南いただいたことは幸甚である。藤尾さんを始め、多くの人に支えられこうして日の目を見ることになる本書だが、一人でも多くの方の目に触れることを望み、また批正を仰ぎたい。

なお、本書に関わる研究および本章執筆にあたり、日本学術振興会科学研究費補助金（特別研究員奨励費、二〇一一—二〇一二年度、11J10657）、科学研究費補助金（若手研究（B）、二〇一五—二〇一六年度、15K21357）、科学研究費補助金（若手研究、二〇一八—二〇二〇年度、18K12233）の助成を受けた。

二〇一九年二月　三軒茶屋の研究室にて

歌川光一

初出一覧

歌川光一（2011）「明治後期・大正前期婦人雑誌にみる三味線イメージの変容――家庭の生成と遊芸の近代」『余暇学研究』第 14 号

歌川光一（2012）「明治後期～大正期女子職業論における遊芸習得の位置――楽器習得に着目して」『文化経済学』第 9 巻 2 号

歌川光一（2014）「戦前期における理想的女子像の『伝統／近代』を捉える視点としての『音楽のたしなみ』――研究動向にみる可能性と課題」『学習院大学文学部研究年報』第 60 輯

歌川光一（2015）「二〇世紀初頭日本における『女子にふさわしい楽器』のイメージ――女性雑誌付録絵双六を中心に」『東洋音楽研究』第 80 号

吉川さとみ・歌川光一（2015）「戦前期の礼儀作法書における音楽関連の記述およびその変容――書誌情報を通じた傾向の把握を中心に」『東京藝術大学音楽学部紀要』第 40 号

歌川光一（2015）「女性と音楽のたしなみの日本近代」（玉川裕子編著『クラシック音楽と女性たち』青弓社所収）

歌川光一（2017）「近世教育史における御殿奉公の再定位に向けて」（名古屋女子大学文学部児童教育学科編）『教育・保育モノグラフ』No. 1

歌川光一（2018）「戦前昭和期における「令嬢」と音楽――『婦人画報』にみる箏、三味線、ピアノのたしなみに関する言説をめぐって」（昭和女子大学近代文化研究所編）『学苑』No. 928

人名索引

ア行

カ行

サ行

タ行

ナ行

ハ行

マ行

ヤ行

ワ行

事項索引

ア行

カ行

サ行

タ行

ナ行

ハ行

参考文献

【一次文献】

（※国語辞典，雑誌記事，家政・修養書，職業案内書，礼法書は本文中に示したため略記する。）


権田保之助，1923，『社会研究娯楽業者の群』実業之日本社．

森蒼太郎，1921，『遊芸師匠の裏面』大京堂書店．

大西　昇，1943，「たしなみの伝統と構造」大江精志郎編『世界観の哲学』理想社，pp. 249-292.

桜井　役，1942，『礼法読本』増信堂．

高野辰之，1938，『日本歌謡史』春秋社．

寺島雅子，1985，『梅鉢草　思いつくまま』山桃舎．

東京府教育会編，1916，『通俗教育に関する調査』．

東京府立第五高等女学校，1935，『東京府立第五高等女学校要覧』．

東京府立第一高等女学校，1931，『本校の現状』．

東京市社会局，1924，『職業婦人に関する調査』．

東京市役所統計課編，1926-1936，『警視庁統計書』．

宇高寧，1929，『女性恋愛展望』知命堂出版部．

山川菊栄，1940，『女は働いてゐる』育生社．


【二次文献】

（国内）


安部崇慶，1997，『芸道の教育』ナカニシヤ出版．

赤枝香奈子，2011，『近代日本における女同士の親密な関係』角川学芸出版．

赤川　学，1999，『セクシュアリティの歴史社会学』勁草書房．

天野郁夫，1991，「女性と中等教育」天野郁夫編『学歴主義の社会史』有信堂，pp. 94-102.

天野正子，1987，「婚姻における女性の学歴と社会階層――戦前期日本の場合」『教育社会学研究』第 42 集，pp. 70–91.
青山貴子，2008，「遊びと学びのメディア史――明治期の〈教育双六〉における『上がり』の思想を中心に」『生涯学習・社会教育研究ジャーナル』2，pp. 109–126.
麻生千明，1998，「明治期における学齢女子の不就学要因としての遊芸の稽古と子守についての考察――明治期東北地方における女子の就学状況と女子教育観に関する一考察・その 2」『地域総合文化研究所紀要』第 10 巻，pp. 1–24.
陳　含露，2016，「『婦人画報』「令嬢鑑」における明治末期から大正期のお嬢様像――文字テクストからの分析」『外国語学会誌』No. 45，pp. 191–203.
千葉優子，2007，『ドレミを選んだ日本人』音楽之友社.
千賀四郎編，1985，『茶道聚錦 6　近代の茶の湯』小学館.
デビット・ノッター，2007，『純潔の近代――近代家族と親密性の比較社会学』慶應義塾大学出版会.
呑海沙織，2011，「近代礼法書にみる図書館のマナー」『図書館情報メディア研究』9(1)，pp. 77–88.
――――・綿抜豊昭，2012，「近代における図書館に関するマナーの受容――礼法教育からのアプローチ」『日本図書館情報学会誌』58(2)，pp. 69–82.
――――，2013，「近代礼法書における図書館マナーと甫守謹吾」『情報学』10(2)，pp. 1–11
江口敦子・住田昌二，1983，「礼法教育の研究（第 1 報）――小学校における礼法の成立過程」『日本家庭科教育学会誌』26(2)，pp. 13–17.
――――，1983，「礼法教育の研究（第 2 報）：小学校用礼法教科書の内容の推移」『日本家庭科教育学会誌』26(2)，pp. 18–22.
――――・俵原敬子，1985，「礼法教育の研究（第 3 報）――婦人向け教養書における礼法項目の推移」『日本家庭科教育学会誌』28(1)，pp. 1–6.
遠藤　宏，1948，『明治音楽史考』有朋堂.

遠藤　薫, 2007,『グローバリゼーションと文化変容――音楽、ファッション、労働からみる世界』世界思想社.
藤久ミネ, 2006,「令嬢」津金澤聰廣監修『写真でよむ昭和モダンの風景　1935年―1940年』柏書房、pp. 442-443.
藤井康之, 2008,「各種学校における唱歌・音楽教育――明治二〇年前後を中心に」土方苑子編『各種学校の歴史的研究――明治東京・私立学校の原風景』東京大学出版会, pp. 199-222.
藤波ゆかり, 2005,「箏曲教習の歴史的展開　通信講座、雑誌、ラジオによる啓発」『音楽教育史研究』第8号, pp. 37-46.
深谷昌志, 1966→1998,『教育名著選集② 良妻賢母主義の教育』黎明書房.
学習院大学史料館, 2006,『小西四郎収集史料　絵双六（学習院大学史料館収蔵史料目録第二十号）』学習院大学史料館.
権藤敦子, 2015,『高野辰之と唱歌の時代――日本の音楽文化と教育の接点をもとめて』東京堂出版.
羽賀　伸・羽賀陽子編著, 1993,『箏の情景』音楽之友社.
萩谷由喜子, 2003,『幸田姉妹――洋楽黎明期を支えた幸田延と安藤幸』ショパン.
葉口英子, 2013,「明治・大正期における子ども歌劇の誕生と大衆化」『環境と経営（静岡産業大学論集）』18(2), pp. 261-273.
濱名　篤, 1998,「明治末期から昭和初期における『女中』の変容」『社会科学研究』第49巻第6号, pp. 31-87.
浜崎　廣, 2004,『女性誌の源流――女の雑誌、かく生まれ、かく競い、かく死せり』出版ニュース社.
橋本敏子・野村和子・小林真喜子, 1976,「現代ならいごと考――女の遊び論として」『季刊人類学』7-4, pp. 185-211.
羽田野慶子, 1998,「〈自由に売春する身体〉の成立――明治期廃娼論にみる売春女性イメージ」『女性学年報』19, pp. 32-41.
畑　尚子, 2001,『江戸奥女中物語』講談社.
服部　正, 1956,「『おけいこごとか、サークル活動か』――女子労働者の教養の体系について」『労働研究』105, 兵庫県立労働経済研究所, pp. 2-6.

――――，1957a，「生活合理化の文化性――お稽古事批判の側面」『労働研究』112，兵庫県立労働経済研究所，pp. 2-6.
――――，1957b，「『お稽古事批判』――グループ・ワーク技術の問題として」『社会問題研究』7(1)，pp. 73-89.
樋口　覚，1996，『三絃の誘惑――近代日本精神史覚え書』人文書院.
――――，1999，「近代都市における三絃」青木保ほか編『近代日本文化論5　都市文化』岩波書店，pp. 137-156.
土方苑子，2008，「女子の通う各種学校」土方苑子編『各種学校の歴史的研究――明治東京・私立学校の原風景』東京大学出版会，pp. 249-278.
平野健次，1989，「演奏の場による分類」平野健次・上参郷祐康・蒲生郷昭『日本音楽大事典』平凡社，pp. 17-19.
本田真隆，2018，『家族情緒の歴史社会学――「家」と「近代家族」のはざまを読む』晃陽書房.
本田和子，1990，『女学生の系譜――彩色される明治』青土社.
本多佐保美ほか，1999，「東京女子高等師範学校附属国民学校の音楽――文献資料と当時の子どもたちへのインタビューに基づく音楽授業」『音楽教育史研究』2，pp. 37-47.
本間千尋，2015，『日本におけるクラシック音楽文化の社会学的研究――ピアノ文化を中心として』慶應義塾大学大学院社会学研究科博士論文.
保城広至，2015，『歴史から理論を創造する方法――社会科学と歴史学を統合する』勁草書房.
堀垣一郎，1967，「学習内容編成の構造」平沢薫編『現代社会教育の実践』進々堂，pp. 103-124.
堀内敬三，1942，『音楽五十年史』鱒書房.
細川周平，1998，「近代日本音楽史・見取り図」『現代詩手帳』1998年5月号，pp. 24-34.
――――，2003，「家庭音楽―団欒にピアノが聞こえ」細川周平研究代表『近代日本における西洋音楽文化の衝撃と大衆音楽の形成―黒船から終戦まで』平成11-14年度科学研究費補助金(基盤研究(C)(2))，pp. 33-43.

市川寛明，2011，「江戸における庶民のリテラシーとジェンダー――御殿奉公と庶民の教育熱」石川照子・高橋裕子編著『ジェンダー史叢書第2巻　家族と教育』明石書店，pp. 102–121.
市山雅美，2011，「高等女学校校友会雑誌所蔵一覧」『旧制中等諸学校の『校友会誌』にみる学校文化の諸相の研究と史料のデータベース化』（斉藤利彦研究代表 2009–2012 年度科学研究費補助金基盤研究(B)研究成果報告書（第一集）），学習院大学文学部，pp. 163–168.
池上英子，2005，『美と礼節の絆――日本における交際文化の政治的起源』NTT 出版株式会社.
今田絵里香，2007，『「少女」の社会史』勁草書房.
――――，2017，「教育社会学と歴史研究――移動・選抜、社会史、ジェンダー史の観点から」日本教育社会学会編『教育社会学のフロンティアⅠ　学問としての展開と課題』岩波書店，pp. 165–186.
井村　彰，1999，「Taste と Hobby――日本における趣味概念の変容」『美学・芸術学の今日的課題――日本における美学・芸術学の歩みと課題＋〈病〉の感性論』第 49 回美学会全国大会当番校設定テーマ研究会報告書，pp. 87–94.
――――，2004，「趣味の領分――雑誌『趣味』における坪内逍遥・西本翠蔭・下田歌子」『日本の美学（明治・大正期）』平成 12 年度～平成 15 年度科学研究費補助金（基盤研究（A）(1)）研究成果報告書（佐々木健一・研究代表），pp. 182–191.
稲垣恭子（研究代表），2004，『関西地域における高等女学校の校風と女学生文化に関する教育社会学的研究』科学費補助金成果報告書.
――――，2007，『女学校と女学生 教養・たしなみ・モダン文化』中央公論新社.
――――，2010，「武家娘と近代――『女のいくさ』と言説空間」『教育・社会・文化』第 12 号，pp. 1–10.
諸橋泰樹，1993，『雑誌文化の中の女性学』明石書店.

井上さつき，2014，『日本のヴァイオリン王――鈴木政吉と幻の名器』中央公論新社
井上章一，1991，『美人論』リブロポート．
井上好人，2008，「幼児期からのピアノレッスンによって身体化された文化資本のゆくえ」『金沢星稜大学人間科学研究』2(1)，pp. 1-6.
井上佑子，2009，『戦時グラフ雑誌の宣伝戦　十五年戦争下の「日本」イメージ』青弓社．
石堂彰彦，2008，「『読売新聞』の開化と『伝統』――三味線と学問をめぐる議論」『成蹊人文研究』第16号，pp. 49-61.
石川弘義，1981，『娯楽の戦前史』東京書籍．
伊藤かおり，2015，「明治期における〈交際社交術〉の語られ方――漱石文学への視座として」『学術研究　人文科学・社会科学編』(63)，21-34.
伊藤めぐみ，2012，「戦間期における『花嫁学校』の生成と展開」『早稲田教育学研究』(4)，pp. 39-53.
伊東　壮，1965，「不況と好況のあいだ」南博編『大正文化』勁草書房，pp. 172-195.
岩城紀子，2006，「解題　小西四郎氏の双六コレクション」学習院大学史料館『小西四郎収集史料　絵双六（学習院大学史料館収蔵史料目録第二十号)』学習院大学史料館，pp. 350-352.
神野由紀，1994，『趣味の誕生――百貨店がつくったテイスト』勁草書房．
――――，2015，『百貨店で〈趣味〉を買う――大衆消費文化の近代』吉川弘文館．
門奈由子，2007，「スズキ・メソッドとヤマハ・システムにみる戦後の『民間音楽教育』」『日本女子大学大学院人間社会研究科紀要』13，pp. 123-135.
門脇厚司，1988，「新中間層の量的変遷」日本リサーチ総合研究所編『生活水準の歴史的分析』総合研究開発機構，pp. 213-249.
籠谷真智子，1985，「女性と茶の湯」千賀四郎編『茶道聚錦』6，小

学館，pp. 253-259.
梶野絵奈，2017，「大正期の通信教育受講者たちの音楽生活——大日本家庭音楽会の雑誌『家庭音楽』から」『音楽学』63(1)，pp. 1-17.
上笙一郎，1971，「児童雑誌」「付録」南博監修『マス・コミュニケーション事典』学芸書林，pp. 289-290，618-619.
神澤志摩，1999a，「ピアノレッスンに関するインタビューのナラティブ資料」『成城コミュニケーション学研究』(1)，pp. 71-127.
————，1999b，「趣味の選択の一形態：幼少期におけるピアノレッスンの導入スタイル」『成城文藝』(166)，pp. 57-33.
唐澤富太郎，1979，『女子学生の歴史』木耳社.
片岡栄美，1998，「音楽愛好者の特徴と音楽ジャンルの親近性——音楽の好みと学歴・職業」『関東学院大学人文科学研究年報』22，pp. 147-162.
————，2005，「文化定義のジェンダー化に関する研究——言説からみる文化活動への意味付与と性役割意識」『人文科学研究所報』第 29 号，pp. 65-85.
————，2008，「芸術文化消費と象徴資本の社会学——ブルデュー理論からみた日本文化の構造と特徴」『文化経済学』6(1)，pp. 13-25.
片山清一，1984，『近代日本の女子教育』建帛社.
加藤恵津子，2004，『〈お茶〉はなぜ女のものになったか——茶道から見る戦後の家族』紀伊国屋書店.
加藤晴美，2004，「茶道の歴史——男性から女性へ」『プール学院大学研究紀要』第 44 号，pp. 203-214.
加藤秀俊，1980，「独学のすすめ」『加藤秀俊著作集 6』中央公論社，pp. 68-76.
加藤康昭，1974，『日本盲人社会史研究』未来社.
加藤康子，2002，「幕末・明治の絵双六」加藤康子・松村倫子編『幕末・明治の絵双六』国書刊行会，pp. 288-325.
加藤善子，2005，「クラッシック音楽愛好家とは誰か」渡辺裕・増田聡ほか著『クラシック音楽の政治学』青弓社，pp. 143-174.

勝岡（藤波）ゆかり，2009，「箏曲教習における教習階梯の変容——幕末から昭和前期の手ほどき曲の創作と受容」『音楽教育史研究』（12），pp. 35-45
河田敦子，2008，「女子教育の推奨」荒井明夫編『近代日本黎明期における「就学告諭」の研究』東信堂，pp. 310-331.
川村邦光，1993，『オトメの祈り——近代女性イメージの誕生』紀伊國屋書店.
————，1994，『オトメの身体——女の近代とセクシュアリティ』紀伊国屋書店.
————，2003，『オトメの行方』紀伊国屋書店.
華族史料研究会編，2011，『華族令嬢たちの大正・昭和』吉川弘文館.
吉川英史，1965，『日本音楽の歴史』創元社.
吉川さとみ・歌川光一，2015，「戦前期の礼儀作法書における音楽関連の記述およびその変容——書誌情報を通じた傾向の把握を中心に」『東京藝術大学音楽学部紀要』40，pp. 31-49.
木村涼子，2007，「書評：今田絵里香著『「少女」の社会史』」『教育社会学研究』81，pp. 122-124.
————，2009，「ジェンダーの視点からの教育史　解説」木村涼子編『リーディングス日本の教育と社会第16巻　ジェンダーと教育』日本図書センター，pp. 259-261.
————，2010，『〈主婦〉の誕生——婦人雑誌と女性たちの近代』吉川弘文館.
近代女性文化史研究会編，1989，『婦人雑誌の夜明け』大空社.
近代女性史研究会編，1978，『女たちの近代』柏書房.
北田暁大＋解体研，2017，『社会にとって趣味とは何か——文化社会学の方法規準』河出書房新社.
北河賢三，1982，「1930年代の思潮と知識人」鹿野政直・由井正臣編『一九三一年から一九四五年まで』日本評論社，pp. 135-166.
北村三子，2007，「日本近代における身体と教育」教育史学会編『教育史研究の最前線』日本図書センター，pp. 185-189.

小林輝行，1982，『近代日本の家庭と教育』杉山書店.
小林善帆，2007，『「花」の成立と展開』和泉書院.
小堀哲郎，2009，「現代『習い事』事情——日本におけるピアノの受容過程とその大衆化」『総合人間科学研究』(1)，pp. 65–76.
小路田泰直，1991，『近代日本都市史研究序説』柏書房.
古仲素子，2015，「高等女学校における教師と生徒による音楽活動——『校友会雑誌』上における表現を手がかりに」斉藤利彦編『学校文化の史的探求——中等諸学校の『校友会雑誌』を手がかりとして』東京大学出版会，pp. 279–302.
供田武嘉津，1996，『日本音楽教育史』音楽之友社.
広井多鶴子，1999，「『婦人』と『女性』——ことばの歴史社会学」『群馬女子短期大学紀要』25 号，pp. 121–136.
小宮豊隆編，1954，『明治文化史第 9 巻　音楽・演芸編』洋々社.
————編，1970，『明治文化史第 10 巻　趣味娯楽』原書房.
小山静子，1991，『良妻賢母という規範』勁草書房.
————，1999，『家庭の生成と女性の国民化』勁草書房.
————，2002，「花嫁修業」井上輝子ほか編『岩波　女性学事典』岩波書店，p. 380.
————・太田素子編，2008，『「育つ・学ぶ」の社会史——自叙伝から』藤原書店.
小谷野敦，2007，『日本売春史——遊行女婦からソープランドまで』新曜社.
久米依子，2013，『「少女小説」の生成　ジェンダー・ポリティクスの世紀』青弓社.
倉島長正，1997，『「国語」と「国語辞典」の時代・上——その歴史』小学館.
黒岩比佐子，2008，『明治のお嬢さま』角川学芸出版.
工藤昌伸，1993，『日本いけばな文化史 3　近代いけばなの確立』同朋舎出版，pp. 94–110.
熊倉功夫，1980，『近代茶道史の研究』日本放送出版協会.
————，1990，「家元制度の復活」「芸事の流行」芸能史研究会編『日本芸能史第 7 巻』法政大学出版局，pp. 55–74, 221–238.

――――，1993,「近世における芸能の展開」熊倉功夫編『日本の近世　第11巻　伝統芸能の展開』中央公論社，pp. 9-66.
――――，2003,「日本遊芸史序考――数奇者と茶の湯」熊倉功夫編『遊芸文化と伝統』吉川弘文館，pp. 1-25.
倉田喜弘，1988,『日本近代思想体系 18 芸能』岩波書店，pp. 381-390.
――――，1989,「明治の邦楽情報（上）」『季刊邦楽』第 58 号，pp. 83-85.
――――，1999,『芸能の文明開化 明治国家と芸能近代化』平凡社，pp. 44-52.
桑原三二，1982,『高等女学校の成立　高等女学校小史・明治編』高山本店.
桑原桃音，2017,『大正期の結婚相談――家と恋愛にゆらぐ人びと』晃洋書房.
前田　愛，2001,『近代読者の成立』岩波書店.
前田　博，1983,『教育における芸術の役割』玉川大学出版部.
――――，1995,『美的教育論』東信堂.
前原恵美，2003,「『宴遊日記』に見られる芸能記録について」『東京芸術大学音楽学部紀要』29，pp. 17-57.
丸山彩，2011,「明治 10 年代～ 20 年代の京都府女学校・京都府高等女学校における音楽教育の展開」『音楽教育学』41(2)，pp. 13-24.
西澤直子，2011,『福澤諭吉と女性』慶應義塾大学出版会.
松本佳子，2008,「ピアノ同好会・清楽会の活動とその影響」『生活文化史』(53)，pp. 75-86.
三鬼浩子，1989,「明治婦人雑誌の軌跡」近代女性文化史研究会編『婦人雑誌の夜明け』大空社，pp. 3-102.
南　博編，1965,『大正文化』勁草書房.
――――，1980,『南博社会心理論集 3　日本人の芸術と文化』勁草書房.
――――編集代表，1986,『近代庶民生活誌　第 9 巻』三一書房.
見田宗介，1967,「明治維新の社会心理学」辻村・塩原・見田編

『今日の社会心理学 6　変動期における社会心理』培風館, pp. 149-247.
三好信浩, 2000,『日本の女性と産業教育――近代産業社会における女性の役割』東信堂.
水野宏美, 2001,「近代の家庭生活とピアノ文化」『哲學』106, pp. 59-91.
水野真知子, 2009,『高等女学校の研究――女子教育改革史の視座から（野間教育研究所紀要, 第 48 集）上・下』野間教育研究所.
水野悠子, 2003,『江戸東京　娘義太夫の歴史』法政大学出版局.
森みゆき, 2014,「明治期の一般大衆の西洋音楽事情」『平成音楽大学紀要』14（1・2), pp. 39-61.
守屋　毅, 1991,「稽古事」石川弘義ほか編『大衆文化事典』弘文堂, pp. 228.
村上信彦, 1983,『大正期の職業婦人』ドメス出版.
牟田和恵, 1996,『戦略としての家族――近代日本の国民国家形成と女性』新曜社.
鍋本由徳, 2011,「幕末・明治初年の歌舞音曲と社会の諸相――娼芸妓解放と俗曲との関わり」『研究紀要』第 24 号, pp. 157-196.
永原和子, 2012,『近現代女性史論――家族・戦争・平和』吉川弘文館.
永嶺重敏, 1997 → 2004,『雑誌と読者の近代』日本エディタースクール出版部.
永谷健, 2007,『富豪の時代――実業エリートと近代日本』新曜社.
中嶋久人, 2003,「『都市下層社会』の成立――東京」小林丈広編『都市下層の社会史』部落解放・人権研究所, pp. 18-47.
中嶌邦, 1989,「近代日本における婦人雑誌、その周辺――『婦人雑誌の夜明け』によせて」近代女性文化史研究会編『婦人雑誌の夜明け』大空社, pp. 1-17.
――――, 1996,「近代日本における女子の家庭教育――女子教育政策とその影響」比較家族史学会監修, 井ヶ田良治・田端泰

子・布川清司編『家と教育』早稲田大学出版部，pp. 82-111.
中嶋昌彌，1998，「稽古事の文化」吉田正・中嶋昌彌・矢谷慈國編『「学び」の人間学』晃洋書房，pp. 195-211
仲万美子，2011，「明治後期の女学生による洋楽 / 邦楽実践のあり方とその発表の「場」とは——『同志社女学校期報』記事を事例に」『礼拝音楽研究』11，pp. 33-56.
中村洪介，1987，『西洋の音，日本の耳——近代日本文学と西洋音楽』春秋社.
中村通夫・校注，1957，『日本古典文学大系 63　浮世風呂』岩波書店.
中村理平，1993，『洋楽導入者の軌跡——日本近代洋楽史序説』刀水書房.
成田龍一，1993，「近代都市と民衆」成田龍一編『近代日本の軌跡　都市と民衆』吉川弘文館，pp. 1-56.
日本芸術文化振興会国立劇場調査養成部編，2008，『日本の伝統芸能講座　音楽』淡交社.
日本女子大学女子教育研究所編，1967，『明治の女子教育』国土社.
————編，1975，『大正の女子教育』国土社.
日本近代文学館編，1982，『復刻　日本の雑誌　解説』講談社.
日本音楽教育学会編，2009，『音楽教育学の未来』音楽之友社.
西山松之助，1982，『西山松之助著作集第 2 巻　家元制の展開』吉川弘文館.
————，1984，『芸道と伝統』吉川弘文館.
西阪多恵子，2018，『クラシック音楽とアマチュア——W. W. コベットとたどる二十世紀初頭の音楽界』青弓社.
野川美穂子，1991，「明治期の三曲の演奏会について——『音楽雑誌』掲載記事を中心に」『東京藝術大学音楽学部紀要』17，pp. 45-84.
野口　剛，2010，「小説『細雪』に見るたしなみ・身体・階級」『教育・社会・文化 : 研究紀要』12，pp. 11-20.
貫田優子，2004，「女学生文化の諸相——学校差・階層差」研究代表稲垣恭子『関西地域における高等女学校の校風と女学生文

化に関する教育社会学的研究』科学費補助金成果報告書, pp. 19-34.
落合恵美子, 1994 → 2004, 『21 世紀家族へ（第 3 版）』有斐閣.
小平麻衣子, 2016, 『夢みる教養――文系女性のための知的生き方史』河出書房新社.
岡　満男, 1981, 『婦人雑誌ジャーナリズム』現代ジャーナリズム出版会, pp. 28-43.
奥中康人, 2014, 『和洋折衷音楽史』春秋社.
大口勇次郎, 2016, 『江戸城大奥をめざす村の娘　生麦村関口千恵の生涯』山川出版社.
大地宏子, 2005,「戦前における音楽学校の成立と展開」河口道朗監修『音楽教育史論叢第Ⅱ巻　音楽と近代教育』開成出版, pp. 258-277.
大貫紀子, 1989,「習俗と家庭の音楽」蒲生郷昭ほか編『岩波講座日本の音楽・アジアの音楽別巻 1　手引と資料 2』岩波書店, pp. 95-99.
大塚明子, 2018, 『『主婦の友』にみる日本型恋愛結婚イデオロギー』勁草書房.
大空社, 1986, 『復刻日本の婦人雑誌　解説』大空社.
小澤考人, 2003,「近代日本における『余暇』の問題構成」『ソシオロゴス』No. 27, pp. 269-289.
佐伯順子, 1990,「『文明開化』の『遊び』」『日本の美学』第 15 号, pp. 185-202.
――――, 2012, 『明治〈美人〉論　メディアは女性をどう変えたか』NHK 出版.
斎藤美奈子, 2000, 『モダンガール論　女の子には出世の道が二つある』マガジンハウス.
齊藤紀子, 2013,「椅子式の居間におけるピアノについて――山本拙郎の住宅図譜「ピアノの漏る丶家」(1922) を中心に」『お茶の水音楽論集』(15), pp. 31-42.
――――, 2014,「大正・昭和初期の住宅におけるピアノの普及過程について――雑誌『住宅』の住宅プランにみるピアノの様

相」『文化資源学』(12), pp. 17-29.
酒井健太郎, 2015,「東京音楽学校と邦楽——昭和 11 年の邦楽科開設を中心に」『研究紀要』(34), pp. 32-44.
坂本佳鶴恵, 2000,「女性雑誌の歴史分析」『お茶の水女子大学人文科学紀要』53, pp. 255-264.
————, 2001,「女性雑誌にみる『女の子』の成立——少女文化から女の子文化へ」『お茶の水女子大学人文科学紀要』54, pp. 149-158.
坂本麻実子, 1992,「大正時代の女学生向け雑誌『令女界』の歌曲」『お茶の水女子大学女性文化研究センター年報』5, pp. 85-107.
————, 1993,「音楽メディアとしての近代日本の少女雑誌とその歌曲」『人間文化研究年報』16, pp. 55-67.
————, 2006,『明治中等音楽教員の研究——「田舎教師」とその時代』風間書房.
坂田直子, 2002,「子ども時代の音楽学習とその後の影響に関する一考察——主としてピアノ学習の口述史を通して」『音楽教育史研究』5, pp. 5-19.
佐久間りか, 1995,「写真と女性——新しい視覚メディアの登場と『見る／見られる』自分の出現」奥田暁子編『女と男の時空—日本女性史再考Ⅴ 鬩ぎ合う女と男——近代』藤原書店, pp. 187-237.
————, 2005,「〈少女〉読者の誕生——性・年齢カテゴリーの近代」『メディア史研究』19, pp. 17-41.
櫻井 役, 1943,『女子教育史』増進堂.
産経学園本部, 2005,『産経学園 五十年史』.
佐藤卓巳, 2002,『「キング」の時代』岩波書店.
佐藤生実, 2015,「習い事産業と発表会」宮入恭平編著『発表会文化論——アマチュアの表現活動を問う』青弓社, pp. 39-66.
佐藤裕紀子, 2011,『大正期における新中間層主婦の時間意識の形成』風間書房.
沢山美果子, 1996,「『結婚の条件』の近代」小玉美意子・人間文化

研究会編『美女のイメージ』世界思想社，pp. 177-204.
————，2013，『近代家族と子育て』吉川弘文館.
佐々木啓子，2002，『戦前期女子高等教育の量的拡大過程』東京大学出版会.
————，2012，「近代日本における都市中上流階級の階層文化と教育——その理論的検討と歴史社会学的分析枠組みの提示」『電気通信大学紀要』24巻1号，pp. 19-29.
関口すみ子，2005，『御一新とジェンダー——荻生徂徠から教育勅語まで』東京大学出版会.
渋谷知美，2003，『日本の童貞』文藝春秋.
周東美材，2008，「鳴り響く家庭空間——1910-20年代日本における家庭音楽の言説」『年報社会学論集』第21号，pp. 95-106.
————，2011，「書物のなかの令嬢——『趣味大観』にみる昭和初期東京の音楽」『研究紀要』第35号，pp. 57-78.
————，2015，『童謡の近代』岩波書店.
下川耿史，家庭総合研究会，2000，『明治・大正家庭史年表』河出書房新書.
志村聡子，2012，『一九三〇年代日本における家庭教育振興の思想——「教育する母親」を問題化した人々』三元社.
園田英弘，1999，「近代日本の文化と中流階級」青木保ほか編『近代日本文化論5　都市文化』岩波書店，pp. 99-116
末永雅子，2008，「ピアノ学習への課題——調査に現れた保護者の意識と役割」『広島文化短期大学紀要』41，pp. 115-125.
————，2013，「親が習い事に求めるもの——ピアノを習わせている親への調査に基づいて」『広島文化学園大学学芸学部紀要』(3)，pp. 9-17.
陶　智子・綿抜豊昭監修，2008，『近代日本の礼儀作法　明治編・大正編・昭和編』日本図書センター（全15冊）.
須川亜紀子，2013，『少女と魔法——ガールヒーローはいかに受容されたのか』NTT出版.
祐成保志，2008，『〈住宅〉の歴史社会学——日常生活をめぐる啓蒙・動員・産業化』新曜社.

鈴木幹子，1997，「日本型人間関係・制度・組織」筒井清忠編『歴史社会学のフロンティア』人文書院，pp. 192-199.
――――，2000，「大正・昭和初期における女性文化としての稽古事」青木保ほか編『近代日本文化論第 8 巻 女の文化』岩波書店，pp. 48-71.
鈴木貞美，2005，『日本の文化ナショナリズム』平凡社.
橘　佳江，2009，「書評と紹介　小林善帆著『「花」の成立と展開』（日本史研究叢刊 18）」『日本歴史』吉川弘文館，735 号，pp. 123-125.
田嶋　一，2016，『〈少年〉と〈青年〉の近代日本　人間形成と教育の社会史』東京大学出版会.
高田里恵子，2005，『グロテスクな教養』筑摩書房.
高橋晴子，2005，『近代日本の身装文化――「身体と装い」の文化変容』三元社.
高橋一郎，2001，「家庭と階級文化――『中流階級』としてのピアノをめぐって」柴野昌山編『文化伝達の社会学』世界思想社，pp. 156-174.
高橋美雪，2001，「明治期のヴァイオリン――そのイメージと日本特有の受容の諸相」『一橋研究』第 25 巻第 4 号，pp. 157-182.
高井浩・高橋敏，1991，『天保期、少年少女の教養形成過程の研究』河出書房新社.
高月智子・能澤慧子，2003，「1920 年代若い女性の理想像：『婦人グラフ』に見る令嬢たち」『東京家政大学博物館』第 8 号，pp. 185-194.
竹内里欧，2002，「『欧化』と『国粋』――礼儀作法書のレトリック」『ソシオロジ』第 46 館 3 号，pp. 127-143.
――――，2003，「『紳士』という理想像の誕生と展開――近代日本の礼儀作法書にみる」『京都社会学年報』11，pp. 13-28.
竹内　洋，2003，『教養主義の没落――変わりゆくエリート学生文化』中央公論新社.
玉川裕子，1998，「夏目漱石の小説にみる音楽のある風景――お琴から洋琴へ」『桐朋学園大学研究紀要』第 22 集，pp. 73-91.

――――，2008，「『ピアノを弾く女性』というジェンダー表象――近代日本の場合」『ジェンダーと表現――女性に対する暴力を無くすためのもうひとつの視点からの試み』2007年度フェリス女学院大学学内共同研究報告書，pp. 23-36.
――――，2012，「音楽取調掛および東京音楽学校（明治期）教員のジェンダー構成」『桐朋学園大学研究紀要』38，pp. 47-73.
――――，2015，「家庭に鳴り響く音楽」「女性職業音楽家の誕生」玉川裕子編著『クラシック音楽と女性たち』青弓社，pp. 56-89, 90-121.
――――，2017，「近代日本における家庭音楽論――「一家団欒」という未完の夢」『桐朋学園大学研究紀要』43，pp. 57-76.
――――，2018，「女子学習院における音楽――皇后／皇太子の象徴としての音楽」『桐朋学園大学研究紀要』44，pp. 33-63.
田辺久之，1995，『考証三浦環』近代文芸社.
田中亜以子，2010，「『妻』と『玄人』の対立と接近――性と愛と結婚を一致させるために妻に求められたこと」『女性史学』20，pp. 53-70.
田中秀隆，2003，「文化研究の潮流と近代茶道史研究」『芸能史研究』162号，p. 1-12.
田甫圭三編，1981，『近代日本音楽教育史Ⅱ――唱歌教育の日本的展開』学文社，pp. 336-349.
時田アリソン，2013，「戦前の関西におけるピアノ――近代のシンボル」『言語文化論叢』18，pp. 109-136.
東京女学館百年史編集室，1986，『東京女学館史料　第6集』東京女学館.
寺田貴雄，1998，「明治後期における洋楽普及と雑誌『趣味』」『エリザベト音楽大学研究紀要』第19巻，pp. 69-78.
――――，2012，「近代日本の音楽教育言説にみるtasteとしての『趣味』」『北海道教育大学紀要．教育科学編』63(1)，pp. 141-150.
寺出浩司，1994，『生活文化論への招待』弘文堂.
東京芸術大学音楽取調掛研究班編，1967，『音楽教育成立への軌跡』

音楽之友社.
辻　功・古野有隣編著，1973，『日本人の学習――社会教育における学習の理論』第一法規出版.
辻本雅史，1999，『「学び」の復権――模倣と習熟』角川書店.
土田陽子，2014，『公立高等女学校にみるジェンダー――秩序と階層構造――学校・生徒・メディアのダイナミズム』ミネルヴァ書房.
――――，2015，「中学校と高等女学校における音楽教育とジェンダー――音楽教育の位置づけと意義の変容過程」小山静子編『男女別学の時代――戦前期中等教育のジェンダー比較』柏書房，pp. 165-208.
津上智実，2012a，「婦人グラフ雑誌『淑女画報』(1912～1923) に見るピアニスト小倉末子と閨秀音楽家たち」『神戸女学院大学論集』第59巻第1号，pp. 121-132.
――――，2012b，「明治大正期の『婦人画報』(1905～1926) に見るピアニスト小倉末子と閨秀音楽家たち」『神戸女学院大学論集』第59巻第2号，pp. 169-182.
辻　浩美，2015，「日本の学校教育を支えた洋楽と女性」玉川裕子編著『クラシック音楽と女性たち』青弓社，pp. 171-199.
塚原康子，2005，「戦前の東京における『邦楽』」E・クロッペンシュタイン，鈴木貞美編『日本文化の連続性と非連続性　1920年―1970年』勉誠出版，pp. 435-472.
――――，2006，「明治末期の京橋区の音楽空間――『明治四十一年東京市市勢調査職業別現在人口表』浅草区・日本橋区・京橋区の比較から」『銀座文化研究』第9号，pp. 45-51.
――――，2008，「日本音楽の近代から　現代」小島美子監修，独立行政法人日本芸術文化振興会国立劇場調査養成部企画・編集『日本の伝統芸能講座　音楽』淡交社，pp. 459-480.
鶴見俊輔，1999，『限界芸術論』ちくま学芸文庫.
植田康夫，1986，「ジャーナリズムにおける婦人雑誌の地位と役割」南博編集代表『近代庶民生活誌　第9巻』三一書房，pp. 524-531.

上原一馬，1988，『日本音楽教育文化史』音楽之友社.
上野正章，2011，「大正期の日本における通信教育による西洋音楽の普及について——大日本家庭音楽会の活動を中心に」『音楽学』56(2)，pp. 81-94.
氏家幹人，1989，『江戸の少年』平凡社.
————，2015，「芸能」竹内誠・深井雅海・松尾美恵子編『徳川「大奥」事典』東京堂出版，pp. 159-160.
薄井　明，2003・2004・2005，「〈日本近代礼法〉の形成過程①②③」『北海道医療大学看護福祉学部紀要』(10)-(12)，pp. 57-66, pp. 51-58, pp. 1-9.
碓井正久，1971，『社会教育』東京大学出版会.
歌川光一，2009，「カルチャーセンター研究史——生涯学習・社会教育研究における趣味講座の位置づけをめぐる試論的考察」『生涯学習・社会教育学研究』(33)，pp. 67-77.
————，2012，「明治初期小新聞にみる〈娘〉と三味線——遊芸の近代に関する一考察」『生涯学習基盤経営研究』第 36 号，pp. 77-85.
————，2015a，「社会教育・生涯学習行政と地域アマチュア芸術文化活動」宮入恭平編著『発表会文化論——アマチュアの表現活動を問う』青弓社，pp. 65-90.
————，2015b，「女性と音楽のたしなみの日本近代」玉川裕子編著『クラシック音楽と女性たち』青弓社，pp. 200-230.
————，2018a，「戦前昭和期における『令嬢』と音楽——『婦人画報』にみる箏、三味線、ピアノのたしなみに関する言説をめぐって」『学苑』928 号，pp. 75-86.
————，2018b，「戦前昭和期の少女小説における音楽のたしなみの表象」『女性文化研究所紀要』第 45 号，pp. 37-48.
輪島裕介，2015，「音楽史の可能性」佐藤卓己編『岩波講座現代第 5 巻　歴史のゆらぎと再編』岩波書店，pp. 269-292.
渡部周子，2007，『〈少女〉像の誕生——近代日本における「少女」規範の形成』新泉社.
渡辺　裕，1997，『音楽機械劇場』新書館.

――――, 2002,『日本文化　モダン・ラプソディ』春秋社.
――――, 2010,『歌う国民　唱歌、校歌、うたごえ』中央公論新社.
山田有策, 1983,『以良都女　解題・総目次・索引』不二出版.
山本思外里, 2001,『大人たちの学校　生涯学習を愉しむ』中公新書.
山本恒夫, 1972,『近代日本都市教化史研究』黎明書房.
――――, 1978,『庶民娯楽の面白さ』学文社.
山住正已, 1967,『唱歌教育成立過程の研究』東京大学出版会.
山本尚志, 2014,「昭和戦前期にピアノを弾いた少女たちの人生と家族と憧憬」『学習院高等科紀要』第 12 号, pp. 81-99.
山本洋瑚, 2012,『学校外芸術教育指導者が開く教育の可能性――個人指導による音楽教育がもたらす生成と発達』溪水社.
山﨑明子, 2005,『近代日本の「手芸」とジェンダー』世織書房.
山﨑貴子, 2009,「戦前期日本の大衆婦人雑誌にみる職業婦人イメージの変容」『教育社会学研究』pp. 93-112.
矢野智司, 2008,『贈与と交換の教育学　漱石、賢治と贈与交換のレッスン』東京大学出版会.
――――, 2014,「マナーと礼儀作法の人間学の再定義に向けて――儀礼論から贈与論へ」矢野智司編『マナーと作法の人間学』東信堂.
矢島ふみか, 1998,「明治期女子教育機関における音楽教育――邦楽を中心に」『史櫻』3, pp. 9-18.
――――, 2007,『箏三味線音楽と近代化』日本女子大学博士学位論文.
依田　徹, 2016『女性と茶の湯のものがたり』淡交社.
米田佐代子, 1994,「主婦と職業婦人」『岩波講座日本通史第 18 巻近代 3』岩波書店, pp. 171-203.
吉田　文, 1991,「高女教育の社会的機能」天野郁夫編『学歴主義の社会史』有信堂, pp. 118-135.
――――, 2000,「高等女学校と女子学生――西洋モダンと近代日本」青木保ほか編『近代日本文化論第 8 巻 女の文化』岩波書店, pp. 123-140.
吉見周子, 1992,『売娼の社会史　増補改訂版』雄山閣出版.

吉原真理，2013，『「アジア人」はいかにしてクラシック音楽家になったのか？――人種・ジェンダー・文化資本』アルテス．

（国外・翻訳書）

ブルデュー，P.（石井洋二郎訳）（1979=1990）『ディスタンクシオン〔社会的判断力批判〕Ⅰ』藤原書店．

Hobsbawm, Eric J., 1983, "Introduction-Inventing Tradition", Hobsbawm, Eric J.; Ranger, Terence O.（eds.）*The invention of Tradition*, Cambridge University Press（=1992 前川啓治訳『創られた伝統』紀伊国屋書店）．

ホフマン，フライア（阪井葉子・玉川裕子訳），2004，『楽器と身体』春秋社．

Kajino Ena, 2013, "A Lost Opportunity for Tradition: The Violin in Early in Early Twentieth-Century Japanese Traditional Music" *Nineteenth-Century Music Review*（10）pp. 293–321.

クリッペンドルフ，K.（三上俊治ほか訳）（1980=1989）『メッセージ分析の技法――「内容分析」への招待』勁草書房．

Kristin Surak, 2012, Making Tea, Making Japan: Cultural Nationalism in Practice: Stanford University Press.

Mehl, M. 2014, *Not by Love Alone: The Violin in Japan, 1850–2010*. The Sound Book Press.

Parakilas, James., 1999 *Piano Roles: Three Hundred Years of Life with the Piano*, New Haven and London: Yale University Press.

Robert A. Stebbins., 1992 *Amateurs, Professionals, and Serious Leisure*.

タキエ・スギヤマ・リブラ著（竹内洋，海部優子，井上義和訳），1993→2000，『近代日本の上流階級――華族のエスノグラフィー』世界思想社．

Tanimura Reiko, 2011, "Practical Frivolities: The Study of Shamisen among Girls of the Late Edo Townsman Class" *Japan Nichibunken Japan Review* Number 23, International

Research Center for Japanese Studies.
Tokita, Alison, 2010, "The piano and cultural modernity in East Asia" *Philosophical and Cultural Theories of Music*, edited by Eduardo de la Fuente and Peter Murphy, Leiden: Brill Publishers, pp. 221-242.
Veblen, T, 1899, *The Theory of Leisure Class*, Sage（=〔1961〕1999, 小原敬士訳『有閑階級の理論』岩波文庫）.

【目次集成】

近代女性文化史研究会編, 1985,『近代婦人雑誌目次総覧』Ⅰ期第1-3巻, Ⅱ期第6-10巻, 大空社.
黒古一夫監修, 2010,『少女倶楽部・少女クラブ総目次　上・下（書誌書目シリーズ, 92）上・下』ゆまに書房.
緑蔭書房編集部編, 1983,『女学雑誌総目録』緑蔭書房.
与那覇恵子・平野晶子監修, 2006,『婦人倶楽部（書誌書目シリーズ, 77. 戦前期四大婦人雑誌目次集成　第1-9巻』ゆまに書房.

【雑誌】

『女学雑誌』復刻版, 臨川書店, 1966-1967.
『貴女之友』復刻版, 柏書房, 2007.
『婦女雑誌』マイクロフィルム版, 日本図書センター, 1992.
『女鑑』復刻版, 大空社, 1989-1993.
『女子之友』マイクロフィルム版, 日本図書センター, 1992.
『女学世界』復刻版, 柏書房, 2005.
『婦人画報』（『東洋婦人画報』,『婦人画報』）DVD-ROM版, 臨川書店, 2004.
『婦人界』マイクロフィルム版, 日本図書センター, 1992.
『婦人グラフ』復刻版, 東京堂出版, 2015.

【事典・辞典類】

福田アジオほか編, 2000,『日本民俗大辞典　下』吉川弘文館.

比較家族史学会編，1996，『事典　家族』弘文堂.
平野健次・上参郷祐康・蒲生郷昭監修，1989，『日本音楽大事典』平凡社.
井上輝子ほか編，2002，『岩波　女性学事典』岩波書店.
石川弘義ほか編，1991，『大衆文化事典』弘文堂.
家庭総合研究会，2000，『明治・大正家庭史年表』河出出版研究所.
小田切進編，1977，『日本近代文学大事典　第5巻』講談社.
佐々木瑞枝，2009，『日本語ジェンダー辞典』東京堂出版.
陶智子・綿抜豊昭編著，2006，『近代日本礼儀作法書誌事典』柏書房.

著者略歴
1985年生まれ
2008年　京都大学教育学部卒業
2013年　東京大学大学院教育学研究科単位取得満期退学。博士（教育学）
現　在　昭和女子大学人間社会学部初等教育学科専任講師
著　書　『発表会文化論――アマチュアの表現活動を問う』（分担執筆、青弓社、2015年）、『学校文化の史的探究――中等諸学校の『校友会雑誌』を手がかりとして』（分担執筆、東京大学出版会、2015年）、『クラシック音楽と女性たち』（分担執筆、青弓社、2015年）、『字幕とメディアの新展開――多様な人々を包摂する福祉社会と共生のリテラシー』（分担執筆、青弓社、2016年）ほか。

女子のたしなみと日本近代
音楽文化にみる「趣味」の受容

2019年3月20日　第1版第1刷発行

著者　歌《うた》川《がわ》光《こう》一《いち》

発行者　井村寿人

発行所　株式会社　勁《けい》草《そう》書房

112-0005　東京都文京区水道2-1-1　振替　00150-2-175253
（編集）電話　03-3815-5277／FAX　03-3814-6968
（営業）電話　03-3814-6861／FAX　03-3814-6854
本文組版　プログレス・平文社・松岳社

ISBN978-4-326-65419-2　Printed in Japan

小山静子	良妻賢母という規範	四六判	二四〇〇円
小山静子	家庭の生成と女性の国民化	四六判	三〇〇〇円
小山静子	戦後教育のジェンダー秩序	四六判	三〇〇〇円
田間泰子	母性愛という制度	四六判	二八〇〇円
沢山美果子	出産と身体の近世	四六判	二九〇〇円
沢山美果子	性と生殖の近世	四六判	三五〇〇円
今田絵里香	「少女」の社会史	A5判	三三〇〇円
伏見裕子	近代日本における出産と産屋	A5判	五〇〇〇円
田中亜以子	男たち／女たちの恋愛	A5判	四〇〇〇円
大塚明子	『主婦の友』にみる日本型恋愛結婚イデオロギー	A5判	八五〇〇円

＊表示価格は二〇一九年三月現在。消費税は含まれておりません。